わたしが
知らない
[illegible]は、
きっと
あなたが
読んでいる

Dain

JN026684

技術評論社

わたしが
知らない
スゴ本は、
きっと
あなたが
読んでいる

Dain

技術評論社

免責

本書に記載された内容は、情報の提供のみを目的としています。したがって、本書を用いた運用は、必ずお客様自身の責任と判断によっておこなってください。これらの情報の運用の結果について、技術評論社および著者はいかなる責任も負いません。

本書記載の情報は、刊行時のものを掲載していますので、ご利用時には変更されている場合もあります。

以上の注意事項をご承諾いただいたうえで、本書をご利用願います。これらの注意事項をお読みいただかずに、お問い合わせいただいても、技術評論社および著者は対処しかねます。あらかじめ、ご承知おきください。

商標、登録商標について

本文中に記載されている製品の名称は、一般に関係各社の商標または登録商標です。なお、本文中では ™、®などのマークを省略しています。

はじめに

かつてないほど情感を震わせる一冊。
固まった頭にガツンと一撃する一冊。
目に映る世界の解像度を上げる一冊。

自分を変える凄い本は、たしかにある。読前と読後で、自分が一変してしまうような衝撃や視座をもたらすようなやつ。価値観や生活感だけでなく、ともすると人生そのものにインパクトを与える。見慣れた世界をひっくり返したり、世界の解像度が上がるような「目」を手に入れるという喜びをもたらす。読み始めたら最後、徹夜を覚悟しなければならないような、「夢中本」とも「徹夜本」とも呼ばれる一冊だ。

そんな運命の一冊となる凄い本のことを、「スゴ本」と呼ぶ。そして、（ここ重要）そんな運命の一冊は、じつは何冊もある。

では、そんなスゴ本に、どうやって出会うのか？

気になる本をぜんぶ読んでるヒマはないし、そもそも積読山を崩してるうちに人生が終わる。すべて読まなくても、ネットの画面越しであっても、少なくとも「そんな本がある」ことを知らなければ始まらない。どうやって、知らない本を知ることができるか？

ヒントは本書のタイトルにある。

あらゆる本はすでに読まれているのだから、それを読んだ「あなた」を探そう。どんなにアンテナを振りかざしても、わたし一人の観測範囲では限界がある。だが、「あなた」を見つけ出し、「あなた」のお薦めにより、わたしの世界は拡張するのだ。

「あなた」にオススメすると、オススメ返しされる。「これはスゴ本だ、このセリフに撃たれた」とアツく語ると、「ならこれは？　そこが刺さったなら、これは号泣必至やね」と、さらなる熱量をもって推してくる。競い合うように、おもしろいように、読みたい作品がどんどん出てくる。

さらに、「あなた」が何が好きでどんな人で、わたしの世界と重なるところと外れるところが見えてくる。既読本も違った解釈・観点から切り込まれ、「あなた」をダシにした別の味覚があることに気づく。この本が好きな「あなた」が好きな本を知りたい。これが、本を通じて人を知り、人を通じて本に会う極意なり。

ある「作品」なり「作家」という狭い範囲だけではない。自分の知らないジャンルをごっそり拡張する瞬間も味わえる。わたしの場合は「料理」だ。本好きは食いしん坊でもある。ブックトークに持ちよった手料理に惚れ込んで、手ほどきを受け、自分で作れるようになる。

同時に、美味しさの秘密を解明する科学本や、料理と人の歴史本を読み漁るうちに、作るとは知ることであり、食べるとは生きることだと気づく。

淵の深さを思い知ることもある。なんとか死なずに生きてきて、酸いも苦いも飲み下したつもりでいた。だが、人の闇を描いた本をオススメしあううち、覗き込むことすらままならない深い裂け目があることに気づく。裂け目はけっこう至近距離で、ふっと惑えばたやすく墜落するだろう。そんな、価値観を激変させるような劇薬本を、後悔すること承知で読む。

どれも、わたし独りの力では、たどりつけなかった知見であり、見つけられなかった感情だ。たいていのことは本にあるが、行き着くまでが大変だ。だから、わたしは「あなた」を探す。わたしが知らないスゴ本を、きっと読んでいる「あなた」を。

同時に、本書を手にする「あなた」のスゴ本を探すヒントを見つけてほしい。あなたが知らないスゴ本は、きっとだれかが読んでいるのだから。

目次

第2章 運命の一冊は、図書館にある

第3章　スゴ本を読むために

第4章 書き方から学ぶ

第5章 よい本は、人生をよくする

生きるとは食べること……322

「正しい死に方」を考える……337

第1章

本を探すな、人を探せ

運命の一冊を読んだ人を探す

書店は「人を探す場」である

読みたい本、気になる本は、何百何千冊もあるかもしれない。さらに、「読みたい本」や「気になる本」になりそこねた本もある。もし目にしたなら、噂を耳にしたなら、読みたくなる本は、それこそ百万冊もある。運命の一冊となるスゴ本は、間違いなくそこにあるが、その本そのものをピンポイントで探すのは難しい。

しかし、その百万冊は間違いなくだれかに読まれている。だから、百万冊を探す前に、それを読んだ「人」を探すのが先決だ。本ではなく人を探すのだから、探す先はもっと多様になる。

たとえば、書店は「本を探す場所」だという発想を変えてみよう。書店で「人」を探すなら、もちろん店員さんになる。そして、自分が気になる「人」かどうかは、店員さんが書いたPOPを参考にするのだ。

どういうジャンルを、どんな言葉で紹介しているか？　短い惹句に現れる店員さんの趣味と自分の好みの距離を測るのだ。すると、気になる本を読んでいる「人」が見えてくる。店にもよるが、ＰＯＰにペンネームやイニシャルがあるので、お気に入りの本を推す店員さんを探そう。

あるいは、Amazonなどのネットショップを、「人」を探す場所だと考えてみる。そして、自分のお気に入りをいくつか検索してみよう。すると、その本を好意的に紹介するレビューアーが見つかるだろう。

なかでも、自分のお気に入りのすべての作品に対し、高い評価を付けているレビューアーが見つかるかもしれない。そのレビューアーこそ、探すべき「人」になる。

同様に、はてなブックマークやブクログ、読書メーター、シミルボンなどのＳＮＳを「人」を探す場にすることもできる。検索欄にお気に入りの作品名を入れるのだ。すると、その作品に言及している記事や読書メモ、コメントが出てくるだろう。その記事から、書いた人を探すんだ。Amazonレビューアーと同じように複数の作品で検索して、自分の推しについて最も多くヒットしたコメント主こそが、探すべき「人」になる。

テレビやラジオといったメディアも使える。たとえば、書評のテレビ番組であるＮＨＫの「週刊ブックレビュー」はお世話になったが、本というより「その本をどのように紹介するか?」という視点で評者を探していた。番組は放送終了しているが、『ステラＭＯＯＫ 週刊ブックレビュー 20周年記念 ブックガイド』（ＮＨＫサービスセンター）という形で残っているため、この「人」を探す方法は今でも有効だ。

ラジオの場合だと、Ｊ－ＷＡＶＥの「ＢＯＯＫ ＢＡＲ」が参考になるかも。10年以上続いている長寿番組で、パーソナリティやゲストが紹介する本から、その「人」と自分の趣味の距離感を測るのだ。書籍化もされており、『ＢＯＯＫ ＢＡＲ：お好みの本、あります。』（杏、大倉眞一郎／新潮社）から「人」を探すのもいい。

ほかにも、著名人の本棚を紹介する記事や、好きな作家が読んでいる本などからも、「人」が探せるはずだ。ポイントは、既知の本を手がかりに、その本をその「人」がどのように見ているかをチェックすること。

このように、自分の推し本を価値観の試金石にしてみよう。すると、趣味の近い書店員さん、Amazonレビューアー、ブロガー、メディアのパーソナリティが見つかるはずだ。

そして、その人が「これはおもしろいよ！」とお薦めしてきて、なおかつ、それが自分の知らない本だとしたら、それこそが「わたしが知らないスゴ本」になるはずだ。

「好き」があなたと重なる「人」こそが、あなたの知らないスゴ本を読んでいる

『魅せるひとの極意』（asta*編集部／ポプラ社）は、「人」を探すのにうってつけの一冊。

いわゆる「書評家」ではなく、写真家や演出家、作家というクリエイティブな現場で活躍する人たちの愛読書を紹介する試みである。
たとえば、演出家の蜷川幸雄の紹介から、『リア王』論に触れてみる。自分の解釈のもつ普遍性を信じ、反対に、自分を通さない表現などタカが知れているとうそぶく。これは傲慢だ。しかし、この傲慢さ、生きていく傲慢さを、リア王と自分とで錯綜させながら読んでいくという。

読みながら『私』と重ね合わせていき、私自身が実感を持てると、一般的なシェイクスピアではなくて、『私のシェイクスピア』になっていきます。

非常に強い読書の仕方だ。ややもすると取り込まれてしまいそうな小説に入り浸っているわたしには、ものすごく魅力的に見える。そこで、ぜんぜん知らなかったボールドウィンの『もう一つの国』(集英社)を読んでみようかな、という気になる。ちなみにこの本、井上靖が蜷川にオススメしたそうな。
あるいは、美術家の森村泰昌がカフカ『変身』で気づいたことに、ハッとさせられる。

この話は普通の変身譚とは逆で、主人公が虫に変わった部分だけは映像がないのに、それ以外の部分はリアルに書かれているという妙な仕立てになっています。

これには気がつかなかった。さらに、虫になる過程が描かれてないことを、わざわざ指摘する。具体的に書いていないからこそ、読む人がそれぞれ自分の好きなものに置き換えることが可能になる、というのだ。置換可能は意識していたが、そのカラクリには気づかなかった……次に『変身』を読むときが楽しみ。

ひびのこづえは、コスチューム・アーティストとして有名だが、いい目をしているなーと思ったのが、このくだり。絵であらわした荒俣宏『世界大博物図鑑』（平凡社）についてこう述べる。

どの絵もいいんですよ、同じ花でも、外国のものもあるし、日本や中国のものもある。それぞれ表現が違うところも、リアルでゾクゾクしちゃいます。こういう多様性は、写真ではっきり見えません。人間の目は写真よりも正しいというか、必要なところを正しく見て、不必要なところをちょっと削ってくれるから、描かれた絵の方が自分で消化して別のものを作りやすいんです。

これ、経験と表現の差異の本質をうまく衝いている。すなわち、経験をすべて表現することは不可能であり、人というフィルターを経て表現可能になる。

たとえば、カメラで花を撮影しても、その「花」にはならない。なぜなら、その「花」単体で世界にあるわけではなく、必ず背景が存在するから。世界の中で被写体をその「花」だと表すためには、光と距離と焦点とフレームの中の位置の調整が必要となる。表すために何かの取捨選択がなされているはずであり、それはすなわち人の仕事になる。つまり、経験を表現にするためには、人が不可欠なのだ。これは、画像でも言葉でも音楽でもいっしょ。

この感覚をうまく伝えているのが、写真家であり冒険家の石川直樹になる。ミシェル・レリス『幻のアフリカ』(平凡社)を紹介しながら、何気なく書いた文章に、書き手の心情が紛れ込むことがあるという。書くときには特に意識しなかった「何か」が、書いてみたからこそ認識される現象だ。

これを写真に応用して、「写真がおもしろいのは、無意識が写り込んでいるから」という。ファインダーをのぞいて恣意的な判断でシャッターを切っているのに、その瞬間は意識していなかった「何か」が入っていたりする。その「何か」とは、偶然写りこんだ、撮り手の心情なのである。

だから、「何を撮るか」よりもむしろ「なぜ撮るか」が重要になるし、「何を書くか」よりも「なぜ書くのか」に焦点を当てるとおもしろくなる。それは「撮る」「書く」行為における問答で浮かび上がる、撮り手／書き手自身なのである。

「何が君のしあわせ？　何を見てよろこぶ？」とはよく言ったもので、この「何」こそがわたしを「わたし」たらしめている。なぜなら、人は好きなものでできているのだから。その人の「好き」があなたと重なるとき、その「人」こそが、あなたの知らないスゴ本を読んでいる可能性大なのだ。

いい作家は、いい本を読んでいる

いい作家は、いい本を読んでいる。これ鉄板な（ただし、逆は真ならず）。この原則を用いると、おもしろいように「人」が見つかる。自分の知らない、でも自分にぴったりの本を読んでいる人である。

そして、この「いい」とは、自分にとって「イイ趣味してるねぇ」という意。わたしが好きな作家は、必ず、わたしが好きな本を読んでいる。

もし、あなたがいくつかの「好きな作家」や「好きな作品」を持っているなら、『作家の読書道』（WEB本の雑誌 編／本の雑誌社）が役に立つ。いまどきの作家の読書体験をインタビュー形式でまとめたシリーズだ。読む姿勢、書く方法など、本を生業としている人たちの思いも十人十色であることがおもしろい。

探し方はこうだ。

❶あなたの好きな作家が読んでいる、あなたの知らない本を見つける
❷あなたの好きな作品を読んでいる、あなたの知らない作家を見つける

まず、あなたの好きな作家が、あなたの知らない本をプッシュしてたとしよう。迷わず読みたくなるだろうし、それが当たりの可能性は極めて高い。お気に入りの作家が熱っぽくオススメする、あなたが知らない本、こういう本をスゴ本と言わずして何と言おうか。

次に、あなたの好きな作品を推している、あなたの知らない作家がいたら、趣味があう可能性大である。その作家の本を読んでみたいでしょ。知らない作家に手を出すキッカケはたいていこれ。わたしが小野不由美をチェックするのは、『十二国記』の続きのためだけではなく、「S・キングは初期が好きー」と言ってたから(『屍鬼』がスゴ本なのは『呪われた町』が傑作だから)。

たとえば、もし好きな作家の一人に恩田陸がいるとしよう。すると、彼女が熱く語る『アレキサンドリア四重奏』(ロレンス・ダレル/河出書房新社)は要チェックになる。文章と構成に魅了されて、「なめるように読んだ」というのなら、読まねばあかん。

あるいは、もし好きな作品の一つとして、『月と六ペンス』(サマセット・モーム/新潮社)

があるとしよう。すると、読むべき作家は垣根涼介になる。なぜなら、彼、モームが大好きで、『月と六ペンス』を五回読んだというから。ほかにも、『悪党パーカー』（リチャード・スターク／早川書房）シリーズを全読してたり、フォーサイスなら『戦争の犬たち』（フレデリック・フォーサイス／角川書店）を一番に挙げている。好きな作品が被れば被るほど、高ポイントやね。ちなみに、そんな彼のイチオシは、『ラブ・ストーリーを読む老人』（ルイス・セプルベダ／新潮社）だという。気になるだろ？

こんな感じで、❶と❷を繰り返してゆく。こうしたインタビュー集や書評集は、本のカタログである前に「人のカタログ」として見るのだ。特に、❷で知った作家が推している本が❶と被ったなら、もうこれは間違いないね。

雑誌の本の特集を押さえる

このやり方は、応用が効く。

たとえば、本の紹介をする雑誌。文字どおり本の雑誌社の『本の雑誌』や、文芸に強いＫＡＤＯＫＡＷＡ『ダ・ヴィンチ』、ビジネス書ならパーソナルブレーン『TOPPOINT』といった雑誌である。ジャンルが絞られているなら見る価値がある。

あるいは、一般誌にある書籍欄もいい。添え物のような扱いをされているのが多いが、小粒でもキリッと鋭いコメントを書くライターに当たると、それだけで元を取ったような気になる。新聞の日曜の書評欄は、そこだけ届けてもらえないかなと思う。

雑誌や新聞から本を探す方法は一般的だが、あくまで広告の延長だと考える。いわゆる旬の書籍か、「旬にしたい書籍」を探す目的でしかない。だから、本ではなく、推している人を探すカタログとして使うのだ。

特に、一般誌がたまにやる「本の特集」をチェックするべし。たとえば、CCCメディアハウスの『Pen（ペン）』、マガジンハウスの『BRUTUS（ブルータス）』『an・an（アンアン）』などが、たまに本の特集をする。これがけっこう役に立つ。だいたい盆暮れに特集を組む場合が多い。

なぜなら、いわゆる本の雑誌とは異なり、何らかのテーマが求められるから。一般誌の場合、漠然と本の特集をしたところで、いつもの読者が手を伸ばしてくれない恐れがある。だから手を変え品を変え、テーマやモチーフを練ってくる。「泣き本特集」「人生を変える本」「危険な読書」「プロが選んだ究極の一冊」など、タイトル買いしてしまいそうな特集を組んでくる。

大切なのは、そこから先。ブックリストも大事だが、それをお薦めする「人」をチェックすべし。あなたが好きな作品から、気になる「人」を探し、その人がお薦めする、あなたの知らない作家や作品を見つけるのだ。

あなたが知らないスゴ本を読んでる「人」はネットにいる

「本」を探す前に「人」を探す手法は、ネットだと最大効力を発揮する。Amazonだけでなく、大型書店や出版社のサイトの新刊紹介、書評サイトやSNSを検索することで、芋づる式に「人」が見つかるから。

しかし、闇雲に検索すると、いわゆる有名どころの書評家ばかりがヒットするかもしれない。ジャンルに特化して、売れそうな新刊をモリモリ読んで、ちょっとした粗筋と気の利いたコメントを売っている人だ。その人との趣味が合うなら止めはしないが、毎週・毎月トコロテンのように押し出されてくる「これを読め！」を読みたいか？　そもそも、その押し付けから離れ、より自分の好みに合った一冊を探してるんだろう？　だったら、自分の好みにあった「人」を探すんだ。

そのポイントは、「自分は好きなのだけど、あまりメジャーでない作品」を混ぜること。だれもが知ってる、有名どころばかりだと、「好み」の色合いが薄まってしまう。趣味とは偏りだから、あなたの偏りを混ぜよう。そうすることで、よりあなた色のリストになる。そうした人をフォロワーの別枠で管理したり、RSSリーダーに詰め込むことで、本探しのアンテナ代わりにするのだ。

おそらく、そうしたアンテナは膨大なものになるだろう。全部を追いかける必要はもちろんないが、ある程度の数があるならば、そこから、自分はその存在をまったく知らないのに、読んだらスゴ本になるものを、高い精度で見つけることができる。

たとえば、そのリストにAさん、Bさん、Cさんといるとしよう。以前からあなたが気になっていた本をAさんが薦めたら、きっと読みたいと思うだろう。そして、Bさんも同じ本を薦めたら、もっと読みたくなるだろう。おそらくそれは、あなた好みの一冊となるだろう。

この、各人が薦めるタイミングは、同じ時期でないほどいい。出版社のキャンペーンやプロモーションで、ある時期に特定の本に人気が集まることはよくある。数年前にAさんが薦めた作品を、先週Bさんが読んで評価したなら、より当たりに近くなる。

これをさらに進めて、そもそも「あなたが知らない本」であるほどいい。「でも、それは一種の賭けなのでは?」そのとおり、Aさんが薦める「あなたが知らない本」は、Aさんに偏った好みであり、あなたには向かないかもしれない。だが、あなたが知らないその本を薦める人が、Aさん、Bさんと被ったら? これは要チェックだろう。さらにCさんがその本を推すならば、決定的となる。

まず、「あなたの好きな本」を好きな人のリストを作る。次に、その人たちが共通してお薦めする「あなたの知らない本」が狙い目になる。さらに、共通度が高ければ高いほど、タイミングが離れているほど、スゴ本である可能性が高くなる。

本を読まない人が買う「ベストセラー」を利用する

「みんなの意見は正しい」という言葉があるが、信用してはいけない。「みんな」の抽出が偏っていたり、「意見」の前提にバイアスがかかっていたりするから。

ほら、小学生が「クラスのみんな持ってるから買って」と言うときの「みんな」はクラス全員ではない。あるいは、マスコミが「与党を支持するか電話調査しました」と言うとき、平日の日中帯に固定電話に出られるような人が「みんな」の母数であることは隠される。

そして、本を読む人なら、「ベストセラー」の売り文句に釣られて手を出して痛い目に遭っている。ベストセラーというものは、ふだん本なんて読まない人たちが喜んで買うからこそ成り立つ（「買う」と言っているが「読む」と言っていないことに注意してほしい）。

さらに、ふだん本を読まない人たちは、テレビから影響を受けることが多い。テレビに出てくる読書芸人が「号泣しました」「ページを繰る手が止まりません」と謳うだけで在庫がゼロになる。ジワジワと読まれ続けてきた本がドカンと売れるタイミングは、テレビで取り上げられたときである。「ベストセラー」なんて「全米 No.1」と同じくらいのうさん臭さでちょうどいい。

断っておくが、ベストセラーやランキング行為が無意味だと言っているわけではない。鵜呑みにするのではなく、利用するのだ。

どうやって？

こう考えてみよう。ベストセラーランキングは、いわば仕掛けられた宣伝である。プロモーションにそれなりのお金をかけている、期間限定で人の興味が集まってくる場所だと思えばいい。そのランキングに登場する本に対して、さまざまな言及があり、（好意的な）評価がまとめられているはずだ。つまり、その本に関心がある「人」が集まっている場所なのである。

あとはわかるだろう、そのベストセラーではなく、それを取り上げている「人」を評価するのだ。本そのものはパラ見や図書館でいい（気に入ったら買ってもいいぐらいの気持ちで）。大事なのは、その本に対する評価が自分と合う「人」を見つけるのだ。

けなす人は少ないが、誉めるにせよ、どこを誉めているのかに着目する。すると、「人」が見えてくる。評価する人がどこを見ているかで、あなたとの距離を測るのだ。

たとえば、フィクションなら、構成なのか描写なのか、登場人物のだれに焦点を当てて誉めているかを見て、そのポイントが自分と合うかどうかで判定する。ノンフィクションなら、テーマなのか切り口なのか、掘り下げ方なのか、どこを取り上げて誉めているかに注意して、その観点が自分と似ているか（あるいは評価できるか）で判断する。

反対に、当たり障りのない誉め文句に三行コピペのような要約でお茶を濁しているような人は切ればいい。「号泣しました」「ページを繰る手が止まりません」しか言わない芸人なら、見る価値すらないだろう。

そして、肝心のベストセラーランキングの第一位は捨てればいい。その一冊に至るまでの「はずれ」にこそ、本当にあなた好みの本が隠れている。なぜ断言できるのかって? そりゃもちろん、この文章を読んでいる時点で、「あなた」はベストセラーだけで物足りているような人ではないことがわかっているから。

はずれ値に注目すると、群衆の英知を活かすことができる。どの「人」を見るべきかは、人が集まるところを探そう。

読書会で「人」を探す

「人」を探す格好の場所として、読書会がある。一般には、課題となる本をあらかじめ読んでおき、その本について感想を述べ合う会合だ。興味のある本についてなら、その本をツテに「人」を増やしていくことができる。SNSで「読書会」と検索すればいくらでも出てくるだろうし、Peatix や TwiPla などイベント管理のサービスを利用してもいい。

一つの場所に集まって話し合うのだから、ほとんどの読書会は、数人から十数人といった規模になる。日本最大の読書会と言われている「猫町倶楽部」なんて、数百人が集まる巨大なイベントだが、それでも一つのグループの人数は限られている。まずは飛び込んでみよう。

そこでも、「人」についてアンテナを張ろう。

まず、課題本が決まっている時点で、好みが絞られている。基本的に、その本について興味があり、最後まで読みきることができる人が集まっている。だが、その本への評価は、じっさいに聞いてみないと始まらない。けちょんけちょんにけなす人もいれば、手放しで絶賛する人もいるかもしれぬ。大事なのは、その作品との距離感が、あなたの距離感と似ている人を探すことだ。

さらに、ほかの作品を挙げてもらい、その作品との距離感を尋ねよう。たとえば、けなす人には「何と比べてダメなのですか?」と聞き、誉める人には「ほかに似た作品をご存知ですか?」と聞いて、別の作品を教えてもらおう。教えてもらった作品をあなたが知っていれば、その人とあなたの趣味の近さを測る本は二冊となる。

そう、たとえて言うなら、三角測量のように距離を測るのだ。直接モノサシを当てられない空間上の場所からの距離を測るために、既知の二点間の距離と角度を利用する方法だ。お互いに知っている本が二冊あれば、趣味の近さをかなり正確に測ることができるぞ。

スゴ本オフで「人」を探す

普通の読書会は、一冊の本を読んできて、それについて語り合う。その一冊という共通の話題があるが、そこから膨らませるのが難しい。

そこで紹介したいのが、スゴ本オフ。わたしが主催する読書会だ。ひと言で言うならば「本のプレゼン会」だな。だれかに読んでもらいたい、お薦めしたい、好きな本を持ち寄って、飲んだり食べたりしながら、まったりアツく語り合う。

ただ、「好きな作品なら何でもOK」にしてしまうと内容が発散してしまうので、一つだけ、「テーマ」という縛りを入れている。あるテーマ・お題を出して、それに沿ったお薦め作品を紹介するのだ。

たとえば「SF」。テーマというよりもジャンルになる。「サイエンス・フィクション」と読んで推しの作品を持ってきてもいいし、「サイエンス・ファンタジー」「すこし・ふしぎ」もあり。本に限らず、音楽も映画もゲームもなんでもあり。「SF」というお題から浮かんだお薦めが、プレゼンする作品なのだ。

あるいは「食」というテーマだと、料理を扱ったエッセイや文学、世界の食文化を撮った写真集やルポルタージュ、料理レシピ本、食材に焦点を当てた歴史や小説、グルメ漫画や料理対決コミックと、じつに多彩なお薦めが出てくる。

テーマに対して何を「お薦め」とするかによって、その人の好みやセンスを垣間見ることができる。直球から変化球まで、思いもよらぬ作品が出てくるのがおもしろい。

たとえば、テーマ「SF」なら、『サイエンス・インポッシブル』（ミチオ・カク／NHK出版）が出てくる。サイエンス「フィクション」というからには空想科学小説が浮かぶが、そうした作品をダシにして、その実現可能性を追求した「ノンフィクション」がこれ。

あるいはテーマ「食」なら、『カニバリストの告白』（デヴィッド・マドセン／KADOKAWA）を推したい。天才シェフの半生を描きながら、人間の欲望の断面図を「食」から覗き見る。グロテスクな物語は、一読すると、肉を食べるのを一瞬ためらう効果あり。人肉だって立派な食材だから。

ちなみにこの二作は、わたしのお薦めになる。ひねりの入ったわたしの趣味に対し、引く人は引くし、惹かれる人は惹かれるだろう。もちろん、わたしのような天邪鬼だけでなく、まっすぐに「好き！」を打ち返してくる人、意外なコンテンツ（美術館展や演劇など）を紹介する人もいる。

「本が好き」な人は、「本"だけ"が好き」なわけではない。特定のジャンルの本が好きというだけでなく、本から得られる何か——たとえば、現実を揺らがせる感覚や、懐かしい過去の記憶を上書きされる刺激、あるいは完全に未知の感覚など——を求めて、「本が好き」になっているのだ。その「何か」を共有する人であれば、あなたの知らないスゴ本を読んでいる可能性は大きい。ちなみに、わたしの経験によると、本好きは間違いなく食いしん坊なので、食べ物の趣味から入るほうが近道だ。

ここでも、興味のあるジャンルから好きな本をいくつか教えてもらうことで、「その本に対する距離感」を立体的に推しはかることができる。課題本を一冊だけ読み合う読書会と異なり、たくさんの本と人をつなぐことができる。本を通じて人を知り、人を介して本に会う読書会、それがスゴ本オフなのだ。

グループ・ブック・ハンティングのすすめ

これまで、「人を」探す方法を紹介してきたが、ここで「人と」探す方法を提案しよう。

だれかと本を探す？

本屋は一人で巡るものじゃないの？

たしかに、本屋に行くのは一人が身軽だ。同じ本屋を定期的に訪れることで、時代の空気を定点観測したり、時には遠くの古書店に遠征して宝探しをしたりするものの、本屋巡りは孤独な行為だった。

だが、発想を変える。だれかと徒党を組んで、集団で狩りに行くのだ。具体的には、数人で書店を周遊するのだが、同じ棚でも目線が違うと、新たな発見がもりもり出てくる。「ソレがいいなら、これは？」というレコメンドが、直接・即座に出てくるのがうれしい。

これは、大型書店でやると楽しい。それぞれ担当分野を決めて、「これを紹介したい！」という本を見つけたら、小声で皆にお薦めする。しり込みしていた有名本・大作に後押しされたり手ほどきされたり、動機づけには困らない。

本の実物があり、いっしょに探す仲間がいるので、「屈辱ゲーム」に最適だ。屈辱ゲームとは、自分が未読の本を挙げて、ほかの人が読んでいればいるほどポイントがもらえるゲームだ。つまり、ほかの全員が読んでいる有名な本なんだけど、自分だけが読んでいないという人が優勝する。まさに屈辱のゲームである。

「じつはこれ読んでないんだ……」と打ち明けると、「えー、読んでないの⁉」という反応がくる。なぜ読まなかったのか？　読もうとしたけど挫折したのか？　どこで折れたのか？　もう一度挑戦するか？（それだけの価値はあるか）など、読んだ人から延々と聞けるのがありがたい。わたしは『ゲド戦記』（アーシュラ・K・ル＝グウィン／岩波書店）を読んでないと告白し、優勝したぞ（そして、大人になってからこそ読むべきだと全員から説得されて読んだ。大正解だった）。

そして、たとえだれもが知ってるベストセラーだとしても、「それを〝今〟読むか？」という問いに耐えられるかというと、そうでもないのがけっこうあることがわかる。屈辱ゲームは、本屋でやるべし。

逆に、〝いま〟の自分が必要としている本を聞くことができる。「こんな感じの作品を探しているのだけど……」と問えば、だれかが答えてくれるかもしれぬ。本屋にいるのだから、その場で確かめることができるし、違っていれば軌道修正も可能だ。

読書はたしかに孤独な行為かもしれないが、その本を手にするあなたは独りではない。「本屋は巡るもの」それは普通だし正しい。だが、孤独な狩りの獲物と、グループでブックハントした収獲は、たとえ同じ本屋でも、まるで違ったものになる。似たような本、同じジャンルの偏りを打ち破り、新しい場所を拓きたいというのであれば、「人と」巡ることをお薦めする。

探した人を追いかける

このように、自分が好きな「本」を手がかりに、その本を高く評価する「人」を探す。自分が好きな本が複数あるのなら都合がいい。その人の好きと、自分の好きが重なれば重なるほど、趣味のアンテナの指向性が似ているから。「趣味が近い」というやつ。

気をつけたいのは、趣味の遠近ばかりに目を向けない、という点だ。趣味が近い人なら、その人がお薦めする次の一冊は、おそらく自分好みだろう。だが、その一冊は、たとえその人にお薦めされなくても、おそらく自力で見つけるに違いない。趣味が近い人ばかりを追いかけていると、似たような本ばかり追いかけるようになる。そうしないためにも、さまざまな遠近感で人を探す。

そうしていると、趣味の遠近にかかわらず、複数の人から同一の本がお薦めされることがある。それが話題作でないのなら、自分にとってのスゴ本である可能性が高い。何はともあれ、手に取ってみよう。こんな感じで、三角測量を人に適用するのだ。

ここでは、わたしがアンテナを張り巡らしている方々を紹介する。わたしの「好き」を出発点に出会った、素晴らしい読み手であり書き手である方々だ。かっこ（　）内は Twitter のＩＤだ。

悪漢と密偵さん（@BaddieBeagle）

選書眼が凄い。新刊本は山ほど出るし、本に関する情報も波のように押し寄せてくる。なので、そこから一定の目利きによってフィルタリングが必要となる。そんな中、わたしの「好き」と似て非なる絶妙なお薦めをしてくる。ブログ時代から大変お世話になっている（現在は Twitter で活躍中）。

読書猿さん（@kurubushi_rm）

博覧強記の哲人。中の人はチャーミングなおっさんで、笑った目が完全に子どもの瞳をしているが、ひとたび知の話題になると、ロゴスとエビデンスの鬼と化す。同名ブログがこれまたスゴ本だらけ。『思想のドラマトゥルギー』（林達夫、久野収／平凡社）、『問題解決大全』（読書猿／フォレスト出版）は何度も読んでる。

ふくろう（@0wl_man）さん

海外文学といえばこの方のアンテナに頼る。新しいもの、古いもの、メジャーからマイナー作品までまんべんなく射程に入れて紹介してくれるのがありがたい。『夜のみだらな鳥』（ホセ・ドノソ／集英社）を読もうかとネットを渉猟していたら、「これ読んでいる最中、極彩色の悪夢を見た」という評を見つけて、一発でファンになった。

冬木糸一さん（@huyukiitoichi）

ブログ「基本読書」の中の人。SF、海外文学、ノンフィクション系と幅広く、新しく出たものをじゃんじゃん読んで、どんどん紹介してくれるのがありがたい。たしか『戦闘妖精・雪風』（神林長平／早川書房）が気になって調べていくうちにブログに行き着いて以来、SFの先達としてウォッチしている。たまにゲームや映画の紹介をしてくれるのもうれしい。

ふろむだ さん（@fromdusktildawn）

ユーモアと皮肉と教養が絶妙に入り混じるブログ「分裂勘違い君劇場」の中の人。「ネットに時間を使いすぎると人生が破壊される。人生を根底から豊かで納得のいくものにしてくれる良書25冊を紹介」という記事で『転校生とブラック・ジャック』（永井均／岩波書店）を読んでから、この人のお薦めは無条件で追いかけている。

Rootport さん（@rootport）

ブログ「デマこいてんじゃねえ！」の時代からお世話になっている（今は「デマこい！」）。経済と進化についてお薦めする本は、無条件に手にしている。「現代の社会現象に対して、その本をどのように援用して分析するか」という観点はとても参考にしている。凄い本を読んで終わりではなく、どうやって使うかのほうが重要だから。

shorebird さん（@shorebird2000）

進化心理学、行動心理学の本をメインに紹介しているガチの人。学会の報告もあるので、アカデミック界隈の方なのかも。原書も訳書も読みこなし、本の紹介の部分と批評の部分をきっちりと分けているのがありがたい。関連書籍も大量に紹介しているため、気になる一冊から芋づる式に読みたい（読むべき）本が見つかる。ダニエル・デネットという凄い人を知ったのは、shorebirdさんのおかげ。

基本的にブログのURLをRSSリーダーに入れて、定期的にまとめて見に行って、お薦めをチェックするやり方で追いかけている。ブログを移転したり、SNSに移行したりすると、捕捉が難しくなる。たとえば、以前は、橋本大也さん（情報考学 Passion For The Future）、小飼弾さん（404 Blog Not Found）のお薦めを参考にしていたけれど、ブログが更新されなくなってから、あまり追いかけなくなった。

ほかにも、読書コミュニティに入って、そこで本を手がかりに人を探す、というやり方はできるかもしれない。シミルボンや読書メーター、ブクログ、海外ならGoodreadsに入って探すといいだろう。この場合、一つのコミュニティだけで満足するのではなく、できるだけたくさんの場所で「人」を探すといい。

アウトプットすると人が見つかる

「自分」の範囲なんてたかが知れているし、世界はもっと広くて深い

よく聞かれるのが、「なぜ書評を続けられるのか?」という質問だ。端的に答えると、「書評をアウトプットすると人が見つかるから」になる。ここでいう「人」は、わたしが知らないスゴ本を読んでいる「人」になる。

では、「なぜアウトプットすると人が見つかるのか」という質問に置き換えると、昔話になる。

独善的な俺様読書家だった時代を振り返ることになる。

20代・30代は、読書とは孤独な業《ごう》だと思っていた。読書とは、知見を広め、感受性を磨く、優れた人との対話のような高尚なものだと考えていた。人格を陶冶し、創造性を生み出し、自己形成を図るのは読書にほかならないと信じ込んでいた。

もちろん、そういう「読書の効用」は否定しない。本を読むことで得るものは多いからね。だけど、そういう読書を続けてきた自分自身を、どこか他人よりも優れたものとみなし、優越感に浸っていたことも否定できない。

いわゆる「本を読む俺様は偉い」というやつ。自分の周囲に本を積み上げて壁を築き穴を掘り、自己中心的な世界にいた。この壁の内側、井戸の中にいる限り、わたしは王であった。

折しも「ブログ」というブームで、個人が日常を綴ったりレビューや意見を表明をするメディアとして脚光を浴び始めていた時期だった。

で、これから読みたい本や既読本を検索すると、さまざまな個人ブログがヒットする。興味の赴くままに読んでいくうち、恐ろしいことに気づいた。

そこに、たくさんの「わたし」がいたのだ。

読書で自己啓発し、教養を身につけようとする人々が、そこにいた。「鋭い感性と豊かな創造性は本を読む人だけが手にするもの」と信じ、独善的に「これを読め」と断定するくせに、その理由は「よい」「わるい」ぐらいの小並感（小学生並みの感想）。

リストはどれも似たり寄ったりで、背伸びした中高生が手にする有名どころの文学小説に加え、岩波文庫の青が申し訳程度についてくる。リストはまったくアップデートされておらず、古典の重要性を謳うわりに、くり返し読んだ記録はない。

あるいは、「古い本には価値がない」と断言し、「新刊しか読まない」と宣言している人もいた。新刊本は過去の本を包含しており、そこから零れたものには価値がないからという理屈である。さらに学術書や啓発書といった類に特化し、「マンガなんてノイズだ」と完全に割り切っていた。

さらには、ジャンルに特化した読書家もいた。ミステリならミステリ「だけ」をひたすら読み、その専門家として君臨する。ほかの世界は知らないというよりも「負ける」ので、知りたくもないという姿勢を貫き通していた。

いずれの場合も、優越感に浸りきり、鼻持ちならない「わたし」だった。「それなんて俺「こんなところに俺ガイル」というネットスラングがあるが、まさにそんな気分だった。高い壁を築き、狭い井戸の中にこもり、その内側で王様ないし女王様を気取る。

そうした王様・女王様は、「その井戸の中に限り」優れた読み手だった。その井戸の中で本を探すのであれば便利だし、居心地もいい。だが、その中に居続けるのは嫌だった。たくさんの「わたし」で一杯のブックマークやRSSリーダーを見ながら、「そういうものじゃないだろ?」という疑問が湧き上がっていった。

ネットは自分を映す鏡だという。知りたいことや、探しているモノを調べると、自分が求めている(らしき)ものを返してくれる。検索ワードによってサジェストも自分好みにしてくれる。自分が知りたい(興味に合った)情報をクリックしているから、ネット越しに見える世界はどんどんカスタマイズされてゆく。「人は見たいものしか見ない」というが、ネットがそれを強化してくれている。

その象徴的な例は、ブックマークである。ブリア・サヴァランの「どんなものを食べているか言ってみたまえ。君がどんな人であるかを言い当ててみせよう」を思い出す。あるいは「本棚を見ると、持ち主が見える」でもいい。食べて（読んで）いるものが、わたしを作り上げているのだ。だから、何を食べて（読んで）いるかが、わたしそのものなのだ。

わたしは、その中から出たいと願った。「自分」の範囲なんてたかが知れているし、世界はもっと広くて深い。知見を広げるつもりなのに、壁を築いて井戸にこもる矛盾に気づいた。「わたし」を拡張するのなら、食べて（読んで）いるものを広げなければ。そして、壁を壊し、井戸を出たいと願った。

でもどうやって？

好きなものを手放したい、というわけではない。わたしが「好き」と感じるものは大切にしたい。なぜなら、わたしが好きなものは、わたしを構成する一部なのだから。好きなものを大切にしつつ、そこから派生して「好き」を拡張する、そんな方法がないかを模索した。

試行錯誤でたどりついたのが、アウトプットだ。

単なる「よかった」は、何も言ってないに等しい

読んでため込んで「好き」を蒸留するのではなく、読んで感じた「好き」を発散させるのだ。その作品のどこが好きになったのか、どのように好きなのか、なぜ自分がそれを「好き」だと感じたのかを掘り下げる。

それを書こうとすると、たんに「よかった」だけでなくなる。なぜ「よかった」のか、ほかならぬ自分自身が「いい」と感じたのはどこかを、否が応でも考えざるをえなくなる。一般論じゃないんだ、自分にとっての「いい」なのだ。究極的には、「わたしとは何か」を、その本で語ることになるので、すごく難しい。

これを考え始めると、作品の要約なんてしなくなる。一般的な書評だと、「要約＋評価」の構造になるが、そんなことは念頭におかずに書くようになる。要約はAmazonや出版社のサイトを見ればいいし、評価のために書いているわけじゃない。そういう作業は読み屋がやればいい（そのうちＡＩが取って代わりそうだが）。

そして、「よかった」には必ず変化が伴う。単なる「よかった」は、何も言ってないに等しい。だから、変化を探す。

「ああおもしろかった」が感動なら、動いた心で何かが変わったはずだ。凝り固まっていた

感情が一気に押し流されたのなら、それは喜怒哀楽のどんな感情なのか、名前が付けられないのなら、自分の人生を振り返って、似たような感情はなかったのかを探す。

「世界を見る目が更新された」のなら、更新前と更新後の見え方が変わったはずだ。それが視野なのか解像度なのか、あるいは被写体への透過性なのかはともかく、「何か」が変わったことになる。あるいは、「見えなかったものが見えるようになった」なのか、「見えていたはずなのに見ていなかったことに気づいた」なのかを考える

読む前と後で変化したものがあるはず。自分が、その本の何に対して、どのように変化したのかを考え抜く。

そして、それを言葉にする。言語化することで、自分が何に対して「よかった」としているのかを、あらためて知ることもある。

言葉にしたものを、発信する。ブログやTwitterで、「よかった」だけでなく、生じた変化を綴るのだ。

ほとんどの場合、だれからも何のリアクションもない。まるで暗闇に向かって、自分の心をちぎってはは投げちぎっては投げているような気分になる。だが、ごくまれに、放り投げたものがキャッチされることがある。だれかが、わたしの言葉を読んでくれたのだ。最初は、百に一つあればいいくらいだろう。ブログの場合、ツールを使うことで、特定の記事が読まれているかについて解析することができる。その人が、どんなリンクをたどって（どんな検

索ワードから）自分のブログにやってきたのか、可視化することができる。

そのうち、キャッチした言葉を投げ返してくる人が出てくる。これは千に一つだ。何かのコメントを添えて返してくれる。投げ返すのではなく、どこかの掲示板に貼り付ける人もいる。はてなブックマークのように、パブリックな場所にコメントとともに載せる人もいる。

誉める人、貶す人、揶揄する人がいるが、それはあまり重要ではない。重要なのは、コメントする人と、自分の距離感だ。その距離感は、「その本の何に対してどのように変化したか」でわかる。そのコメントを通じて、その人がその本からどのような変化を受けたかを想像するのだ。その本から受けた変化が、自分と近しいものならば、距離感が近いといえる。反対に、変化が異なるものであれば、遠いといえる。

気をつけたいのは、距離感の遠近ではなく、「距離感があるかどうか」の点だ。その本から何も変化を受けていないように見えるのなら、その人は自分とはまったく関係ないといえる。Twitterで追いかけることも無用だし、書評に対する毀誉褒貶も無視していい（これは、いわゆるプロの書評家に多く見られる。「書評＝要約＋評価」のために読んでいるため、その一冊によりいちいち変化していたら仕事にならないからだ）。

そして、その距離感こそが、それまで自分がこもっていた井戸、あるいは、自分と周囲を隔てる壁からの距離になる。すなわち、「その本から受ける変化」が自分と異なるほど、その人は、自分とは違う感性を持っているのだ。そういう人は、大切にしたい。

自分と大幅に違う感性を持つ人はたくさんいる。だが、自分が変化を受けた本と同じ本を読んで、違う方向に変化を受けたという人は稀だろう。だからこそ、その人が次にお薦めする本は、間違いなく自分を井戸から遠いところへ放り投げてくれるはずだ。

本を読んで「よかった」「よくなかった」だけでなく、本が自分にどのように変化を及ぼしたかを考え抜く。そして、それを言葉にしてアウトプットする。そうすることで、ほかの人が受けた変化に敏感になれる。その変化を軸に、自分が築いてきた壁や井戸を乗り越え、より広く遠いところまで行ける先達を見つけることができるのだ。

わたしが書評を続けているのは、だれかに読んでもらうためでもあるのはもちろんだが、それはむしろ副次的なものなのかもしれない。ほかのだれよりも、まず自分が読み、自分がどう変化したかに自覚的になるために書いているのだ。

第2章

運命の一冊は、図書館にある

本屋は出会い系、図書館は見合い系

書店に行く前に、気になる本をまとめて一手に取れる場所に行こう

「わたしが知らないスゴ本」を読んでいる「人」が見つかると、その「人」がお薦めする本が気になるはずだ。

気になる本をいきなり買う？　気になる本はたくさんあるだろうから、お財布が悲鳴を上げるだろう。だから、いきなり買う前に、まずは手に取ってみよう。

手に取るために書店を巡る？　気になる本は書店のあちこちにあるはずだし、一つの書店で全部見つけられるかどうかわからない。

だから、書店に行く前に、まとめて一気に手に取れる場所に行こう。

それはどこかというと……図書館だ。

ほとんどの人は、スゴ本は書店の新刊コーナーにあると信じている。書店にはものすごい数の本が並んでおり、めまぐるしく変わるから、ひょっとすると、そんな一冊が紛れ込んでいるかもしれない。土砂の中から砂金をより分けるように探し、だれかの書評を信じ、買っては積んで買っては積んでいるうちに、そうした「一冊」に出会えるかもしれない。勘と経験と厚い財布を駆使して、本に呼ばれるままに買い漁れば、「あたり」を引き当てるかもしれない。

だが、ちょっと考えてほしい。そんな大量の土砂の中から、はたしてピンポイントで見つけられるだろうか？

そして、「見つけた！」と思った一冊は、本当に、最高の一冊なのだろうか？　レジまで持っていくか、購入ボタンを押すまでのわずかな間だけ「見つけた！」と思っていないだろうか？

書店はいわば「出会い系」だ。お店に行けば、魅力的なPOPや、でかでかと張り出されたポスター、何段にも平積みされた新刊本が、「売れてます！」「話題です！」を演出している。帯文や背表紙に並ぶキーワードは、時代の空気というか世俗性が編集・凝縮されており、ちょうど今の自分の興味に合致しているように見える。あちこちから本が呼びかけているようでハイになり、手ぶらで帰ったら何か損したような気分になる。

そこでピンときて、パラパラっと手にとって、「これ欲しい！」「買おう！」と心に決め、レジまで持って行かせたら本屋の勝ち。家に帰って、袋から出して数日と経たないうちにその魅力が色あせたとしても、そいつは本屋の与り知らぬところ。平台➡レジまで（ネットなら書影➡クリックまで）だませたらそれでいい、という本が多すぎ。しかもチェンジができないときた。「これ買ったけどおもしろくないことがわかった。読んでないので返金して」ができない。

何度も痛い目に遭って、チェンジができないことに涙を呑んで、身銭を切るうちに、目が養われる（それでもだまされる）。そうやって打率を上げることはできるが、それは得意分野だけなんだよ。自分のアンテナに引っかかる本だけなら、それでもいい（そして、それだけでも一生費やせる）。だが、その外側にある本には一生会うこともないだろう。ちょっとでも興味がありそうな本を買い続けたら素寒貧になる。

だが、そんなとき、後ろを振り返ってみてほしい。書店の、膨大なフローから選ばれ、残され、淘汰を生き延びた本が、図書館にある。

もちろん、図書館にある本がすべてスゴい本だとは言わない。自分向けでない（Not for me）ものだってたくさんある。しかし、母数が違う。新刊書は年間七万五千冊なのに対し、図書館にストックされている本は四億冊を超える。桁違いだ。仮に、自分を変えるスゴい本が一〇冊あるとしたら、それが新刊書として並んでいる可能性と、図書館で待っている可能性と、どちらが高いだろうか？

結論を言おう。運命の一冊は、図書館にある。ただ、まだ出会っていないだけなのだ。

「あとで読む」は、あとで読まない

ネットの評判やPOP、帯の惹句にひと目ぼれして、ほとんど運命的な出会いを感じて、レジまで直行する。ネットならワンクリックだ。ほくほく顔でお持ち帰りして（ネットならデリバリーされて）、すぐさま「いただきます」するならいい。だが問題は、「あとで読む」である。

わたしの経験から言わせてもらうと、「あとで読む」は、あとで読まない。もう一度言う、「あとで読む」は、あとで読まない。

「お金を出して買ったのだから、読まなきゃ」と思いつつ、本棚の肥やしになり、机と床で山脈を成し、階段と廊下を占有する。これを見えないところに片づけてしまうと、絶対に読まないことが確定するので、意地でも目につくところへ置いておく。移動に不具合をきたし、家人に怒られ、自嘲気味に、「積読も読書のうち（毎日背表紙読んでるから）」とつぶやく。

そして、そうなっても読まない。なぜか？

本屋や画面で綺麗にディスプレイされた「商品」をお持ち帰りして、いざ部屋に連れ込んでみたら、「あれ？」と思うことがないだろうか？　あれはあくまで「商品」なのだから、本来の価値に加えて、より購買意欲をそそるように演出されている。いわば、「盛って」あるのだ。きらびやかにデコレートされた場所を移し、POPや帯やパッケージの装飾を外し、あなたの部屋の光に当ててごらんなさい。違和感が生じることは避けようがない。

ほら、スーパーのお肉といっしょ。ショーケースだと美味しそうに見える精肉が、買って帰るとそれほどでもなくなるでしょ（この場合、ショーケースの肉の赤みを際立たせる白色系の光ではなく、店内の暖色系の光で検《あらた》めるのがよろしい）。

もちろん例外もある。それはそれで「当たり」なのだからよしとしよう。だが、そんなことは滅多にないことは、あなたが一番よく知っている。

直感は裏切ることがあるけれど、違和感は裏切らない

しかし、図書館の本は「チェンジ」が効く。魅力的に見えたのもつかの間で、部屋に連れ込んでみたら、いざ手に取ってソファーやベッドに誘ってみたら、たいしたことなかった……そんなとき、「チェンジで！」と宣言できる。どんどんチェンジすればいい。一〇冊、二〇冊まとめて借りて返していくうちに、むしろ、チェンジが普通だと思えてくるだろう。

実際のところ、返却日という締め切りは、図書館のメリットなのだ。その二週間、何度か目を合わせ、部屋の光を浴び、その空気を吸ったなら、その本の本当の姿が見えてくる。そもそも、図書館の本は、最初から帯を解いている。この二週間は、本とあなたのお見合い期間なのだ。そのうえで、後朝の別れが辛いなら延長し（無料だ！）、延長を繰り返すなら、

その恋は愛になる。

借りては返し、借りては返し、そのぐるぐる回しの中で、本当に買うべき本が浮かび上がってくる。買うべき本の確度を上げるために、図書館を利用するのだ。一生お付き合いする本を見極めるためには、何度も図書館に足を運んでお見合いを繰り返す必要があるのだ。

もし「運命の一冊」があるとしたら、そしてその一冊があなたの目の前に現れるとしたら、それは、書店やネットですれ違う直感にあるものではない。何度もすれちがい、何度も目が合い、やがて言葉を交わし、もっと知りたいと願い、お互いを理解しあうとともに信頼関係を築いていって、やがて運命の相手であることに気づく。

その一冊が運命の一冊であることに気づくためには、時間がかかる。本屋での直感を信じるか、お持ち帰りした後の違和感を信じるか。そんなあなたに、「直感は裏切ることがあるけれど、違和感は裏切らない」という金言を贈ろう（詠み人知らず）。

運命の一冊は、千冊に一冊

「運命の一冊が絶版になったら……」と心配する人がいる。

「ピンと来たら買え」という人がいる。

見送ったが最後、二度と出会えず、涙を飲むこともある。わたしも、同じ涙を何度も飲んだが、そういう本は千冊に一冊だ。その一冊のために千冊買うなら（買えるのなら）、ぜひ買ってほしい。それには熱い心よりも厚い財布が要る。

「ピンと来たら買え」という人は、執筆や編集など、本を生みだす側の人だ。本を「読む」のではなく、資料として参照する商売道具とする人だ。そういう人は買うべきだろうし、入手困難になるのを恐れるのは仕方ない。ピンときたら買うべきだ。

だが、本を「読む」ために求めるのであれば、買うことに性急になってはいけない。まずは借りることで、時間をかけて「それはいま読むべきか」を見極める必要がある。そして、運命の一冊にたどり着くためには、九九九冊のそうでない本を手にしなければならない。その九九九冊が買った本か、借りた本かの違いなだけだ。

買ったものであれ、借りたものであれ、本はそこにある。その一冊を読むための期限が、一生なのか二週間なのかの違いだけなのだ。二週間でも読まないなら、一生かけても読まない。

何度でも言う、「あとで読む」は、あとで読まない。まずは、出会い系でピンと来た直感を二週間に伸ばすために、お見合いしよう。そこで違和感が生じなければホンモノで、買うのはその後でいい。まずは運命の一冊を見つけよう。

図書館を使い倒す

図書館に行こう、書棚を徘徊しよう

図書館は「知的インフラ」と言われるが、もっとカジュアルに「知的な出会いの場所」と呼ぼう。「いいな」と思った本はお持ち帰りしよう（もちろん、しかるべき手続きはしてね）。税金のモトをとるつもりで、徹底的にしゃぶりつくそう。

まずは行ってみよう。ご近所もしくは職場の近くの図書館に行くんだ。場所がわからないなら、「あなたの住んでる地名＋図書館」で一発検索だ。

もちろん、近所にないという方もいるだろう（わたしがそうだ）。だが、出かけるルート沿いになら、見つかるのではないだろうか？　わたしの場合、平日は通勤経路で途中下車し、土日はスーパーの買出しの途中に寄り道することで、「わたしの図書館」を確保している。

着いたら、まずはウロウロしよう。ノリはリアル書店といっしょで、自分の好みのジャンルを当たってみよう。背表紙を眺めてみよう（ブラウジング重要）。どこの図書館も同じ分類法（日本十進分類法）にのっとって並んでいるので、一つの図書館を極めれば、ほかでも使える。

「わたしの図書館」は、自分のホームベースとなる図書館（ホーム・ライブラリー）なのだから、好きなジャンルの棚ならすべての本をチェックしよう。自分の書棚の延長がそこにあると考えよう。家に本を置く場所がないから、ここで専門の司書さん込みで保管しているんだという妄想にふけろう。図書館こそ、積読の最終形態なのだ。

気になる本を見つけたら、手に取ってみよう。あたりまえすぎるかもしれないが、実際に触れることが大事。好きな本を見つけたら、その両隣をチェックしよう。「目指す本の近くにあるものは、似た本のはずだ」とアタリをつけて、書架から書架へ徘徊するのだ。書店と違うのは、全部無料であるところ。全部わたしの本なのだから、好きなだけ持っていこう。返すときに元の場所がわからなくなったらどうするかって？　大丈夫、カウンターに持っていけば中の人が片づけてくれる。

ここで大事なのは、あまり行かないジャンルまで出向くんだ。ここは「わたしの図書館」なのだから、気にすることはない。散歩のつもりでウロウロしてると、ふと目を引くタイトルがあるかもしれぬ。本に呼び止められるかもしれぬ。そんなとき、かまうことはない、全部わたしの本なのだ。

不思議なことに、書店だとあれほど輝いて見えたベストセラーも、ここでは数多くの類書に埋もれた一冊となっている。新刊が出たとき、凄く魅力的に見えて買ってしまった（でも積読山に刺さっている）本も、ここではちょっとくたびれただけで、普通に見える。帯やPOP、キャッチーな宣伝文句に彩られ、「購入ボタンを押させるまで」もしくは「レジに持っていくまで」だませたら勝ち……の世界ではない。かつて気になっていたベストセラーも、好きなだけ持っていこう。

カウンターまわりをチェックしよう

図書館でチェックするべき場所とは？　それは、カウンターまわり。というのも、そこには、「だれかが予約して、これから貸し出されるのを待っている本」や「たったいま返却されて、書架に戻されるのを待っている本」が並んでいるから。つまり、書店やAmazonの瞬間的なランキングチャートではない、ナマの「求められている本」があるのだ。

しかも、同じ人が予約した／返却したカタマリで並んでいるから、気になる本を見つけたら、その隣の本もいっしょにチェックすべし。いわゆるAmazonの「この本を買った人はこの本にも興味を持ってます」を、図書館で実践するわけだ。書店と違い、人は図書館では選書しない。興味のあるテーマについて、カタマリで本を借り、カタマリで本を返す。自分の懐が痛まないのだから、当然そうなる。

ちょっと大きめの図書館になると、返却ワゴンなるものがある。「返却する棚がわからなくなった本は、ここに置いてください」というやつ。図書館の本はきちんと分類されており、勝手にあちこち移動されると困るからね。そして、（ここ重要）返却ワゴンの本は、棚の本と同じだから、そこから借りることもできる。つまり、たったいまだれかの興味を引いていた本をすぐさま見ることができるのだ。

山のように本を積み上げたら、腰を下ろして吟味しよう。パラ見してもいいし、順に読んでもいい。目次を熟読してから決めてもいい。そうやって、山を崩しつつ、右から左へと選別するのだ。その中で、「これだけはどうしてもお持ち帰りせざるをえない！」という本があれば、遠慮なく借りてゆこう。

背表紙が斜めに歪んでいるのが「おもしろい本」

図書館では、時間というフィルタリングがなされている。おもしろい本もそうでない本も、等しく所蔵されている。カウンターの奥には、予約されて取り置きされた本が並んでいる。移動ワゴンには、いま返却されたばかりの本が積んである。もちろん流行りの本もあるが、ここをチェックすると一過性ではない本当のベストセラーがわかる。これは、図書館こそがなせる技だ。

そして、フィルタリングの「結果」は目に見える形で残っている。本の「背」だ。「背」がひしゃげているものを探すべし。本を立てたとき、上の部分（天という）から見たとき、背表紙が斜めに歪んでいるのが「おもしろい本」なのだ。

つまりこうだ。本を開いている状態だと、「背」は斜めになる。本を閉じると元に戻る（戻ろうとする）。ずーっと開きっぱなしにしていると、クセがついてしまい、戻りにくくなる。開いている時間が長ければ長いほど、斜めになってしまうのだ。だから、イッキに読まれた本ほど、その「背」は斜めになっている。実際に図書館で、既読の作品で確かめてみるといい。

自分がイッキ読みしたような本は、そうでない本と比べ、「背」の傾きが違っているだろう。

自分の得意分野なら、好きに借りればいい。だが、自分のアンテナ外で「興味はあるがお金は惜しい、でもおもしろい本」を探すには、「背」を見ればいいのだ。そこで気に入ったら、今度こそ本屋で買えばいい。いわば、図書館を集合知のフィルターとして使うわけだ。

とにかく借りる、本に部屋の空気を吸わせる

読書は量だ。量は質に転化する。だから、買わなくてもいいのだ。本当に好きでたまらない人は、図書館を利用せざるをえなくなる。なぜか？　図書館を使わないと、床が抜けるから。あるいは生活できなくなるから。多読せずに「おもしろい本ない？」と言う資格なし。

図書館を使えば、週一〇冊も可能だ。ただし、必ずしも全読しなくてもいい。たくさんの本に触れることが「量」なのだ。とにかくたくさん借りてくる。

そして、いま借りてきた本の置き場所を、自分の生活空間につくるのだ。カラーボックスの一区画でも、段ボール箱でもいい。自分の定位置から見える場所に、置いておく。

別に読まなくてもいい。その本に部屋の空気を吸わせるつもりで転がしておけばいい（ここ重要）。借りられる期間はせいぜい二週間だろう。置きっぱなしで見向きもしないかもしれない。ちょっとだけ眺めて、途中で放り出すかもしれない。ひょっとすると、何冊かに一冊は、最後まで読むかもしれない。それでいい。借りてきた本がそこにある、というだけでいいのだ。その短い間に、本とあなたが生活をともにするのだ。

そして、二週間もたてば、返却期限だから返しに行く。そのとき、読んでないのに「惜しいな」とちょっとでも感じたら、借用期間を延長するか、いったん返却して借り直せばいい。「読んでしまったのに、返すのが残念だな」と思ったら、延長すればいい。もちろん、その本を次に待っている人がいるならば、その人に優先される。このときの「もったいない」感覚を大事にしておこう。

同じ本を何度も借りたり延長したりするうちに、だんだんその書棚になじんでくる本が出てくるはずだ。チラ見しているだけなのに、妙にウマが合うというか、ずっと気になる・手放せない本になってくる。そうなればしめたもの。そんな本こそ、パートナーとして迎えるべき一冊なのである。書店なりネットに出向いて、堂々と買えばいい。

借りた本が書棚になじんでくる。棚からレジまでだませば勝ちの出会い系書店とは異なり、何度も出会いと別れを繰り返して、時間をかけてお付き合いして、最終的にお迎えする。こういう本は、一生モノになる。わたしの場合、『ゲーデル、エッシャー、バッハ』(ダグラス・R・ホフスタッター/白揚社)や『虚数の情緒』(吉田武/東海大学出版会)がそうだった。実際に購入するまでに、数年にわたり何度も借りては返してを繰り返した。新刊本を追いかけているだけでは、絶対に読むこともなかっただろう名著なり。

ちなみにこの二冊、図書館での背表紙は、本の前半部分だけひしゃげてた。イッキ読みはされていないものの、ページを開いている時間はかなり長かった証左だろう。そして、(わたしを含め)たくさんの挫折者を生みだしていたものと推察する。

知りたいことを調べてもらう

図書館は本を借りるだけの場所ではない。司書によるレファレンスサービスが利用できる。レファレンスサービスとは、調べたいことに対して、どのような資料(書籍や雑誌・データベース)を使えばいいのかを案内してくれるものだ。直接カウンターに申し出てもいいし、ネットで受け付けている図書館もある。

これがスゴいのは、調べたいことが漠然としていて「質問」の形になっていなくても、いっしょになって絞り込みをやってくれるところ。もちろん、ちゃんとした質問になっていることが望ましいのだが、「〇〇について調べたいのだけど、何をどうやっていいかわからない」といったものでもＯＫ。親身になってくれる（はずだ）。

重要なのは、「質問に対して、どういう風にアプローチしているか」に尽きる。そもそもどうやって調べていいかわからない場合、調べ方そのものというよりも、むしろ次のようなことについて、逆に問いかけてくるはずだ。司書は本のソムリエ／ソムリエール、「知りたいこと」のプロファイリングを通じて、求めている答えがある本を選んでくれる。

・そもそも、なぜ、それを調べたいか（質問の背後にある動機を問う）
・疑問に対してどのような考え方で取り組んでいるか（仮説検証、証拠集め）
・どんなアプローチでレファレンスブックをあたっているか（キーワード？　しらみつぶし？）
・キーとなるトピックスから調べる範囲の広げ方↓絞り込み方

レファレンス担当のためのＦＡＱもあり、「レファレンス協同データベース」はそれだけで宝の山となっている（時間を忘れて読みふけろ）。

・レファレンス協同データベース
https://crd.ndl.go.jp/reference/

「こんな変な質問をしてもいいのだろうか？」と不安な方に、おもしろい質問例を紹介しよう。

・ライオンの口から水やお湯が出ているが、その由来は？
・関羽や張飛は、どんな料理を食べていたのか？
・日本のトイレットペーパーの幅は、どうやって決められたのか？
・夕焼けはなぜ赤いのか、「小学校3年生」にわかるように説明したい
・魚の尾は縦についているのに、なぜイルカの尾は横についているのか？
・ピラミッドに「最近の若い者は……」と書いてある？

末尾の「最近の若い者は……」は、わたしの質問だ。清少納言や吉田兼好を引くまでもなく、どの時代でも、「最近の若者はダメだ」と嘆かれていたように見える。だが、最古の例はどれだろう？

ネットで調べると『アシモフの雑学コレクション』がヒットするが、あくまで伝聞の形であり、具体的なソースには至らない。マックの女子高生みたいな風説ではなく、実際に出典

が確認できるものは?……と、図書館に聞いてみた。すると、プラトン『国家』に出てくる、年長者の話を聞かない若者が最古だという(岩波書店『プラトン全集』第11巻の604ページ)。「ネットにないから存在しない」と思い込んでいた自分が情けない。ん? 今じゃたくさんヒットするって? そりゃこの記事が広まっただけだ。

・最も古い「最近の若者は…」のソース

http://dain.cocolog-nifty.com/myblog/2007/04/post_7265.html

注意が必要なのは、答えられない質問があること。たとえば、医療・健康相談、身上相談、人生相談、法律や税務に関する相談、美術品の鑑定などが相当する。これらにはそれぞれ専門家がおり、図書館員の専門外として「回答できない」とされる場合が多い。また、学校の宿題やクイズなどにも答えられないとしている。

あるいは、将来の予測や仮定の問題、価値判断に関わるものは、直接的な回答を避けるかもしれない。「遺伝子治療は是か非か?」といった問題は、是非をそのまま回答するのではなく、「遺伝子治療の是非について議論されている資料」という形になるだろう。

これを逆手に取ることもできる。たとえば、直接的な医療相談を受け付けられないのなら、「○○という病気について知りたい。入門的なもの、さらに自分で調べるにはどのような方法がありますか?」と尋ねるのだ。もちろん、最終的には医療関係者の専門知識に頼ることになるが、「理解の橋渡しとなるような資料がないか」という聞き方にする。あるいは、知識そのものではなく、調べ方を問うのである。医学論文データベースサイトのPubMedを紹介されることになるかもしれないが、そこへ至る道筋がわかるだけでも心強い。

わたしがよく利用するのは、品川区立図書館、東京都立図書館だ。海外系はニューヨーク公共図書館も利用している。カウンターに問い合わせると時間が限られるため、もっぱらネット経由でレファレンスを依頼している。

品川区立図書館と東京都立図書館のいいところは、登録が不要なところ(二〇二〇年二月現在)。図書館利用カードの登録も申込用紙の記載も不要。質問するときに記入したメールアドレス宛に、回答を返してくれる。これはニューヨーク公共図書館もいっしょだ(ただし、英語で質問する手間はかかる)。わたしの経験上、だいたい数週間ぐらいで返事を返してくれる。

もちろん、図書館の蔵書検索サービスがあるのなら、自分で調べることも可能だ。よく使われるテクニックとして、「広げて絞る」「視点を変える」「媒体を変える」が挙げられる。

いったん広い概念の言葉・抽象的な言葉でレファレンスブックをあたり、そこから具体的なキーワードで調査範囲を絞り込む。あるいは、日本史ではなく美術史を調べるように、アプローチを変えてみる。さらに、本からネット、ネットから本、文字だけではなく映像アーカイブをあたってみる。

このように、視点を切り替えることで行き詰まりを打開し、同時に複数の視点から網羅的に「問題」へあたり、そこからのフィードバックを繰り返す。「調べたい何か」を調べるのではなく、「何を探すべきか」という問題設定まで立ち戻るのだ。

知りたいことを調べる方法を紹介する本はたくさんあるが、『図書館のプロが教える「調べるコツ」』（浅野高史／柏書房）がいいぞ。「何を調べるべきか」について、具体的かつ「調べるための」参考文献満載で紹介されている。プロの技を盗もう。

「ネットで検索すれば」「本屋で探せば」では足りない

「ネット全盛のご時勢、調べ方を学ぶよりも検索すればいいのでは?」という意見もある。それはある面では正しい。だが、あたりまえのことだが、ネットにあるものしか拾えない。そして、検索するための適切なキーワードを知らない限り、「こんなものか」になる。

ネットで調べて事足れりとする人は、ネットの知識がすべてだと信じている。だが、それは正しくない。

知りたい情報は、「検索」するのではなく「探索」する。「検索」は、キーワードによるヒットを試行錯誤する方法だ。いわば、欲しいものが明確にわかっており、ピンポイントで狙って当てるようなもの。いっぽう「探索」は、調べたいトピックによる絞り込み検索+レファレンスブックのフィードバックによる深堀りだ。着弾地点から再度絞り込みをかけるようなもので、確度と網羅性は高い。

「本屋で探せばいい」という意見もある。だが、本屋だけで事足れりとする発想は、浅はかなだけでなく、危うい。本屋にない「本」だってあるのだ。たとえば、トヨタ自動車を研究しようとして、新刊書店で『トヨタはいかにして「最強の車」をつくったか』(片山修/小学館/二〇〇二年)は入手できても、トヨタ社内で編纂した『創造限りなく――トヨタ自動車の50年史』（トヨタ自動車／一九八七年）は図書館で手に取るしかない。

取次を通した書籍の販売数は年間七億で、全国の図書館の貸出点数も七億になると聞いたことがある。これを知ったとき、恥ずかしくなった。なぜなら、たかだか数十年、己の嗅覚だけを頼りに新刊書店と古本屋を巡って集めた「本」だけで悦に入っていたから。「本屋さんの本」だけでよしとする考えは、「検索結果が世のすべて」と判断する思考停止ポイントと近接している。本屋さんの本は、ネットを含めて考えても、半分なのだ。もう半分は、図書館にある。

データベースやレファレンスブック、インターネットを探索しても見つからないからといって、「ない」なんていうことはない。見つけていないだけ。いるよね、ネットで検索してヒットしなかったから、大型書店を探しても並んでなかったから、「ない」と言い切る人。ないことを証明するのは難しい。知りたいことについては、何らかの形で手に入るはず。問題は、知りたいことの核心への距離と網羅性だ。

そして、仮に、万が一にも、調査も言及も回答もされていない「あなたの知りたいこと」が見つかったのなら、おめでとう。あなたはその分野の第一人者として取り組むことができる。しかし、そんなものはないと言い切れる。すべての問いは、すでにだれかによって発せられた問いだから。

積極的に自分を放置しよう

「図書館は本を読むところ」という人がいるが、図書館に通ったことがないんだろう。実際に足を運んで、自分の目で確かめてみるといい。もちろん、図書館で本を読んでいる人はいるにはいるが、ごく少数だ。ほとんどの人は、勉強をしたり、調べものをしたり、ぼーっとしてたり、（カップルで静かに）いちゃついてたり、ヘッドフォンで映画を観てたり音楽を聴いてたり、（本を読んでるフリして）寝てたりする。まじめに本なんて読んでやしない。

だいたい、シーンと静かだと、本なんて読めやしないだろう。これもやってみればわかるが、図書館で本を読むと、捗らないことおびただしい。日常的に本を読む人は、多少ざわついていようが読む。むしろ、静かすぎないほうが読書が進むだろう。図書館は、本を選ぶところ。その際にパラ見しているだけで、本格的にイチから熟読する場所ではないのだ（わたしは読むけどね！）。

図書館がいいのは、放っておいてくれるところ。静かにしていれば、基本、何をしてもいい。勉強禁止や居眠り禁止、ＰＣ・スマホ禁止しているところもあるので、郷に入っては郷に従おう。そのうえで、ぼんやりもの思いに耽ってもいいし、日ごろから抱えている悩み事をひたすら追い回してもいい。

もちろん本を読んでもいい。日常の喧騒から逃げ出して自分の頭と向き合ったり、あるいは自分から目をそらして他人の人生を眺めたりすることができる。真の意味で「わたし」を一人にしてくれる場所こそが図書館だと思うぞ。なので、積極的に自分を放置しよう。

図書館を身体化する

じつは、本に対するアクセシビリティが最も優れているのは、ネットでも書店でもなく、図書館だ。「本にまつわる情報」を元に決めなくてはならないネットより、「買う」という行為をしないと家に持って帰れない書店より、コストゼロで「その本に集中する時間」だけがそのまま純粋に投資となるのが図書館なのだ。

売るための導線・動線に満ちあふれたネットや書店をさまようよりも、知の導線に沿った書棚をたどろう。何度もウロウロしているうちに、どこに何があるか、なんとなく把握できるようになるに違いない。そのとき、物理的・身体的に、あなたは、図書館を自分のものにしつつある。

そのとき、あなたは気づくだろう。「あなたの図書館」は、知が可視化された場所だということに。さらに、その分類は日本のどの図書館でも同じであることを。あらためて強調したい。一つの図書館をマスターすれば、全国の図書館の見取り図を手にしたのと同じなのだ。

本は「買う」ものか

「身銭を切ってこそ、本の目利きができる」の落とし穴

本を「借りる」にこだわると、「本は買わないと身につかない」と言ってくる人がいる。あるいは、「身銭を切ってこそ、本の目利きができる」という人もね。

わかる。めっちゃわかる。なぜなら、わたし自身が実行してきたやり方だから。食費を惜しんで本代に注ぎ込み、何度も痛い目に遭って経験を積んでいくうちに、「聞こえる」ようになった。それは「本の呼びかけを聞き取れる能力」である。経験された方ならわかっていただけるだろうが、「本に呼ばれる」ことがあるのだ。書店の平積みの表題や、帯の惹句に〝引っかかる〟ことが相当する。

さらに、目にすら入っていないのに、呼ばれて入った古本屋の一〇〇円均一ワゴンの山にずっと探してた絶版本を見つけたり、不案内なジャンルの棚で手にした未知の一冊にハマったり。本というモノへの対価と、それを読むという労力と時間というコストを支払うことで、

本への感度が上がるのかもしれぬ。

しかし、払った金と時間が多すぎる。ぞっとする額がつぎ込まれている。得られた「目」はそれなりなんだけど、小説家や評論家でメシを喰っていくつもりもない。だから、「銭を払う」前提をとっぱらって、もっと他人の目を頼ればよかったと思っている。

さらに、身銭を切るやり方だと、本の渉猟が保守的になってしまうところがある。オレサマ基準が幅を利かせ、鋭角的な選書になってくる。量は多くても、似た傾向に固定化してくる。大切な「お金」と「時間」を費やすのだから、リスクは冒したくないからね。

こうして、自分の中に閉じこもる、心を狭くする読書となる。この傾向、いわゆる「ジャンル読み」に徹する文筆家によく見られる。自分に閉じた読書だと、範囲も深度も限られる。似たような本の壁を周囲に築き、エゴという井の中に閉じこもる。「自分の視野＝世界のすべて」という狭窄に気づけない、王様・女王様となるのだ。

「買っただけで満足した本の山」に埋もれて自己満足に浸っていないか？

こういう人が、「本は一期一会だから、買わないともう二度と会えないかもしれない」と脅してくる。残念ながら真実である。だが、それがどうした。

もし、あなたが文筆業なら、貴重な資料を囲い込まなければならない。だから買うほかない。しかし、あなたが「資料」として必要でないのなら、手に入れる／入れないに拘らなくてもいい。「その一冊」だけが一期一会になるような本は、はっきりいってない。

さらに、「本は買え」と脅してくる人ほど、本は資料であって「読む」ものとして扱っていない。買ったはいいが、読みもせずに積んでおく言い訳の最高のものとして、「これらは資料だ」というものがある。そして、その言い訳が成立するのは、文章を生業としている人である。

あなたは、資料として必要なのだろうか？　それとも、読むために欲しいのだろうか？

本という「モノ」に執着する人もいる。それはアリだが、本当にモノとしての本の存在だけだろうか？

本から得られる何か——知識だったり経験だったり、楽しい時間だったり——はないのだろうか？

そうした、「本から得られる何か」を引き出さず、莫大な「買っただけで満足した本の山」に埋もれて自己満足に浸っていないだろうか？

「本を手にして読む」というコストを支払うことを厭わない

もう一つ、「本は買って書き込みをしないと自分のモノにならない」という人がいる。だから、借りて読んでも身につかないという。

それは部分的に正しい。その確かめ方は、学生時代を思い出せばいい。教科書や参考書にマーカーを引いたり書き込みをすることで、がんばって勉強した気分になれる。これが単に気分だけだったのか、本当に身についたのか、思い出してみよう。「気分だけじゃない、身についた」と断言できるのであれば、やるだけの価値はあるかもしれぬ。

後で惜しいと思うことはたしかにある。だが、だからといって「本は買うもの」に決めてしまえるほど、あなたの財布は分厚くない。

重要なのは、「本というモノへの支払いをする」ことではない。「本を手にして読む」というコストを支払うのを厭わないことである。あなたにお金がたっぷりあるのなら、気になる本を、好きなだけ買えばいい。

だが、買ったところで読まないだろう？　なぜ自信たっぷりに断言しているのかというと、わたし自身がそうだから。買ったら読まない。買っても読まない。これは買わなくてもいい理由にはならないけれど、買わなければいけない理由にもならない。

本当にそれを「買う」必要があるのか？　何度も借りながら吟味しよう。ちょっとでも気になる本は、まず借りるのだ。だれかが薦める本を無条件に手にすることができるのは、図書館なのだ。「タイトル買い」には熱い心と厚い財布が必要だが、「タイトル借り」なら貸出上限数までいける。図書館を使い倒す勢いで借りまくろう。そのうえで、書き込みたくなるほどの本と出会ったならば、買えばいい。

五万円の本を五千円で手に入れる方法

Amazonで「これいいな」と思って値段を見たら、どえらい価格がついているのがあるよね。いわゆる絶版本で、人気の高いやつ。版元が生きているならば再版の見込みもあろうものの、消滅してたら目もあてられぬ。セドリ屋の跳梁跋扈で、数千円の本に数万、ともすると数十万の値をつけてくる。

「本は買う派」であれば泣く泣く財布を開くだろうが、そうはさせない。本は読むためにあるのであって、所有するためにあるわけではない。ここでは、そういう絶版本を読む技を紹介しよう。

もちろん、ネットの古書店を検索してAmazonより安値を探して購入するという手もある。だが、これを読んでるあなたは、とうの昔に試しただろう。そして、ネット古書店の価格はAmazonと連動して値付けされていることを確認済みだろう。あるいは、ブックオフをはじめとするリアル古書店を丹念に足で探すという手もある。「がんばってください」と言うしかない。そういう人は、本を「読む」ことよりも「探す」ことのほうが好きなのだろう。だが、ここでは、もっと効率的に「読む」方法を目指す。

めちゃくちゃ高価な絶版本を読む方法が二つある。どちらも図書館を使う。一つめは、図書館で借りて図書館で読む。二つめは、遠隔複写サービスを使う方法だ。順番に説明する。

1　図書館で借りて図書館で読む

日本図書館協会の公共図書館ウェブサービスや、大学図書館の本を探すCiNii Booksを頼りに、目当ての本が近所の図書館にあるか探してみよう。「横断検索」というキーワードで検索すると、全国の図書館を横断検索するサービスが見つかるかもしれない。そいつも頼りにしてみよう。どうしてもなければ、国会図書館で検索するという手もある。

- 日本図書館協会　http://www.jla.or.jp/
- CiNii Books　http://ci.nii.ac.jp/books/
- 国会図書館　http://www.ndl.go.jp/

もし見つかったならば、そこで借りて読めばいい。Amazonで高値がついているような本は、まず間違いなく館外持ち出し禁止だろう。でも大丈夫、「図書館の中」であれば手に取って読むことができる。遠隔地にしかない本であっても、近所の図書館に送ってもらい、館内閲覧の条件で手にすることができる。「図書館間相互貸借サービス」と呼ばれ、図書館どうしで本を貸し借りする仕組みだ。さらに、たいていの図書館にあるコピーサービスを利用して、コピーを取ることも可能だ。

「貴重な資料なのだから、そんなに都合よく近所の図書館で読めるわけでもない」というご指摘、ごもっとも。おそらく、あなたの探している本は、国会図書館にあるだろう。そして、だれもが国会図書館の近所に住んでるわけじゃない。永田町は遠いからね。

2　遠隔複写サービスを使う

そこで二つめ、遠隔複写サービスを利用しよう。遠隔複写サービスとは、著作権法に基づき、著作権者の利益を害さない範囲でコピーを送ってもらえるサービスなり。この「害さない範囲」がポイントで、その範囲とは「半分を超えない範囲」が原則となっている。

遠隔複写サービスを利用するために、まず国会図書館のアカウントが必要だ。国会図書館のサイトにアクセスして、必要な書類を準備して郵送しよう。しばらくすると、アカウントＩＤが記載されたカードが送られてくる。このアカウントＩＤが重要だ。

次に、国会図書館の検索サービス（NDL－OPAC）で、目的の本を検索しよう。その際、さっきのアカウントIDをいっしょに入れることを忘れずに。目当ての本が見つかったら、そのまま複写申し込みをすればいい。複写料金のほかに、事務手数料、送料がかかるのでご注意を。

ん？　目当ての本の「半分」までしか手に入らないって？

そのとおりだね。でもそれは、アカウントIDが一つのときの話だ。家族の賛同か、有志が一人いれば、解決するぞ。わたしはこの方法で、Amazon 価格五万円の『スーパーエリートの受験術』（有賀ゆう／鹿砦社）を五千円で読むことができた。

図書館は知のインフラだ。「五万円の本が欲しい」のであれば、相応のお金を払って手に入れるほかない。だが、「五万円の本を読みたい」のであれば、図書館に頼ろう。

本棚を無限にする方法

わたしは自分の本棚を持ってない。そう言うと驚く人がいるが、本当だ。世に読書家なる人がいて、壁一面の巨大な書架や、本で埋め尽くされた部屋、重みで抜けた床などを自慢気に語ることは知っている。正直なところ、羨ましい妬ましい。

自分の本棚を持っていない分、人様の本棚が気になる。その人の、思考・嗜好・指向・試行あるいは至高を見える化したものだから。本棚には人格が顕われる、いわば知性のプロファイルだ。本のラインナップのみならず、並べ方や置き場所に至るまで、自我を延長したものが、プライベート・ライブラリーなのだ。

たとえば、『私の本棚』（椎名誠ほか、新潮社編／新潮社）を見ると、著名人たちの「見える化された自我」を垣間見ることができる。と同時に、増殖する蔵書への愛と憎しみと諦めが混ざった感情を共有し、何度も激しく頷く。

「自分の脳ミソを一望できる」（南伸坊）
「自分の目に見える経験」「古くならない自分」（荒井良二）
「昔は祭壇だったのに」（中野翠）

など、〝本棚〟への思いが語られる。本や読書にまつわるエッセイでないところがミソで、あくまで本棚がテーマなのだ。

本をダシにメシを喰ってる人たちなので、当然、本棚もスゴいことになっている。棚からあふれ、床に山をなし、山脈を連ね、階段を浸食し、トイレに立ち入り、ダイニングテーブルを占拠する。井上ひさしの一行目が強烈だ。

＝「本の重さを思い知ったのは建売住宅の床が抜けたときである」＝

本棚というか本の増殖譚は、主の意志を乗り越えて、本そのものの（生きんとする）意思を感じる。一定の蔵書量を超えると、本は自分で自分をなんとかしようとするのだね。膨大な蔵書が自ら図書館を造ってしまったり、持ち主を古書店主にしたり（都築響一）、愛書家を愛憎書家に変化させる（鹿島茂）。

もちろん、我が家にも本棚はある。トイレと浴室を除いた、すべての部屋にある。だが、それらは子どもの漫画置場だったり妻の専用書架になっており、いわゆる「わたしの本棚」はない。わたしの本は、それぞれの棚の一部を間借りする形で、あっちへ数冊、こっちに少しと散らばっている。だから、本好きが「いつかは自分の書斎を」「本のための一軒家を」などと夢見るように、いつかは自分の本棚を持てるようになりたい。

では不自由しているかというと、そうでもない。自分の書棚がないのは不便だが、「不自由」ではない。むしろ、自由を得ていると言いたい。近所に書店はたくさんあるし（書棚は諳んじている）、図書館から好きなだけ借りられる（ときに Amazon より早く届く）。「わたしの本は、わたしの行くところにあるんだ」と考える。わたしの本棚は、「持たない本棚」なのである。

この心意気は、松下幸之助の名言「仕事は預かりもの」のエピソードに学んだ。京都駅から車に乗って昼食会に行く途中、部下に向かって「ここらへんは、じつはわしの土地なんや」と告げたという。そして、「今からゆく料亭も、じつはわしのもんなんや」と畳みかける。これ、幸之助一流のジョークで、もちろん土地も料亭も彼のものではない。だが、もし土地や料亭が自分のものだと考えたら、タバコの吸い殻を捨てたりはしないだろうし、出てくる料理やお酒を大事にしようと思うだろう。

つまり、自分の行く先々の世界は、全部自分のものと仮定する。自分のものだけど、すべて自分で運営できないから、人にやってもらっている。そのお礼として、代金を支払うのだ。そう考えると、感謝の念も湧いてくるし、何よりも「これ全部オレのもの」と思うと心豊かにならないか――という発想だ。

松下幸之助は料亭で喩えたけれど、わたしは図書館と書店で実践している。行きつけの品川図書館の棚はそらんじているし、近所の書店の新刊棚はいつ入れ替わるかも含めチェック済みである。さらに、書名がわかるなら、ネットで一本釣りすればいい。だから、リアル・ネット含め、「あの棚の本はすべてオレのもの」と考えるようにしている。

そして、自分のものだけど、新刊の選別から古い本のケアまで、管理や整理は大変だ。だから、司書や書店員というプロフェッショナルにやってもらっている。そう考えると、感謝の念も湧いてくるし、何より「これ全部オレのもの」と思うと気分がいい。

生きてるうちに読めもしない、たかだか数千冊を後生大事に抱えているより、「わたしの行くところが、わたしの書棚」と考えるほうが、「自分の本棚すらもらえないパパ」よりもポジティブである。わたしの書棚は、必要なときにアクセスできる、エア本棚なのだ（虚勢）。

第3章

スゴ本の読み方

『本を読む本』で『本を読む本』を読む

読書術は盗むもの

ある程度本を読んでいる方なら、「わたしの読み方」(読みの型)ができあがっているだろう。数冊を並行読みするとか(それも小説・ノンフィクションを互い違いに読むとか)、最初に「まえがき」「あとがき」「目次」を熟読するとか、線を引いたり書き込みをするとか。読む対象、読む場所、時、方法、さまざまな工夫をしているだろう。

そして、おっさんになると、「俺の読み方(型)が一番だ」と言いたくなるらしい。「XX読書術」とか「ナントカ・リーディング」とか、かっこいいネーミングで吹聴したくなるようである。これらは、ありがたくいただいておこう。マネできるか否かは別として、そして嘘か真かも別として、ある人が実践した(と申告している)読み方は、ひょっとすると参考になるかもしれないから。

そのうえで、盗んだ技術でもって、その読書術本を読んでみるのだ。何冊も並行読みを薦めてくるというのは、それが可能なライト級の本だから、並行読みで片づける。批判的読書をレクチャーしている本は、まさにその批判的な目で読むことで、論理破綻や誤読を探してみせるとか。「俺の読み方（型）が一番だ」と、わざわざ本を書いているような人は、まさか自分の読書術が自分の本に適用されるとは思っていないはずだから、かなり楽しめるぜ（もちろんこれは、わたしも同じ立場なので覚悟している）。

実践しよう。もはや読書論の古典とまであがめたてまつられている『本を読む本』（モーティマー・アドラー／講談社）がある。これを俎上に載せてみよう。これを、なるべく楽しく読む方法をご紹介……というのも、手にした方ならご存知だろうが、スーパー上から目線に辟易すること間違いないから。そして、「もったいぶった言い回しで、結局それかよ……」とツッコミを入れるだろうから。

しかし、だからといって無用な本ではない。新入生から読み巧者まで、得るものは必ずある。説教臭さえ気にしないのであれば、極めて意義深い一冊だとオススメできる。ここでは、本書にふれながら、わたしの「本を読み方」について思うところを書く。だれかのヒントになればこれ幸い。

「決まった読み方」なんてない、けれど「うまい読み方」はある

完成された本の読み方なんて、存在しない。一〇人いれば一〇通り、一〇〇冊あれば一〇〇通りの読み方がある。本書の著者アドラーをはじめ、識者（?）たちが「本はこう読め」と押しつけるたびに、ゲンナリしているし、その轍を踏まないよう注意しているつもり。ただ、「うまい読み方」というのは存在する。

では、「うまい読み方」とは何ぞや?

これに答えるためには、まず、その本を読む「目的」を明らかにしなければならない。目的とは、「なぜその本を読むのか?」に対する具体的な返答だ。知識を得るためであれ、楽しみが目的であれ、必ず「〇〇したい」という返答になる。たとえば、「日本人のしつけは衰退してるって、ホント?」、あるいは「江戸川乱歩のような短編を、読みたい」になる。

そうした「目的」に合った本が選ばれ、選ばれた本に沿った「読み方」が存在する。「日本人のしつけ」が目的であれば、そうした事実や主張を探しながら読むことになるだろうし、

「乱歩のような短編」なら、静かな暗い部屋で、好きな速度で読みたいもの。「〇〇についての知識を得る」や「△△のテーマを概観する」といった具体的な目的があって、それに適った読み方が、「うまい読み方」なのだ。

一度やってみるといい。ある一冊を開く前に、「その本を読む目的」を箇条書きにしてみる。手にしたとき、まえがきや目次を読んだとき、読み始めたとき、次々とその箇条書きは更新され追加されるかもしれないが、それこそが「うまい読み方」を誘う本なり。

よく使われる宣伝文句に、「ためになる本」とか「役に立つ本」がある。だが、「なんのためになるのか？　あるいは、「どんな」役に立つのか？　それを意識せずに読んでいる限り、いつまでたっても雑学に毛が生えた程度でしかない。「ビジネスの現場に効く教養」とか、全部これ。アイスブレイクや飲み会で「へぇ～」と言わせるぐらいのネタにすぎぬ。

しかし、それが目的なら、「Wikipedia のおもしろい記事」で検索したものを読めば済む（ただし時間泥棒になるぞ）。もちろん「読書に成果を求めない」といったスタンスもありだが、能動的に読むなら、まず「目的」が必要だ。

『本を読む本』で紹介されている読み方は、知識を得ることが「目的」の場合に役に立つ。あるいは、特定のテーマを追いかけるときの「うまい読み方」が記されている。言い換えるなら、それ以外の「楽しみを求める読み方」は書いていないのでご注意を。

分析読書とシントピカル読書

本書のキモは、第二部「分析読書」と、第四部「シントピカル読書」に尽きる。入門編の第一部は心得みたいなものだし、第三部「文学の読みかた」は著者の意向で大幅に割愛されている。

分析読書とは、一冊の書物から深い理解を得るための読み方のこと。テーマを把握し、内容を解釈し、著者のいわんとしていることを充分に理解したうえで、批評する。要するに、「流し読み」「拾い読み」ではない、ふだんのあなたがやっている読み方のこと。いまふうに言うならば、"So What ?"と"Why So ?"を連発して、トピックセンテンスを抜きだす。そこからイシューツリーを再構成して、論証の誤りや脆弱なところを衝いたり、前提そのものを疑ったりする読み方になる。ロジカルシンキングに親しんでいる方なら手馴れたものだろうが、一九四〇年代に自分の言葉で書いたアドラーはえらいと思う。

そして、シントピカル読書とは、特定のテーマについて複数の書物を横断的に読むやり方のこと。当然、ある本を読むと、そこから別の本へ派生して……が延々とくりかえされることになる。

おもしろいことに、著者アドラーは、「何を読むか」と「どんなテーマか」は相互に影響しあうという。準備の段階でできあがった読書リストを消化していくうちに、リストの順位が変動したり、想定外の本がランクインしてきたりするわけだ。

巻末の「参考文献」をたよりに幅を広げたり、Amazonの「この本を買った人はこんな本にも興味があります」をチェックすることでもできる。あるいは、図書館のレファレンスサービスを利用するのはどうだろう？　テーマと目的を具体的に述べ、いままで読んできた本をならべると、次に読む資料のリストを示してくれる。複数の図書館にかけもちで相談すると効果的。「日本人のしつけは衰退してるのはホントか知りたい」や、「乱歩みたいな短編」を問い合わせてもいい。質問と回答事例は、第2章で紹介した「レファレンス協同データベース」が参考になる。

いずれにせよ、最初の「目的」さえブレなければ、分析読書もシントピカル読書もハズさないはずだ。本書を立ち読みできるなら、172ページに分析読書のまとめ、244ページにシントピカル読書のまとめがある。ここだけ読んでピンときたら、読む価値はあると思っていい。

『本を読む本』を批評する

分析読書の一環として、「本を正しく批評しなさい」という。著者の根拠と論理から、論証の完全性を疑う方法が紹介されている。たしかに批評を心づもりして読むことで、本から得られる「目的」は大きくなる。そして、本書で解説される「反論を解消する」や「判断保留の重要性」などは、かなり役立つだろう。

しかし、その余勢を駆ってマキャベリ批評でボロを出す。著者は、『君主論』の次の箇所を、明らかな誤りだと断定している。

> 古いと新しいとを問わず、すべての国家の基礎は良き法にある。国家の武力が十分でないところには良き法はあり得ない。よって武装国家は法治国家の条件である。

上記について、著者アドラーは、こう批評する。

> だが、よき法は十分な警察力に依存するという事実からは、警察力が十分であれば法は必然的に良きものとなる結論は導き出されない。この議論は、最初の仮定が果たして妥当かどうか疑わしいのに、それを棚上げした議論である。これは「不合理な推論」の例である。

えっ?

マキャベリは「武力は法治の必要条件」と述べているのであって、「武力は法治の十分条件」とは言っていない。アドラーは、マキャベリが出していない「警察力が十分であれば法は必然的に良きものとなる結論」をもってきて、『君主論』を批判している。これは、中公文庫版の『君主論』(68ページ)も参照すると、よく見えてくる。

> ところで、昔からの君主国も複合国も、また新しい君主国も、すべての国にとって重要な土台となるのは、よい法律とよい武力とである。よい武力をもたぬところに、よい法律のありうるはずがなく、よい武力があって、はじめてよい法律がありうるものである。

マキャベリは、武力の必要性を訴えているものの、**武力さえあれば**よい法律があるとは述べていない。もしマキャベリが、「武力さえあれば法治OK」と言っているのなら、アドラーが指摘する、その妥当性を示す根拠が必要になる。しかし、マキャベリ自身、「武力さえあれば」と思っていないから、『君主論』を書いた。武力だけではままならぬから、権謀術数や人身掌握の術を述べているのだ。

つまり、アドラーは、誤読か意図的か不明だが、マキャベリの主張を歪めたうえで、そいつを批判している。このように、書き手が言ってもいないことをでっちあげて、そいつを論破することで批判したつもりになる詭弁《きべん》術を、「わら人形論法」(Straw man)という。

さらに、この箇所は、軍隊の種類と傭兵軍について検証する章で、マキャベリは歴史的事実から信頼に足る軍隊の種類を論考し、最終的には「自国軍」こそが頼りになるという結論を引き出している。法治と武力の話ですらなく、関係ないところに噛みついて「不合理な推論」とレッテルを貼るのは、言いがかりにひとしい。

つまり、マキャベリの主張のねじ曲げと、的はずれな批判の両方をしている意味で、アドラーは『君主論』を「分析読書」していないのではないかという疑いを引き出せる。さもなくば、この『本を読む本』自体を分析的・批判的に読んでもらうことを期待して、こんな罠を仕掛けたのだろうか。批判読書を勧めておいて、自分が批判されるような「穴」を設けておくなんて、粋なはからいをするものだ。分析読書をしなかったら、この「穴」に気づかないからね。

本書を「必読の書」ともてはやすのもいいが、まず隗よりスタート。ひととおり読んだら、本書そのものを俎上に載せてみるのもいい。これは、ほかの読書術の本にも応用できる。その本で紹介されている技術を、その本自体に適用してやるのだ。

『本を読む本』に致命的に足りないもの

ここまで、教養書や啓蒙書から知識を得るためのアドラーの読み方を紹介してきた。では、小説などのフィクションを読むための「読書法」はあるのだろうか？ ——これが、第三部

「文学の読みかた」になる。ここは著者の意向により大幅に割愛されているものの、小説に対する著者の態度があからさまにミエミエで笑ってしまう。そして、本を読むうえで、いちばんだいじな心得が書いていないことに気づく。

『本を読む本』では、小説を読むための心得として、非常に多くのものを要求する。おもしろかったただけではダメで、どこがどうおもしろかったのか、キチンと説明できなくてはならないと。だから、審美せよ、鑑賞せよ、味わえ、学べ、追体験せよ、統一性を把握せよ、解釈せよ、とやかましい。なのに、最も大切なところが抜けている。

著者のスタンスに欠けているもの。それは、**「その本を楽しんで読む」**ことに尽きる。おもしろがって読む、同化して読む、おもしろいとこだけ読む、読まない、つまみ読み、ナナメ読み、音読、黙読、味読……好きに読めばいいんだよ。

アドラーは、読書を、高級な何かのように勘違いしているようだ。知識や教養を摂取するのに躍起になって、肝心の読書のよろこびを見落としている。知識欲を満足させる「たのしみ」ではない。あるいは、小難しい思想にくすぐられた自尊心の「よろこび」ではない。純粋に、単純に、本そのものをおもしろがって読む——そうした読み方を、忘れてしまっているのではないかと。

「読む」ためには「読まない」選択肢が必要

これは、アドラーだけを批判できない。『本を読む本』の上から目線と対峙しているうちに、わたし自身がそんな視線を持っていたことが、鏡のように見えてくる。知識が得られる、考え方を学ぶ、知的生産ができる——読書になんらかの報酬を求めている限り、どっこいどっこい。もちろん読書から利益を引き出そうとする姿勢は大切だが、「本を読む」ってそれだけだったっけ?

忘れられた読み方を思い出すために、「読者の権利10カ条」を読み直そう。これは、『ペナック先生の愉快な読書法』(ダニエル・ペナック/藤原書店)で紹介されており、ちいさい子をもつ親にとって、かなり身につまされるに違いない。

「わが子を読書好きにしたい」と願う親がいる。その願いの裏側には、「見返りを求める読書」が隠れている。この、見返りを求める読書こそが、本を読む喜びを失わせているという。読書の幸福を伝えるために、読者は次の10カ条の権利があるという。

❶読まない権利
❷飛ばし読みする権利

❸最期まで読まない権利
❹読み返す権利
❺手当たりしだいに何でも読む権利
❻ボヴァリズムの権利（小説と現実を混同する権利）
❼どこで読んでもいい権利
❽あちこち拾い読みする権利
❾声を出して読む権利
❿黙っている権利

「読む」ためには、「読まない」選択肢が必要なんだ。『本を読む本』の真逆を追求する、「見返りを求めない読書」のおかげで、ほんとうの喜びを味わえる。この10カ条で『本を読む本』を照らすと、もっと立体的な読書をすることができる。つまり、目的に適ったスタイルを保ちつつ、楽しんで読めるのだ。

わが子が『かいけつゾロリ』（原ゆたか／ポプラ社）を何十回も読んでいた頃を思い出す。通読もするし、好きなとこだけ拾い読みするし、声に出して読むし、身振りで示しながら読むし、わたしに音読させたり、イシシとノシシで交代して読んだり、いろいろな「読む」バリエーションを思いつく。

とにかく読めること、読むことそのものを、じつに楽しんでいる。彼の、自由な読書スタイルを見ながら、教えられる思いをしている。読み聞かせたのはわたしだが、好きに読むやり方は、子どもに思い出させてもらった。

人生は短い、合わないなら読まなくていい。大事だと思ったところだけつまみ読みすればいい。つまらなければ途中で放り出してもいいし、好きなところは好きなだけ読み返せばいい。濫読上等。小説と現実を混同したくなるではないか。分析的な読書も、シントピカルなテーマ追求も重要だが、なによりも目が見えているうちに、溺れるように読みたい。

『本を読む本』は、読書法における教訓を学ぶとともに、反面教師ともなってくれる。これだけに固執せず、上手に学ぼう。

遅い読書

速読ができる人は遅読もできるが、逆は不可

『遅読のすすめ』（山村修／筑摩書房）に、こうある。

＝「本はゆっくり読め、速読なんて読書じゃない」＝

おっしゃるとおりでございます。でもね、速く読める人はゆっくりでも読める。そんなツッコミを入れながらイッキ読みすると、このごろハヤリの速読に真ッ向勝負をかけてくる。立花隆や福田和也のような人が、毎日めまぐるしく本を読んでいるが、そんなものは「読書」じゃないとタンカを切る。情報を摂取して排泄しているだけだ、人生の無駄遣いだと言い張る。

そして、古今東西の「遅読派」を探し出しては「ホレ見たことか」と騒ぐのが煩い。たと

えば、エミール・ファゲの『読書術』（中央公論新社）に、「ゆっくりした読書に耐えられない書物は、そもそも読むべきではない」という一文を見つけ、立花と真逆だと狂喜する。あるいは、遠藤隆吉の『読書法』（巣園学舎出版部）に、「濫読する人の目玉は乱れている」を傑作だと手を叩く。なんだかなぁ、五〇すぎたオッサンが、西田幾太郎やアンドレ・ジイド、川上弘美まで出してきて、遅読を奨励するというよりは、速読・多読に反発する。

さらに、「小説は速読に不向き」と立花自身が言っているにもかかわらず、小説を引き合いにしては、速読をケナす。本書が薦める「ゆっくり読む」を実践することで、そんな論理破綻がよく見える。

そんな矛先が狂ったのか、立花隆を「書生の読みで社会に通用しない」としたり、遅読と速読を「ゾウの時間とネズミの時間」に喩えてみたりする。気持ちはわかるが、ヒガみに聞こえる。恨み節をヤセ我慢に昇華させず、「勤め人になって、好きなだけ読めなくなって残念」とか、「立花や福田がうらやましい」と素直になればいいのに。可愛くない。ゆっくり読みは、読了の山脈をいくつも築いてきた人が成せるワザ。さらに、速読ができる人は遅読もできるが、逆は不可であることに気づくべき。

透けて見える怨言はうっちゃって、反面教師としたい。つまり、本に合わせて読むスピードを意図的にコントロールするんだ。わたしの場合、小説は息せき切ってイッキ読みする癖がある、先が知りたいからね。用心用心。古典なんざゆっくり読みの極地だろうし、論文は刻みながら読むべきだろう。

「ゆっくり読む」のはもちろん重要だけど、ゆっくり読むこと「だけ」を強調しすぎるのは問題である。「ていねいな暮らし」とか、ロハスな読書を実践したいのだろうか？

関心を惹くところだけをザッと見て「読んだ」と吹聴するのはいただけないが、そういう読み方をする人はいる。キーワードを拾い出し、つなげていく、スキミングのような読書。本を"資料"としてしか見ない姿勢。ビジネス書や実用書ならともかく、うっかり小説を速読しちゃうと、もったいない気がする。

特に小説は、じっくり読むべし。書いてあることから書いてないことを想像し、テーマを仮設する。展開のスピードに身をゆだね、作者の意図をはかりながらも、ちがった「読み」ができないだろうかと自問をくりかえす。あるいは、そんな技をかなぐり捨てて、ひたすら没入し、溺れるように読むのもいい。スジやオチを知りたいなら、映画を早送りで見るか、だれかに読ませてソコだけ教われればいい（でも、そんなことして楽しいか？）。小説は、読むというプロセスそのものも含めて楽しむものだからね。

しかしだ、ことさら「遅読」だの「スロー・リーディング」を喧伝し、速読や斜読を読書の冒涜かのように扱うのは、もっといただけない。『本の読み方　スロー・リーディングの実践』（平野啓一郎／ＰＨＰ研究所）はその典型なり。お気に入りの小説を、ゆっくり、じっくり味読することは、なにものにもかえがたい。この点については著者に完全同意する。さらに、「本は再読することに価値がある」とか、「感想は、一回限りでなくてもいい。むしろそれは、生きている限り、何度も更新されるもの」なんて、とってもいいことを言ってる……が、スロー・リーディングを大事にするあまり、速読や多読を叩くのは、やりすぎかと。

たとえば、これ。

一ヶ月に本を100冊読んだ、1000冊読んだとかいって自慢している人は、ラーメンの大食いチャレンジで15分間に5玉食べたなどと自慢しているのと何も変わらない。速読家の知識は、単なる脂肪である。それは何の役にも立たず、無駄に頭の回転を鈍くしているだけの贅肉である。

これは言いすぎ、勇み足。もしも、量「だけ」自慢する人がいるのならダメだろうけれど、量は質に転化する。たくさん読むから、審美眼や目星がつく。速読を文字どおりの意味で生業としている人は、収入を得るためのブランディングだから許そう。

そんなプロ速読家ではない人は、ずっと速読をしているだろうか？　もちろんしない。読むべき本が尽きる前に、「書いてあることはほとんど同じ」ことに気づき、①自分で書き始めるか、②ほかのジャンルに手を伸ばすか、③既読の良書をくり返し読むかの三択である。スロー・リーディングを擁護するあまり、速読や多読を叩くのはおかしい。

書き手の意図に沿うためにも、一定のリズムで読み進める

そんなに「スロー」が大事なら、本書を読むスピードを、ゆ〜〜〜っくりにしてやろう。読書術を喧伝する本に対し、まさにその本で主張されている読書術を適用してやるのだ。すると、ふつうなら読み逃がしてやるはずの、誤謬や論理破綻が見えてくる。

論理破綻の例なら、第一部の「新聞もスロー・リーディング」だろう。新聞ごとに主義主張や思想が異なっているため、ザッと読んでしまうと偏った情報しか得られなくなる。その危険を回避するため、複数の新聞に目を通し、違いに敏感たれ——と述べているワケだけど、「複数の新聞に目を通す」ためには、ゆ〜〜〜っくり読んでいたら朝が終わってしまう。

同じ時間で複数の新聞に目を通すつもりなら、好むと好まざるとに関わらず、ある程度の速さで読む必要があるかと。「批判的読み」の重要性を印象づけたい気持ちはわかるが、それならむしろ、同じテーマで速読と遅読を併読するほうがいいぞ。

「スロー・リーディング」、「遅読」、呼び名は何でもいい。ゆっくり、じっくり読むことは大事。でも、大事にするあまり、速読・多読・斜読を叩くのはどうかと。速く読める人は、ゆっくりでも読める。ゆっくりしか読めない人は、速く読めない。

ゆっくり読みだと、自身の内部の雑音に煩わされることになる。すなわち、文中のコトバ

から導かれる連想や、作者の前提・論理へのツッコミが湧き出てくる。放っておくと、「わたしならこう書くのに」と添削しだしたり、「(作者の意向を無視して)こう読むほうがおもしろい」と妄想し始める。

だから、そういう無茶読みで手がつけられなくなる前に、書き手の意図に沿うためにも、一定のリズムで読み進める必要があるんだ。暴走しがちな自分のアタマをねじ伏せて、いったんは向き合う。読まれるテンポというものがあり、それにあわせてコントロールするのが大事かと。

ショウペンハウエルは半分だけ正しい

そういえば、多読を叩く遅読派は、やたらショウペンハウエルを崇める気がする。たしかに、『読書について』にある「読書は他人にものを考えてもらうこと」なんてそのとおりだろう。そして、自分の頭で考えることを重視する。これも大切だ。

だが、多くの書物を読むことを嫌い、自分で考え抜くことに固執する姿勢に、危うさを感じる。これ、ガブリエル・ガルシア＝マルケスの『百年の孤独』に登場する、孤独な数学者を思い出す。この男、幼い頃から数学だけに異様な興味を示す天才である。あらゆる文明から遠く離れた廃屋に一人で暮らし、すべての情熱を数学に注ぎ込む。そして、ただ一人の思索だけで、まったくのゼロから二次方程式の解法を見つけ出した後、一生を終える。男は天才だが、あまりにももったいない。独力で二次方程式を解くほどの才能を持っているにもかかわらず、それだけで一生を費やしてしまったのだから。

あるいは、論語の「学びて思わざれば則ち罔《くら》し、思いて学ばざれば則ち殆《あやう》し」でもいい。学ぶだけで自分で考えないとわかったことにはならないし、自分の考えに固執して学ぼうとしないのは独善に陥り危険だ、と説いている。ショウペンハウエルは正しいが、前半だけだ。自分の思索にこだわるあまり、多くの書に学ばないと、独善的な視野狭窄に陥る。

もちろん、ショウペンハウエルは読書を禁じたわけではない。悪書ではなく、良書を読めと主張する。そのとおりだね。でも、彼が生きた一八～一九世紀では、出版数もたかが知れていた。『ベストセラーの世界史』（フレデリック・ルヴィロワ／太田出版）によると、当時の出版数は、一年間に六〇〇〇点に及ぶという。これは、日本の一ヵ月の新刊の数になる。となると、「良書」の数も桁違いだろうに。

いやいや、ショウペンハウエルは「古典」こそが良書だと言っていた。時代を超えて受け継がれる価値あるものとして、古代ギリシャ・ローマの古典を評価していた。そのとおりだね。でも、わたしにとっては『四書五経』も『古事記』も『源氏物語』も、時代を超えた価値ある「古典」なんだ。

また、一八～一九世紀だと、ダーウィンやフンボルト、カール・リンネの「新刊書」は、時代を超えて古典となった。同時代に生きたショウペンハウエルは、未来の古典となる自然科学の数々の名著を読んでいたのだろうか？

さらに、今やショウペンハウエル自身も古典となっている。『読書について』なんて、まさにそれ。そこに書かれていることは半分だけ正しいが、その半分でもって多読を否定し、読まない理由にするのは、あまりにももったいない。一人の思索にこだわり、独善的な視野狭窄になる前に、たくさんの本を、まずは手に取ってみるだけでもバチは当たるまい。

良書を読むのは重要だし、自分の頭で考えるのも重要。だがそれは、多読を否定する理由にはならない。これは、わたし自身がショウペンハウエルを拗らせたことがあるからこそ、強調しておきたい。

再読・精読すべき一冊にたどり着くには、どうしても数が必要

もう一つ、再読について。遅読原理派が主張する、「一〇〇冊を速読するより、一冊を繰り返し精読せよ」というのは、半分だけ正しい。精読が必要な本は再読を促す。一度読んだだけでは、咀嚼しきれないからだ。

しかし、再読するためには、一回目を読み終わらなければならない。そして、一回目を先

に読み終われるのは、速く読むほうであって、遅読ではない。一回目を読み終わって、再読の必要性を感じたら、もう一度読めばいい。遅読派がゆ〜〜〜〜っくり一回目を読み終える前に、三回読了し、なんなら派生する本にも手を出すほうが、はるかにいい。

さらに、「これは再読・精読が必要だ」と見抜くためには、自分の中での蓄積が必要だ。そのための一〇〇冊なのだ。ただし、その一〇〇冊を読みぬく必要はない。少なくとも、手に取ってパラパラと見るだけでもいい、「これは再読・精読が必要なのか?」と問いかけながらね。

遅読派が主張する「精読すべきその一冊」は、どの一冊だろうか? 名著とかいうやつだろうか? 名著って、かなりあるよ。たとえば、古今東西のあらゆる分野の古典・名著を紹介する平凡社の『世界名著大事典』は、全一七巻ある。およそ一一〇〇点を厳選し、書名五十音順項目のそれぞれに解説を加えている。新版が一九八七年に出たので、そこから現在に至るまで、名著がさらに世に出ているだろうから、このリストはさらに増え続けている。あるいは、中央公論社の『日本の名著』と『世界の名著』を足すと、一三〇巻を超える。すべて遅読してたら、それだけで人生終わるね。

繰り返す。遅読派がありがたがる「名著」であっても、それが自分に合うとは限らない。その時の自分にとって「これは再読・精読が必要だ」という一冊にたどり着くことが重要なのだ。そして、それを見つけるためには、どうしても数が必要になる。数だけを誇る愚には同意する。だが、質を上げるためには数が必要であることを無視するのは、愚の骨頂だ。量は質に転化する。一年で見た映画の本数を自慢してきた人に、淀川長治はこう説いたという。

> 見た本数は問題ではない。何度も見返すべき作品というものがあって、それを見つけるために本数見る必要があるのだ

遅読至上主義には、この言葉を贈る。

速い読書

それは「読書」ではなく「見書」では?

では、速く読むほうが優れているかというと、そうでもない。わたし自身、巷に数多にある「速読術」に倣って、いろいろ試したことがある。しかし、結論を先に言わせてもらうと、それは読書ではなく「見書」である。

速読している人は、本を「読んで」いるのではなく、「見て」いるだけである。ざーっと字面を眺めて、引っかかったものや、キーワードを拾い上げて、再構成しているだけ。あとは結論めいたものを章頭や末尾から探し出し、一丁あがり。この「見書」でもって、さも読書しているかに見せかけるためのテクニックが、「速読術」である。

やり方を説明する。

まず、その本がだれの何のために書かれたものかを押さえる。「まえがき」と「あとがき」を読む(ここはキッチリ読む)。いわば、その本そのものについてのネタばらしが書いてあり、対象分野におけるその本の位置づけがわかる。そして「目次」を熟読すれば完璧だろう。どこに、どれだけのページ数を割いているかをチェックすれば、重点がわかる。

次に、索引に並んでいる用語や参照文献を眺めることで、その本の立ち位置も見えてくる。そもそも自分に読めるかのレベル感も、ある程度は把握できるだろう。ちょっと手に取って、ざっと見すら難しい場合は、基礎知識が足りない。その場合は、関連する教科書・新書・入門書を眺め、おもに用語を仕入れておけばいい。

それでも難しい場合は、関連する教科書・新書・入門書からどのような位置づけなのか――異端なのか王道なのか、新しいのか旧いのか、越境的なのか伝統的なのか――を炙り出すことはできる。紙に本のタイトルを書いて、強く関連する本どうしを線で結んだ場合、対象の本はどこに位置づけられるかが描ければいいのだ。

本文を読むときは、パラグラフの先頭を拾い読みして、あとは流す（本文のキモ、すなわちトピックセンテンスが記されている場合が多いからね）。章末の最後のパラグラフはちょっとスピードを落として読む。まとめのキーワードである、「つまり」「要するに」「結論として」「結局」を探しながら読む（受験国語のテクニックやね）。もう少し時間をかけていいなら、「しかし」で転調した後を重めに追いかける。

大事なのは、その本に書かれている知識ではなく、それが何についての知識なのかだけを押さえる。要するにメタ知識だ。そして、それさえわかったならば「読んだ」ことにする。

これが速読術の要である。

だから、速読を誇る人が読んできた本のラインナップを見てみるといい。新書や入門書、ビジネス本の類がほとんどだろう。これらは、「見る」だけで読んだふりができる。ご丁寧に、ポイントを巻末にまとめたり、重要な文をゴシック体にしているから、そこだけ押さえれば済むようにできている。

「あたり」を得るためには見書も有効

では、速読は意味がないかというと、違う。

「まえがき」「あとがき」「目次」をじっくり読んだり、索引や参照文献を眺めることで、「その本を読むことで、どんなものが得られそうか」というアタリはつくはずだ。そして、今度は自分の側にその準備ができているか――予備知識なり関連資料へのアクセスなり――を見極めることができる。まだ太刀打ちできないのであれば、関連する本で予習することも可能になる。あるいは、アタックしてみるなら「ここだけはちゃんと読んでみよう」という場所もわかってくる。そういう、準備としての読書に向いている。

また、本を資料として扱う場合も、速読が役立つ。読むのではなく、後に「引く」ための用意としての読書である。「つまり」と「しかし」に着目して著者の言い分のアタリをつけて、付せんでマーキングしておく。そのエッセンスを、目次に書き込んでおく。つまり、本を自分の脚注付きノートにするのである。読書を、「そこに書いてあることを後で役立てることができる状態にする作業」と定義づけるのであれば、「一ヶ月に何百冊も読んでます」と豪語できる。いわゆる「知の巨人」を誇る人がこれやね。

ただし、これは小説には使えない。一文一文、読み解いてゆき、必要に応じて戻ったり、ひょっとすると冒頭からの読み直しを必要とする小説は、速読（すなわち見書）に向いていない、というより不可能である。「速読は小説には向いていない」といわれる理由がこれだ。

たま〜に、「小説を速読している」と豪語する人が出てくるが、それはアンチョコを後ろに隠してるだけだから！ リアル書店でもらえる文庫目録や、文学全集に挟んであるリーフレット、文庫解説、新聞書評の切り抜き、『世界×現在×文学―作家ファイル』（越川芳明ほか／国書刊行会）のような志の高いカタログ、読書メーターや Amazon の書評などが有効なり。その小説についての情報を仕入れ、「読んだ」ことにしているのである。「読んだ」ということが、「その本について何かを得て、語る何かを持っている」状態であるなら、それでいい。見書の達人になると、その本を一行も読まずに語ることができる。

「見書がダメ」とは言っていないので、注意してほしい。特定のテーマを持って図書館に赴き、膨大な書物からある程度「あたり」を得るために有効なやり方だから。自分のテーマを課題にまで分解し、掘り下げるにあたり、どう使えるかを見極めるのに、見書はものすごく有効なやり方である。もちろん、見書で振り分けた書籍のどこを読み込んでいくかが次のステップになる。これをせずに、見書だけで読書した気分になるのはいただけない。

遅い読書と速い読書、結局どっちなのかというと、本との向かい方による。一定のテンポで読まれる本もあれば、スピードは無視してとにかくその本を「使える」状態にしたい場合もある。それぞれの場合に応じて、使い分けをしよう。ファスト・リーディングばかりは危険だし、スロー・リーディングばかりだと木を見て森を見ないことになる。スピードオーバーすると速度違反だけど、遅すぎる運転も速度違反なのだから。

残りの人生で読める本が限られていることを意識しながら、目の前の一冊に合わせた速度をコントロールする。〝セーフティ・リーディング〟で臨みたい。

本を読まずに文学する「遠読」

精読の限界を超えるには

司馬遼太郎の『峠』（新潮社）に、「彫るように読む」という表現が出てくる。越後長岡藩家老・河井継之助の読書スタイルだ。一画一字、目に刻みつけるように読むやり方で、わたしの知る限り、本との距離が最も近い精読（close reading）である。原典とゼロ距離で向き合い、くりかえし味読・咀嚼し、心胆を練るような読書だ。

遠読（distant reading）は、その対立概念になる。『遠読——「世界文学システム」への挑戦』（フランコ・モレッティ／みすず書房）の著者の造語で、「野心的な読みはテクストからの距離に正比例する」と焚きつける。著者はスタンフォード大学文学部教授でマルチリンガル、ゴリゴリの文学読みで、膨大な文献を背景に煽ってくる。

つまりこうだ。いわゆるカノン（正典）を精読するだけで世界文学を語るには限界がある。コンピュータや統計手法を用いてデータ解析をおこない、文学を自然科学や社会学のモデルでとらえ直すことができないかと問いかけ、実践する。そこでは、本との距離こそが知を得る条件であり、もっと大きい単位に焦点を合わせ、技巧やテーマ、ジャンルや文彩を「本」という単位から離れてみるのだ。これにより、テクスト自体が消えてしまうことだってありうる。それでいいんだと。

テクストをいかに読めばいいかはわかっている、さあ、いかにテクストを読まないか学ぼうではないか。

読者や同業者を挑発してくる姿勢がたいへんおもしろい。だが、炎上上等の書きっぷりなので、こちらも便乗して煽られ気味に読んでしまう。

たとえば、シャーロック・ホームズの研究。進化論の適者生存になぞらえ、「ある作品が正典（カノン）として残るのはなぜか？」を分析する。生き残る作品・消える作品の違いを、ホームズと同時期に書かれた大量のミステリーを読むことで解き明かす試みだ。これ、試みとしてはすごくおもしろいが、発想が文学部から一歩も出てないため、アプローチが限定的となっている。なぜなら、ホームズが始まってから最初の一〇年分の『ストランド・マガジン』にあるほかの短編ミステリー一六〇作品を読み、「ホームズといかに形式的に異なっているか？」しか見てないから。具体的には、次の二分岐条件に落とし込み、最終的にホームズが生き残るツリーを描く。

条件1：手がかりの有無
条件2：手がかりの必要性
条件3：目に見える（あらかじめ読者に与えられている）
条件4：解読可能

ホームズの人気を決定的にしたものを、作品の内部にしか（それも形式主義的な観点からしか）求めていない。読者の嗜好、市場の動向、出版社や著者のマーケティング、人口動態といった外的・環境的要因がごっそり抜けている。「生き残ったテクストはライバルたちよりも形式的・象徴的に環境に適していたのである」という結論にしたい気持ちはわかるが、ホームズの作品に適うような形式的分析しかできないなら、生存バイアスそのものやね。形式主義にこだわる様は、深夜に街灯の下で鍵を探す話を思い出す。

進化論を文学に適用したいのなら、形質（形式）だけに注目するのではなく、環境（市場）もあわせて分析する必要があるかと。たとえば、同時期の大ベストセラーなのにカノンとして扱われなかったシュウエル『黒馬物語』（岩波書店）やハガード『洞窟の女王』（東京創元社）の理由を、形式的な視点から比較してみるとおもしろいかも。

また、ウォーラーステインの世界システム理論をモデルに、中心から半周辺、周辺へと文学の形式が伝播していく様を論じている。それぞれの境界で、プロットは中心（＝西欧）、素材は周辺（＝それ以外）の作品が生まれ、その構造的不和（生焼けの小説）が新しいダイナミズムをもたらすと主張する。西欧中心主義が鼻につくが、市場の圧力は消費だけでなく生産も形作り、小説の形式自体を変えてしまうという指摘は正しい。翻訳小説のプロットをモデリングして、形態学的視点から外国文学の影響を分析するとおもしろそうだ。

本はあらゆる関係性の結び目としてなりたつ

さらに、ネットワーク理論をシェイクスピアの作品に援用し、登場人物のネットワーク図から『ハムレット』をクラスター化する試みをする。キャラクター相関図は見慣れているが、「どこまで外したらハムレットでなくなるか？」という仮説で、あれこれ人物を消していくのはスリリングだ。これは『ハムレット』を精読し、ハムレットの中にいると決して見えない「読書」だろう。

進化論や世界システム理論、パラダイムシフトといった「モデル」を文学に適用する試みは、とても刺激的だ。著者はテキストからの「距離」を強調するが、これは、『読んでいない本について堂々と語る方法』（ピエール・バイヤール／筑摩書房）と同じだ。本を読むとは、そこに現れるテクストを理解・追体験するのみならず、その本について語れることも求められる。

つまりこうだ。書物は単体ではなく、その著者、タイトル、出版社などによって、ジャンルやレベルの中で位置づけられる。配置図の中のその本の位置さえ把握していれば、直接それを読まなくても「堂々と語る」ことは可能になる。

たとえば、みんな大好き村上春樹の新作ならば、だれもが高ポイントをつけるだろうし。その「書物」は、存在すらしてなくても大丈夫。なぜなら、「本という物質は一つだが、それを話題にするあらゆる関係性の結び目としてなりたつ」のだから。書物は、文字どおりヴァーチャルな代替物となりうるのだ。

普通の文学者なら、一定量のカノンをそれこそ彫るように読んだうえで、「その本」がカノンの配置図の中で相対的にどの位置づけになるかを語る。だが、一筋縄ではいかない文学者なら、「その本」の配置図を、進化論や世界システム理論など、別のモデルに置き換えてしまう。置き換えたモデルの中で「その本」について語れるのなら、もはや「その本」を読んでいる必要などない。むしろ新たなモデルの位置づけを惑わせないために、テクストそのものは邪魔になってしまうかもしれぬ。もちろんこれは極端な話だが、そいつを大真面目にやってしまったのが、『遠読』だ。本を読まずに文学する遊び方が詰まっている。

プロフェッショナルの読み方
～『ナボコフのドン・キホーテ講義』

「大ボリュームの古典を読み通すオレ様」までもこき下ろされる

言葉の魔術師ナボコフがセルバンテス『ドン・キホーテ』をメッタ斬りしたのが、『ナボコフのドン・キホーテ講義』（ウラジミール・ナボコフ／晶文社）である。傑作と名高い『ドン・キホーテ』は、ナボコフに言わせると、「残酷で粗野な昔の作品」になる。本当の姿は、「気の狂った正気の男」を総がかりでいじめぬく、無責任で、子どもっぽく、痛烈で野蛮な世界を描いた作品なんだと。それがうっかりベストセラーになり、長年の誤読のおかげで真の姿が見失われてしまっているのが現状だそうな。

この大長編を、ナボコフは章・節の単位に解体し、吟味し、審判を下す。批評のいちいちが的確で、強い説得力で迫ってくる。おもしろいといえるのは、ドン・キホーテとサンチョの会話や、冒険を織り成す幻想だけだという。そこを除けば、この小説は、ばらばらの出来事、ありふれた筋、凡庸な詩句、陳腐な書き入れ、信じられない偶然の寄せ集めにすぎないと手厳しい。さらに、「この残忍な物語をユーモラスだとか慈悲深いとか考えるような輩は、まともな見解を持っているとはいえない」とまで言い切る。

かつてわたしは『ドン・キホーテ』を大いに楽しんだ。だが、ナボコフの目を通すなら、大いなる幻想に目ェくらんでたことになる。裸の王様症候群よろしく、「大ボリュームの古典を読み通すオレ様ナイス」と思ってたからかも。『ドン・キホーテ』の作品のみならず、その読者までも徹底してこき下ろされるので、いっそすがすがしく思えてくる。

しかし、それでもやっぱり夢中になるのをやめられない。今で言う「厨二病」に侵されて現実と幻想を取り違える痛々しさや、クソもゲロもいっしょくたの強烈な下品さなどは、とりすました古典の姿をかなぐり捨て、生臭い噂話のように湧き上がってくる。もちろんリアリティは書き割りのお粗末さで、スーパーご都合主義的展開は鼻につくけれど、だからといってこの作品のパワーを損ねたりはしない。

「現実らしさ」「物語らしさ」とはなにか

強力な物語に取り込まれる騎士ドン・キホーテの物語は、『ドン・キホーテ』の読者を取り込む、いわば「食い合い」の構造を持つ。後編に入り、ドン・キホーテとサンチョの、（それぞれにとっての）常識が相互に伝染しあう様子だとか、小説の中の「現実らしさ」「物語らしさ」に疑問を呈する主人公だとか、危なっかしくて目が離せない。いわば、小説の中の人が突然、「これはウソだッ！」と気づくようなもの。ナボコフという超一流の読み手に導かれながら、小説というフィクションの中で「現実だ」とお約束されている現象とは何かについて、あらためて考えさせられる。

辛辣なだけではなく、評価しているところもある。ばらばらのプロットの寄せ集めで、テキトーな展開であるにもかかわらず、ドン・キホーテの勝ち負けの回数はちょうど二〇対二〇になると指摘する。テニスよろしく、ストーリーを追いながら勝敗をカウントしてゆく様は、本作への愛に満ち溢れている。構成らしい構成のない、無計画としか思われないような物語において、勝利と敗北の、これほど完璧な均衡は驚くべきことであるとまで言う。

なんだかんだ言って好きなんじゃないか、ツンデレだねウラジミール。さらに、この高潔な狂人ドン・キホーテを、リア王やキリストにまでなぞらえている。その読み方はできなかったが、本人の扱われ方は、たしかに共通している。

本書は、もともとは大学の文学講座のためのノートを編集したもので、六回分の講義に分けられている。さらに、公平を期するためか、あの大作を通読させる手間を省くためか、全編のレジュメまで付いている。編集者は「レジュメで読んだ気になるなよ」とクギを刺すが、あらすじは完璧に追えるかと。

一冊で『ドン・キホーテ』がわかり、なおかつナボコフ一流の読みまで手に入る。辛口だけど、愛ある読書。これこそ、プロフェッショナルの読み。

『読んでいない本について堂々と語る方法』そのものに隠された罠

『読んでいない本について堂々と語る方法』（ピエール・バイヤール／筑摩書房）は、おもしろくてタメになるだけでなく、本書そのものに巧妙な罠がかけられていることを強調したい。

タイトルは本を開かせるための釣りで、本書自体に仕掛けがしてある。もちろん「未読本について語る方法」はあることはあるが、そいつを探しながら進めると、ホントの目的を読み流してしまう可能性が大である。

罠は随所に仕掛けられており、いわゆる「トラップストリート」のように作用する。「トラップストリート」とは、直訳すると「罠の道路」。たとえば、無断コピーした地図を販売している人がいるとしよう。「無断コピーするな」と咎めても、「いいえ、コピーではなく自分で描きました」と言い逃れするかもしれない。ところが、あらかじめ地図の中に架空の道路を描いておけば、コピーした人は言い逃れできない。

本書をまともに読まずに語ることはできる。斜めに読み流して、その「方法」だけを語ればいいから。だが、その「方法」こそが罠なのだ。それに気づかずに誉めてしまうと、『読んでいない本について堂々と語る方法』を、ろくに読んでいないのに堂々と語ってしまうことがバレてしまう。

本書の「上っ面」

疑似餌となっている「読んでいない本について堂々と語る方法」は、本書のあちこちに散っている。なかでもズバリなやつは、169~170ページだろう。すなわち、第一に「冒頭で作品を褒めることで、読み手の信頼感を抱かせろ」という。あとはひたすら一般的考察に逃げ、最後に次の記事で本に言及することを予告する。しかし、次の記事なるものがあらわれることがなく、その本を葬り去ることができるというのだ。

そして、だれもが本を「読んだ」と思っているだけで、「ちゃんと」読むなんてことはほとんどありえないことを明らかにする。ほとんどの場合、ナナメ読みか飛ばし読みしているか、タイトルや評判から勝手に類推しているにすぎない。さらに、「読んだ」という人だって、その記憶はどんどん（TPOと自己都合にあわせて）改変されているものだという。

だから、本の内容にひと言もふれることなく批評は可能で、未読の段階・批評の状況に関係なく、気後れせずに自分の考えを押しつけたり、必要なら本をでっちあげればよろしい──というのが、本書の「上っ面」の趣旨なのだ。

結局、「読んでいない本について堂々と語る方法」とは何ぞや？　この質問に、「上っ面」の回答をするのであれば、本書をまともに読んでないのに堂々と語っていることになる。まさに、トラップストリートをコピーしたことになってしまう。本書をきちんと読もうとすると、「本をちゃんと読む」ことなんてできないというジレンマに陥る。

本書の「裏面」とトラップ

これを打破するため、著者はかなりのページを使って「本を読む、つまり〝読書〟って、どういうこと？」を検証する。モンテーニュ『エセー』やエーコ『薔薇の名前』を使って、「読んでいない」と「読んだ」とのあいだにある境界が、いかに不確かであやふやなものであるかについて突き詰める。これが本書の、裏側の、趣旨である。

ネタバラシじゃないかって？　大丈夫、著者は序章でバラしているのだから。未読本について語るためのテクニックのみならず、あいまいで、いい加減な読書行為の分析にもとづいた一つの読書論を打ち立てるのが、本書の目的なのだという。

ちなみに、『薔薇の名前』と『第三の男』（グレアム・グリーン）は完全にネタバレしている。もちろんみなさん既読だからかまわないよね、という著者一流の皮肉とみた。じつは、ここにも罠がある。ある箇所で『薔薇の名前』のラストを明かすのだが、それちがう！ 既読ならすぐ気づくぐらい大きな誤りなのにと思いきや、後でぬけぬけと誤りを認める。つまり、「作品の援用にあたり、自分の主観的事実を述べたにすぎない」と、本書の仕掛けを実演してみせる。これで、本書を最後まで読まない人をあぶりだすことができる。

読書とは何か——読書論

その本を読む、つまり「読書」とは、いったいどういうことだろう。物理的な本はそこにあるが、「読書」とは、本を「所有」することではない。書き込みや線を引きながら〝読んだ〟といっても、その書き込みや傍線は「読書」ではない。読書ノートやブログでのコメントも、読書から生み出されたものであって、読書ではない。

もちろん、プルーストを持ってこなくても明白だろう。読書とは行為の一つで、物としてのページと読み手のあいだでなりたつ経験のこと。読書という体験を経ることで、新たな知見を得たり、異なる思考様式をたどったりすることができるが、あくまでアタマの中でのこと。だからわたしたちは、ページに記載されたものを、視覚を通じて受け取ったと信じている記憶の形でだけ、「読んだ」といっているにすぎないんだ。

これは、速読・遅読・斜読に関係なく、「読んでいた・読んだという記憶」でもって読書がなりたっている。この記憶がいかにあやふやで、改変されやすいかについて、著者は執拗に追求する。「読んでいない本について語られる」小説のエピソードを通じて、この「読んだ」「読んでいない」の境界線がいかにあいまいかを示してみせる。

読者とは何か——読者論

読者は、本を読んでいるあいだだけに存在するとは限らない。むしろ、本を読み終わった後に始まるといってもいい。読者は、さまざまな書物を渡り歩くことによって、そこに保たれていた自身の一部を再発見するという。これは、テクストを通じてあたらしい意味内容を創造的にリ・プロデュースすることと近しい。

書物の中に自分を見つけ出すやり方なのだが、不思議なことに、「読むことによって変わる"読者"」がどこにもいない。わたしのような「影響されやすい」読者だと、読んだら読んだぶんだけ知識なり思考が変化する。むしろ、読んでも読んでもビクとも動かないような本は、読まなくてもいい本だといっていい。

そんなわたしにとっては、読み手を本に従属させまいとする著者の意見は、新しく見える。

本に深入りしすぎて、読み手の創造性が奪われてしまうことのほうを危険視するあまり、本から汲み取る知識や思想のほうを低く評価してしまっているのではないか？　この疑問は、最後まで続く。

書物とは何か――書物論

本書をハウツー本のフリをした「読書論」だと思い込んだら、これまた罠にかかったことになる。読み手の独創性を守るため、書物から一定の距離を置くことが必要だと主張するためには、それを可能たらしめている理由――書物の役割こそが、もう一つの柱なのだから。本書は、ハウツー本のフリをした「読書論」であり、「読書論」のフリをした「書物論」でもあるのだ。

書物は単体で存在するのではなく、その著者、タイトル、出版社などによって、ジャンルやレベルの中で位置づけられる。その位置さえ把握していれば、直接その本を読まなくても「堂々と語る」ことは可能だという。

遠読のときと同じ例になるが、たとえばみんな大好き村上春樹の新作ならば、中の人がだれであれ、高いポイントをつけるだろうし。このときの「書物」は、存在すらしていなくても大丈夫。なぜなら、「本という物質は一つだが、それを話題にするあらゆる関係性の結び目としてなりたつ」のだから。

書物がいかにヴァーチャルな代替物として作り上げられるかについては、『薔薇の名前』で〝あの本〟について語り合う二人の会話を証拠として挙げている。その本は「存在」はするものの、ある理由により読めないのだ。そして、その「読めない本」(なんつー矛盾!)に書いてある内容こそがキモだったりする。〝あの本〟を**読まない**ことこそが、謎を解くことになる——とても象徴的なエピソードだね。読書は、書物と読者のあいだだけでなく、その書物を話題とする(自称・詐称)読者たちのあいだにも存在するのだ。

最大のトラップ

だが、ちょっと待て。何かおかしい。

著者は、書物を読むことと、それについて語ることは、別々の活動なのだということを見事に検証してみせているが、それは小説やエッセイ——すなわち書物だ——の事例をもってしてである。読まれる対象である書物をもって、読まなくてもいい証拠とする、なんというパラドックス。

そして、著者は『薔薇の名前』をざっと流し読みしただけだというが、ウソだ。上述のトラップや「読めない本」をヴァーチャルな本だと見抜くところなんて、まさに精読・再読している証拠だろう。

つまり、その本を「読まなくてもいい」証明として扱うためには、俎上にある本を熟読玩味する必要があるんだ。「読まなくても堂々と語れる」内容こそが、ちゃんと読んでいないと話せないのだ。「読まなくても語れる」ために精読したという、なんという自己矛盾。

さらに、話題の関係性の結び目としての書物論や読者論についても、同様のことがいえる。ある書物が全体の中での位置づけが可能だというならば、それ以前の書物を読んでおく必要があるはずだ。村上春樹の新作を位置づけたいなら、旧作や近いジャンルを読んでおく必要があるのといっしょ。

いや、目録やほかの言説（書評）、あるいは「本の本」があるではないかと反論されそうだ。しかし、その言説を信じるためには、やっぱり旧作や周辺を読まなければならない。「その書物を読まないために」きちんと読んでおくべき本が、必ず出てくるのだ。読書から得られる知見なり情報なり思考様式に裏づけられてこそ、「全体の中の関係性」をつかむことができるのだから。

結局のところ、「読むために、読まない」ことを目指すと、どうしても「読まないために、読む」ことになる。本書をマジメに読もうとすればするほど、この自己矛盾の堂々めぐりに陥る。あ、あれ？　あまりに拘泥して「書物のディテールに迷い込んで自分を見失う」ことこそ、本書で戒めていることじゃなかったっけ？

もっと気楽に「読む」？

つまり、二重三重の罠なのだ、これは。

『読んでいない本について堂々と語る方法』が、「本」という体裁をとっている限り、どんな読み方をしても自己言及の罠に陥る。接近して読むと、「本当に読んだといえるのか？」というジレンマに囚われ、逆に読み飛ばして（あるいは読まないまま）テキトーに語ると、正鵠を射ていたりする（←これすらも本書に書いてあるという皮肉！）。

もちろん、こうした深読み、裏読みをせずに、ただ漫然と流してもいい。あるいは、ざっと目を通すことで「読んだという記憶」を作り上げることも可能だ。その場合は、最初の「本書の上っ面」にまとめた内容になる（それはそれで、著者の思惑どおりなんだ）。

本書を評価するのは難しい。うっかり誉めたりすると、その「誉めかげん」によって、いかに読んでいなかったがバレる仕掛けとなっている。本書を深くするのは、書き手よりも、むしろ読み手。自分の「読むこと」への揺さぶりがかかる、かなり貴重な一冊となる。

「なぜ小説を読むのか」を考えると、もっと小説がおもしろくなる

一回一回の読みは、読み手の技量と創造性に対する挑戦 ～『小説のストラテジー』

小説は、美味しい料理といっしょで、「なぜこれがいい（美味しい、心地よい、一体化できる）のだろう?」という視点で考えると、もっとよく味わえる。小説論から、よいヒントがもらえる。

たとえば、『小説のストラテジー』（佐藤亜紀／筑摩書房）を読むと、小説とは形而上の快楽装置なのだということがわかる。そして、「なぜ小説を読むと気持ちいいのか」が腑に落ちる。この「読み」は佐藤亜紀自身の読みなのだが、わたしの「読み」にとっても参考にな

る。自覚的にこの快楽を享受できるか、意識して読むようになる。

経験則として、わたしは知っている。ある描写のスピード感が心地よいことを。あるいは、物語に鼻先をつかまれて、ひきまわされる悦びを。鳥瞰的なカメラがぐっと近づいていく速度や、二転三転ドンデン返しの遠心力を愉しむ――こんな散文的にしか書けない「小説の快楽」、その仕組みを、綿密に説明している。

キーワードは「運動」。記述の対象が移りかわる運動によって「快」がもたらされるといい、アイキュロスのアガメムノーンにおける炎に着目する。炎は描写としてのかがり火だったり、憎悪や情炎の象徴だったり、戦火そのものだったりするが、その炎が時間・空間を渡っていく運動を感じ取ることで、そこに「快」を感じるという。

あるいは、物語をなぞることで発生する運動もあるという。ドストエフスキー『悪霊』を材料にして、聖なるところから奈落の底まで真ッ逆さまに落下する速度感や、極端な感情のメロドラマ的な振幅を読み解く。あの『悪霊』を加工して、どんどん軽くしていく。会話文だけを取り出したサンプルなどは、ラノベと見まごうほどだ。

直截でも隠喩でも、描写対象の移り変わりに着目することはあるものの、それを「運動」としてみなすことはなかった。とても斬新なので、その「運動」をカメラのように意識しながら読んでみよう。パンやクローズアップ、ディゾルブ、色彩や光量を意図した「読み」は、一見奇妙に見えるかもしれないが、映画を意識するように「読む」と、アリストテレス『詩学』の「カタルシス」が露にされる。映画『サイン』を俎上に乗せた視覚としてのカタルシス論は、お見事としかいいようがない。視覚情報を極端に制限することで圧迫感や不安感を煽り、ラストに一挙に見晴らしよくすることで、鬱積した情緒を解放するのだ。

このテクニックは、映画だけでなく、小説にも使える。「読者にどこまで情報を与えるか」を制限することで息苦しさを与えたり、逆に一挙に知らしめることで開放感を味わわせたりできる。小説を書く人にとっては、手にしたらすべてが釘に見えるハンマー並みに強力な〝武器〟になるだろう。本書は「読み」だけではなく、書き手の現場からの伝言でもあるのだ。

いっぽうで、読者を挑発することも忘れない。たとえば、ドストエフスキーに耽溺して傍線を引いたりして悦に入っている読者を揶揄したり、トイレットペーパー並みのフィクションを絶対的に必要とする読者を撫で斬る。一流の書き手は、一流の読み手でもあることが、よくわかる。

表現と享受の関係は、通常「コミュニケーション」と呼ばれるよりはるかにダイナミックなもの、闘争的なものだと想定して下さい。あらゆる表現は鑑賞者に対する挑戦です。鑑賞者はその挑戦に応えなければならない。「伝える」「伝わる」というような生温い関係は、ある程度以上の作品に対しては成立しません。

見倒してやる、読み倒してやる、聴き倒してやるという気迫がなければ押し潰されてしまいかねない作品が、現に存在します。作品に振り落とされ、取り残され、訳も解らないまま立ち去らざるを得ない経験も、年を経た鑑賞者なら何度でも経験しているでしょう。否定的な見解を抱いて来た作品が全く新しい姿を見せる瞬間があることも知っている筈です。そういう無数の敗北の上に、鑑賞者の最低限の技量は成り立つのです。

この強烈な主張に、わたしは沈黙する。フィクションを読むにあたり、「作品は譜面、読解とは演奏」というたとえはわかりやすいが、「一回一回が演奏者の技量と創造性に対する挑戦であるように、一回一回の読みは、読み手の技量と創造性に対する挑戦です」とまで言い切られると、いったいわたしは何をどうやって読んできたんだろうと振り返る。

ともあれ、「新しい目」のありかがわかる。試してみよう。

鼻につくが、身にもつく小説の読み方指南
～『フランケンシュタイン』×『批評理論入門』

素材と料理法をいっしょに読めば、なぜその料理がおいしいかがよくわかる。素材は『フランケンシュタイン』（メアリー・シェリー／光文社）で、料理法は『批評理論入門「フラ

ンケンシュタイン」解剖講義』（廣野由美子／中央公論新社）である。この二冊で、なぜ小説がおもしろいかがよくわかる。

読書本は多々あれど、ほとんど対象はノンフィクションに限られる。つまり、分析的に読み取り、的確に批判するためのハウツーやね。その種本はアドラー『本を読む本』だから、これを精読すればよろしい。

いっぽう、フィクション・小説だと話が違ってくる。小説の読み方を具体的にレクチャーする本は少ない。「小説を読む」という行為は個人的な体験とされているため、客観性を求められる批評がしにくい（と思われがちだ）。また、小説技法を味わうには一定量の「修練」が必要で、教科的に身につけられるものではないとされる。

小説だから、好きに読めばいいんじゃない？　たしかにそのとおり。だが、作者が仕掛けた罠や飾りつけにちゃんと驚いて・愛でてあげるのも大切。そのための近道があれば、ためらわずにたどってみよう。また、自力主義に固執して、多読や精読や原典や教養修行を強要するのは、エリート主義の残骸だと思う。

じつは、小説の批評や技法は、学ぶことができる。「小説を読む→楽しむ」という行為は、もっとテクニカルなもの・伝達可能な手法なのだ。そして、そうした批評や技法を集積したのが、『批評理論入門』になる。本書はゴシック・ホラーの傑作『フランケンシュタイン』を組上に、「読むとは何か」「小説を楽しむとはどういうことか」について徹底的に解剖している。二部構成となっており、前半はデイヴィッド・ロッジ『小説の技巧』(白水社) から小説技法を援用し、後半はヨハンナ・スミス『フランケンシュタイン』の批評理論を適用している。一冊で二度おいしい。

あなたがシェリー『フランケンシュタイン』を先に読んでいても、未読でも問題ない。既読の場合は新たな再発見をするだろうし、未読なら自分が想定していた以上の驚きの読書になるから。たとえば、「月」の象徴的な意味。西洋において、月は母性の象徴であるとともに、不吉な出来事を予言する目印だという (シェイクスピア劇)。フランケンシュタインが生命創造に没頭しているとき、「月が深夜のわたしの仕事を見守っていた」と描写されているが、この「仕事 = labor」に「分娩」という意味を見出す。つまりこれは、フランケンシュタインの出産行為を象徴しているという。

さらに、惨劇のシーンではヘンリー・フューズリ『夢魔』を持ってくる。

> 彼女は死んでいた。ベッドに投げ出され、頭が垂れ下がり、苦しみに歪んだ青ざめた顔は、髪の毛で半分覆われていた

これは、「夢魔」そのものだという。睡眠中の女性を襲うインキュバスのイメージで、(作品ではあからさまに描かれないが) 怪物は彼女をレイプしたというのだ。「んなバカな!」

ヨハン・ハインリヒ・フュースリー『夢魔 The Nightmare』より

「なるほど！」と意見が割れるかもしれない。だが、この絵を描いたヘンリー・フューズリは、『フランケンシュタイン』の著者メアリの母の愛人だったということが指摘されると、その相似に息を呑むだろう。

得るものもある一方で、鼻につくトコも目立つ。批評理論を紹介する宿命なのかもしれないが、それぞれの理論にガチガチの硬直的な読みしかできない。フロイト的解釈やフェミニズム批評などは、ほとんどこじつけとしかいいようのない強引な論理展開なのに、批判もされず並列されている（「どの立場を支持するか」ではなく「その立場がロジカルに説得力を持っているか」という観点が抜けている）。

本書は、小説を読む際の「お作法」として見るならば、メリットは大だろう。小説読みの「型」を身につけるための教則本にするのだ。そして、いったん「型」を身につけたら、そいつを破ってみればいい（「かたやぶり」というやつ）。この「かたやぶり」が一切なく、まるで自分を消してしまっているかのような読み方は、「楽しい？　それ」と言いたくなる。技法を探求し、理論に厳密な読みを追求するあまり、これっぽっちも楽しそうに見えない。

ある小説をどう読むかは、ある食材をどう料理するかに似ている。もちろん、道具（小説技法）やレシピ（批評理論）はひととおり知っておく必要がある。しかし、その先は自分の好きに料理すればいいかと。つまり、自分の創造的読みに任せるのだ。

そういうトレーニングをせずに、我流に頼るのは危ない。設定やスジだけ押さえて「読んだ」としてしまったり、言葉のイメージだけ膨らませて事足れりとする、ヘンテコ読みになってしまう。「型」がないから、かたなしだね。

だから、我流でヘンな癖をつけてしまったわたし自身に、『批評理論入門』は、たいへんタメになる。鼻につくが、身にもつくから。

小説家のバイブルは、読者のバイブルにもなる
～『小説の技巧』

小説は自由だ。何をどう読もうと勝手だ。けれども、小説から快楽を得ようとするなら、その技巧を知ることは有意義だ。前立腺やGスポットの場所を知らなくてもセックスは可能だが、より快楽に貪欲になるのなら、知っておいて損はないのといっしょ（訳者の柴田元幸は、もっと上品に「ショートカットキー」に喩えてた）。「やってるうち自然と身につく」という奴には、「愚者は経験に学ぶ」という箴言を渡す。快は無限だが、生は有限。読める数は限られている。

『小説の技巧』（デイヴィッド・ロッジ／白水社）は、小説書きにとってはバイブル級の一冊になる。同時に、読者にとってのバイブルにもなる。読者を快楽の絶頂へ導く手引きが解説されているのだから。プロットやキャラといったハウツーを超え、マジック・リアリズムや異化、多声性、メタフィクションといった本質的なレベルで語られる。しかも、サリンジャーやナボコフ、ジョイスといった練達者のテクストが俎上に並んでいる。心してかかれ。

ただし、急いで付け加えなければならないのは、「知る」と「できる」は違うこと。おっぱいの場所は知っているけれど、そこから快楽を引き出すのにコツがいるように、本書を把

握しさえすればすぐ書ける（読める）ワケではない。理論と経験、両方必須。

あるいは、本書をカタログとして読んでもいい。事例とともにスタックされているので、惹かれるテクニックを探し、そのワザの達人に出会うことも可能だ。たとえば寓話。言葉の表面的なイメージに凝ることで現実との対応関係を焙り出す手法は、スウィフト『ガリヴァ旅行記』のヤフー（Yahoo）や、ジョージ・オーウェル『動物農場』の立派なガチョウ（proper gander）で有名だ。しかし、本書でサミュエル・バトラー『エレホン』を知った。nowhere（どこにもない）の逆つづりがErewhonなんだという。

さらに、既読の小説にあたるのも一興／一驚かと。自分の「読み」よりもはるかに多層的な角度からの批評が得られ、知的興奮が湧き起こる（「そうだったのか！」というやつ）。

たとえば、『一九八四年』（ジョージ・オーウェル／早川書房）。全体主義国家による監視社会を描いたディストピア小説だが、主人公とヒロインをアダムとイヴに置き換えて解説している。すると、偉大なる指導者（ビッグ・ブラザー）の密やかな監視と処罰は、たちまち別の光沢を帯びてくる。ラヴ・ロマンスと二人がたどった運命が、違った色合いで見えてくる。陳腐な言い回しだが、宿命づけられた悲劇を「近未来小説」として読むという皮肉に、思わず自嘲したくなる。すでに読んだ小説が、まるで違った話になってくるので不思議だ。読者の意識にかかわらず、既知のモチーフを未来の舞台で創造するのだ。読み手は、自分が知っている（はずの）過去を通じて、未来を理解するのだ。これは、SF小説の肝でもある。

まだある。『日の名残り』（カズオ・イシグロ／早川書房）の説明にはびっくりした。原書・翻訳と読んだのだが、本書の解説を通じて、わたしはまるで読んでいなかったことに気づいた。これはネタバレ的な仕掛けではなく、むしろ「どのように読めるか？」の論評なので、ここに引用する。

カズオ・イシグロの作品の語り手にしても、決して悪人ではない。だが彼の人生は、自分と他人をめぐる真実を抑圧し回避することに基づいて進められてきたのだ。その語りは一種の告白だが、そこには、欺瞞に彩られた自己正当化や言い逃れがあふれている。最後の最後になって、自分についてのある種の理解に到達するものの、その時にはもう、そこから何かを得るには手遅れだ。

つまり、『日の名残り』は、信用できない語り手の事例として挙げられている。人間がいかに現実を歪めたり隠したりする存在であるかを、ここで徹底的にあばく。語り手が物語る時間的・論理的矛盾を突き、そこに隠されていた嘘を明らかにする。格調高い美文に酔って読み流していたのが恥ずかしい。

小説を創作するにあたって、強力なヒントも分析されている。小説家を目指す方なら頼れる道具箱になるだろう。一つの例として、「持続感」が挙げられる。小説のなかの時間の流れと、それについて読むに要する時間との比率を考慮せよという。小説の展開を遅いと感じるか、速いと感じるか、いわゆる物語のテンポはここで決まる。イベントが次から次へと続くことで気持ちよく読み進められる一方、ここぞというタイミングでわざと描写や独白を念入りに書き込んでひきのばしも可能だ（映画ならクローズアップやストップ・モーション）。

この基本を底にして、人生のリズムそのものを模倣しようとした意欲作も紹介される。ドナルド・バーセルミ『教えてくれないか』で、普通の小説ならじっくり語られるはずの感情的・性的関係の表面が目まぐるしい速さで滑っていく感覚は、高揚感と酩酊感を伴う。ぜひ、自家薬籠にしたいものだ。

もう一つ。「手紙」の効用に気づかされる。小説で使われる文章は、すべて再現にすぎない。会話や描写、ナレーションは、もともとの現象や出来事を言葉を用いて再生させるという、人工的な営みに過ぎない。会話文であってもいっしょで、小説で喋り言葉を使ったとしても実際そのとおりにしゃべっているわけではない。つまり虚構なんだ。

しかし、「手紙」は違う。虚構の手紙と本物の手紙は区別不可能で、それこそが小説にリアリティを持たせる強みとなるという。小説が書かれている状況について、テクストの中で言及するとき、読み手は「どうしてそんなことをわざわざ言うのだろう」という作者の存在に目を向けてしまう。いっぽう、手紙なら別だ。手紙を書いた人の意図に視線が向けられることになるから。ここでは「手紙」という小道具だったが、電子メールで代用してもいいかも。

小説作りの舞台裏を覗き見ると同時に、もっと小説から快楽を引き出すのに、最適な一冊。

だれかの読み方をマネする

本を探す前に人を探す。この方法は、本だけでなく、本の読み方についても有効だ。つまり、自分のお気に入りの本を好きだという人がいたら、その人がどんな風に本と向き合っているかに目を凝らしてみよう。たとえば、線を引いて、ガシガシ書き込みをして、本を「自分の本」に編集しなおすような人なのか、「本＝資料」と割り切って斜めに読み飛ばして必要なところだけを呑み込んだら「読んだ」とする人なのか。あるいは、「同じ川に二度入ることはできない」ように、同じ本を二度読むことはできないとして、読む悦びを噛みしめながら読む人なのか。

そして、お気に入りの本が重なる人であれば、その人の読み方も真似してみよう。

読み巧者を探す　～『半歩遅れの読書術』

『半歩遅れの読書術』（日本経済新聞社）は、日経新聞の同名のコラムをまとめたもの。新刊ではなく、あえて一～二年たった「ちょい古」な本をセレクトしているところがミソ。いわゆる著名人によるレビュー・書評というよりも、むしろ本をダシにした読書の愉しみや本にまつわる思い出語りが楽しい。いくつか紹介しよう。

まず、小林恭二がいい。彼のオススメ『鷲か太陽か?』（オクタビオ・パス／書肆山田／二〇〇二年）はぜひとも読んでみたい（『波との生活』が絶品とのこと）。あるいは、『巴』（松浦寿輝／新書館／二〇〇一年）もチェックしてみよう。

では、なぜ彼のオススメに惹かれるのか？　それは、本書でこう言っているからだ。

明治以降の日本の作家のうち、偏愛する作家を一人あげよと言われれば、わたしは躊躇なく石川淳の名をあげる。漱石や康成も偉大な作家だったと思うが、どうもあの何かというとクローズアップされる「内面」についてゆけない。もちろん石川淳にも内面があるが、それ以上にドラマがある。

そうそう！　とおもわず膝を打つ。石川淳の劇的な物語と稚気と衒いに満ちた文章への評価は、わたしの気持ちとぴったり重なる。わたしと同じ趣味で、わたしの知らない本を読んでいる＝「わたしの知らないスゴ本」の読者の可能性大、というワケ。

あるいは、多和田葉子のオススメも惹かれる。以前に読んだ『容疑者の夜行列車』（青土社）が絶品だったので、これを書いた彼女の目をきらっとさせる『クライスト全集』（H・V・

クライスト／沖積舎／一九九八年）は要チェックである。よい小説を書く人は、よい小説を読んでいる。ただし、逆は必ずしも真とならないのでご注意を。

彼女曰く、クライストは「急流くだりをするようなおもしろさ」なんだが、「そのわりには日本であまり読まれていないような気がする」という、知る人ぞ知る傑作。クライストの文章を評して「疾走する欲望の滑走路」なんて表現は、わたしなんぞ逆立ちしたって書けやしない。

いっぽう、「あの大家がこんな本にハマるなんて……」といったミスマッチを探すのも一興。ベストセラー作家の名を恣にした栄光の残日を垣間見ることができる。「締め切りまでに一定量の文章を書く」という仕事をムリヤリやっているのがわかっておもしろい。

この仕事をした人は、とてもわかりやすい。「あらすじ」ばかり書いているのだ。読み手のココロに響くものがないから、中身の要約に終始する。あるいは、目次のキーワードを適当に羅列したシロモノになる（夏休みの課題図書の読書感想文を思い出すべし）。これ、読まされるほうはたまったもんじゃない。スジを知りたくて書評を読むのではないからね。だらだらとあらすじを並べ、最後に「今後の日本社会の方向性を考えるうえでも重要な一冊である」とかで締める。これはひどい。

武士の情けで、名前だけは書かないでおく。ああはなるまいと自戒する。こうした元ベストセラー作家は、一種の反面教師となっているのかもしれぬ。そういう意味でも、真似すべき人、マネしちゃいけない人を見分けるためにも、こういう「本の本」をチェックしてみよう。

「読書はつねに編集的な行為だ」松岡正剛の読書術

「スゴい読み手」というならば、松岡正剛が真っ先に挙がる。「松岡正剛の千夜千冊」という書評サイトが凄いが、世田谷にある編集工学研究所の、あの空間に入ったら、圧倒されること請合う。その質量は莫大で、とてもじゃないが追えないけれど、その技術は少しでもマネできたらと身につけたものをいくつか紹介しよう。ネタ元は、千夜千冊特別巻『書物たちの記譜』(求竜堂)である。

われわれは読書しているあいだに、アタマのなかで勝手な連想や追想や、疑問や煩悶をおこしているわけだから、ごく控えめに言っても読書とは、テクストの流れと自分のアタマのなかの知や感情の流れを重ねながら読んでいるわけなのだ。しかもそこにはたいていさまざまな記憶がよみがえっている。

本の一行は一本の線だけど、読み手の過去の経験や現在の感情とつき合わされているのだから、もっと非線形(ノンリニア)な行為なのだという。「読書はつねに編集的な行為だ」という考え方は、繰り返し出てくる。単に字面から意味を吸収することなんて、ない。わた

したちは、読書という行為を通じて、自分の経験をやり直しているというわけ。

実感する方法はかんたんだ。未知の分野に挑戦してみればいい。最初の数冊のハードルは高いかもしれないが、新書や入門書でとっかかりを作ろう。すでに理解した思考フレームや用語を読み直しているから速くなる。次に読む本は、前に読んだ本から得たつながりの中で理解する。すなわち、いまの、目の前の文だけから情報を得ているだけではなくて、自分の記憶や体験とつき合わせて解釈しているわけ。

本は、単品で世界に存在するわけではない。さまざまな書き手・読み手との関連性のつながりの中で現れてくるものだから。その関連性は読み手ごとに異なっているし、しかも同じ読み手だとしても読んだときの感情・経験によって変化する。その結果、本は万人に向けられた同一のテキストであるにもかかわらず、読むときにはきわめて個人的な経験となる。松岡正剛の言う「読書はつねに編集的な行為だ」とは、この変化を伴った体験を指していると考える。

すぐ効く本は、すぐ効かなくなる

耳に痛いのが、「惜読《せきどく》」という概念。

こんなに先を読みすすむのが惜しく、できるかぎり淡々とゆっくりと味わいをたのしみたいと感じた本にめぐり会ったのは久々のことだった。「惜読（せきどく）」などという言葉はないだろうが、そういう気分の本である。どうしたらゆっくり読めるだろうかと懸念したくらいに、丹念で高潔だ。

（第十七夜「定家明月記私抄」より）

できるだけゆっくりと、そして何度も再生したい読書である。これは、それに値する本を手にしている人が言える言葉である。わたし自身、「何度も再生することで意味をつかむような本」をあんまり読んでいないので、耳に痛い。わたしの読書は刹那的で、スゴい本の凄さ加減が一読でつかめないようだと、そこでオシマイ。

結果、即効性の高い新しいモノばかり追い求めてばかりいる。再読、味読、傍らにおいて読み返すような本は少ない。本は食べ物であり飲み物であるかのように接しているが、それだけではダメだ。すぐ効く本は、すぐ効かなくなる。即効性を求めるさもしい読書にならぬよう、戒めている。

「棚差し」を見る技術

本屋の書棚から選び取る際、一本釣りするような見方ではなく、セットで眺める重要性も、正剛師範より学んだ。表紙を見せる形で並べてある「平積み」や「面陳」は否が応でも目に入るが、背表紙で並んでいる、いわゆる「棚差し」を見る技術だ。曰く、

棚の本を見るときは（スキャニングするときは）、3冊ずつ目をずらして見ていく。だいたい本は1冊だけ手にとるのはよくない。その両隣りの本を必ず3冊ずつ認知するようにしたい。これだけでも3倍のスキャニングができる

松岡正剛の千夜千冊第752夜「棚の思想」
https://1000ya.isis.ne.jp/0752.html

という。本は一冊だけがポツンとあるのではなく、その本を生み出す元となった本、その本に類似した別の本など、必ず関連性の中で存在する。ネット書店のレコメンドにある「この本を購入した人はこの本にも興味があります」をリアルで実践するのだ。

この技術は、図書館でも使える。ほとんどの本は図書分類法に則って分類されているため、関連する本は近い場所に、そうでない本は遠い場所に置かれる。自分の興味の範囲が視野の中に納まるか否かに注意しながら、カタマリで見ていく。これにより、どれくらいのボリュームになるか、文字どおりボリューム（巻数）で把握することができる。好奇心の質量を物量に置換して見積もるのである。

マーキング読書法

松岡正剛が実際に読んだ本を開いたことがあるだろうか？　グーグル画像検索などで「松岡正剛　マーキング」で見ればわかるが、さまざまなマーキングがびっしりとなされている。傍線やアンダーラインだけでなく、キーワードやキーセンテンスを拾い上げ、それがどのような構造になっているかを線でつないでいる。いわば、書物のページの上で議論を再編集しているかのようなマーキングぶりである。

このマーキング読書法、わたしも実践したことがあるが、一長一短である。

マーキング読書の本質は、読む行為をそのままアウトプット化するところにある。通常なら、書物→読書→読み手でインプットし、読み手が書き手となり代わって、書き手→執筆→書物がアウトプットとなるが、その間の「読書→人→執筆」が一体化する。

つまりこうだ。代金と時間、そして知的労力というコストを支払って、「読書する」という行為が通常〝インプット〟と呼ばれているが、マーキングをすることで読書する行為により〝アウトプット〟（＝マーキングされ再編集された書物）ができあがる。インプットとアウトプットがほぼ同時になされ、効率的な読書となる。

これはものすごいメリットである一方、「本に書き込みをする」という、一線を越える行為を読み手に要求することになる。だから、これは「自分の本」でしかやれない。人から借りたり、図書館の本の場合、書き込みは許されない。

さらに、マーキングした本を再読すると気づくことだが、「自分の思考に邪魔される」ことに陥る。「一読して終わり」というなら問題ない。もし再読するとしても、レビューのために見返したりするくらいならいいのだが、そんな本ばかりではない。良書と呼ばれるものは、再読を促すものである。そして、再読するときに、このマーキングが問題となるのである。

同じ本を再読する理由としてはさまざまだが、さらに深く・広く読むためだろう。自身の人生経験の厚みも加わり、初読のときには気づかなかった観点や伏線が「見える」ようになる。同じ一冊の本はまったく変わっていないにもかかわらず、読み手の自分の変化により、まるで違う本を読んでいるかのような錯覚に陥ることになる。もっと言うなら、「わたしはこの本を、ちゃんと読んでいなかったのかもしれない」とまで思い知らされるような本もある。

しかし、マーキングをしてしまうと、その時の自分の理解が視界に入り、深く・広く読むことを阻害する。すなわち、「初読時の理解＝その本の評価」となり、自分の変化を反映した読書が難しくなる。かつての自分が書いた、幼稚な見解や見当外れのマーキングに、思わず笑ってしまうこともある。そういう「思い出」として扱うならまだしも、そのマーキングのままの理解でよしとするならば、『スラムダンク』の安西先生コラ「まるで成長していない」を貼るべきだ。

これを解消する技としては、「マーキングを上書きする」がある。一定の期間を置いて、定期的に巡回・再読して、マーキングや書き込みをアップデートするのだ。自分の縄張りを示すための、犬のマーキングと同じである。犬は毎日巡回して、自分の縄張りを「上書き」する。本をノート代わりにして、注釈をどんどん書き足していって、余白が足りなければ大きめの付せんで拡張していく……知の縄張りを上書きするのである。

「本は味わうものではなく、そこから情報を摂取するもの」立花隆の読書術

立花隆の読書本はたくさんあるが、反面教師として得るところが大なり。ここでは、『ぼくが読んだ面白い本・ダメな本 そしてぼくの大量読書術・驚異の速読術』（立花隆／文芸春秋）について書く。

立花隆は「知の巨人」と呼ばれているが、その特殊な読み方からするに、「知的ブロイラー」という名前がふさわしい。一読した最初の印象は、「ごはんを美味しく食べてるだろうか?」。想像を絶する忙しさだろうし、「寝るヒマ・食うヒマもない」のは自慢の証だろう。でも、たまには時間をとって、味わって楽しんで食事することがあるのだろうか? そう心配になる。というのも、その読書スタイルがあまりにも「もっと!」「イケイケ」で、あたかも生き急いでいるかのように見えるから。角栄、サル学、脳死で勉強させてもらい、その超人ぶりはあこがれでもあったのだから。たくさんの気づきを得られたが、その読書法はかなり強引だ。

いちばん大きいのは、「読まないと決めたら、その本は断固として読まない」こと。これは立花だからこそ言えるのであって、わたしがマネしてはいけない。たちまち世界をせばめてしまい、狭窄した視野で偉そうに語りはじめ、失笑を買うのがオチ。わたしの場合、歯が立たなかったり、合わなかったりする本は、いったん時間をおけばいいと考えている(再会できないのならそれまで)。いつまでも惹かれるならば、準備と訓練を積んで再挑戦すればいい。

次に気づいたのは、「スタイルが対象を決めている」こと。立花は「全文通読が必要条件となっている本」を読まない。全文通読が必要な本とは、いわゆる小説やミステリのこと。最初から最後まで「とばさずに」読まないとわからないものは、付き合ってるヒマがないという。ノンフィクションですら、時系列で書かれているものは対象外だそうな。

そういうタイムコンシューミングな(時間ばっかりくってしょうがない)本は、ヒマ人が読めばよろしいという。『遅読のすすめ』(山村修/筑摩書房)で、「そんなのは読書じゃない」「情報を摂取して排泄しているだけで、人生の無駄遣い」と叩かれていたが、つなげて読むと腑に落ちる。

文学作品というテクストからこれまでと違った「読み」を追求する読書と、情報新陳代謝体として大量摂取とスクリーニングをくりかえす読書は、まるで異質なもの。仕事上、期限と結果が求められる「読み」を強いられている限り、それは読書というよりも、「資料にあたる」と表現するほうが適切かと。

そうした資料読みの手法としては有用で、むしろスタンダードともいえる。立花は、逐語的・逐文的に読むやり方を「音楽的読み」、パッと全体像をつかんでキーワードを追っていく読み方を「絵画的読み」と定義づけている。

❶はしがきとあとがきを読んで全体像をつかみ、目次を構造的に把握する
❷音楽的読み・絵画的読みの配分を判断する
❸とにかく頭から終わりまで、強引に目を通す。つながりがわからなくても、パラグラフ単位で飛ばし読みしても、まず終わりまでいってから、二度目の読みをどうするか考える

どうやら、じっくり逐文的に読んでいるよりも、パッとつかんだ後は、おもしろそうなと

ころを探すように「見て」いるようだ。これは、膨大な資料読みをしてきた「目」があるからこそできるもので、わたしがマネすると危ない。わかるところだけを拾い読みして「読んだ」ことにするので、きわめて浅い読みしかできない。

さらに、自分の頭で考えず、情報（になりそうなもの）を吸い取るようなやり方なので、そういう「読み」を許すような本に限定されてくる。図やチャートが多く、わかりやすい主張が箇条書きにまとめられるような本ばかり読むようになる。

もちろん、栄養補給としての斜読速読も必要だし、ちびちび味読惜読する深夜も捨てられない。速読もスロー・リーディングも大切なことは、あらためて言うまでもない。どちらの腕前も上げていきたいものだ。

本は味わうものではなく、そこから情報を摂取するもの――その「哲学」を見ていると、味わうのはヒマつぶしだから養分摂るなら点滴サプリで十分でしょ、という「料簡」が見えてくる。「知の巨人」のスゴさとともに、いびつな部分もよくわかる。

これからの時代、人間が生きるとはどういうことかというと、「生涯、情報の海にひたり、一箇の情報体として、情報の新陳代謝をつづけながら情報的に生きる」ことだということが直観的にのみこめてくる

「読んだ＝何が書いてあるか把握した」であるならいいが、それは「作業」であって「読書」ではない。ネット検索技術の向上や、図書館資料のデジタル化・オープン化により、読んでは吐きだす知的ブロイラーは、だんだん無用になってきているのではないかと。「ああはなりたくない」という意味で、参考になる。

読書は「競争」か？ ～『つながる読書術』

『つながる読書術』（日垣隆／講談社）は、学ぶべきところ、学ぶべきでないところの両方の意味で学べる。

まず、学ぶべきところ。ブログから飛び出して、リアルな場所で読書会を開催して、たくさんの本好きと出会ってきた。会議室で、本屋で、飲み屋で、レンタルキッチンで、たくさんのスゴ本と、「スゴ本を読むあなた」と会う。その動機は、おもしろいから、ワクワクするから……漠然としてたのを、本書はひと言で喝破している――「つながる読書」なんだ。

著者のいちいちが的を射る。本書の提案はこうだ――個人で完結するのではなく、発信とフィードバックを重ねることで、おもしろさを循環させよ。この「みんなでおもしろがる読書」は、まさに「スゴ本オフ」でやっているので、身近なレベルで納得できる。たとえばこうだ。

本という一つの素材を使って、お互いの意見や「おもしろさを感じる部分」を交換して知的な刺激を受け、思いがけない着想を得たり、コミュニケーションをとったりして楽しむ新しい場（メディア）です

そのとおり。自己と他者の違いを、共通する一冊というスケールで測ることができる。同じ本を読んでも、反応するところが異なる。違うからおもしろいし、違いから自己を拡張できる。殻や井戸に閉じこもる読書、さんざんやったけれど、「みんなで読む」ほうが広く深く速い。「ソーシャルリーディングは、大人の部活」は言いえて妙なり。ここは学ぶところやね。

さらに、この日垣隆、質量ともにハンパない。「年間の本代は六〇〇万円」、「二七〇人の大読書会を開催」とスケールのデカい話が飛び出す。瞠目したのが、松本清張について『新潮45』に書いた手順。締め切り三ヶ月前で取りかかったアクションと所要時間は、次のとおり。「文献収集は短時間で。漫然と時間をかけてたら、収拾がつかなくなる」というヒントは肝に銘じるところ。

❶「松本清張全集」（文藝春秋）全巻＝古書検索サイト「日本の古本屋」にて（所要時間二分）
❷全集にない解説を読むために、文庫約四〇冊をネット注文（二〇分）

❸清張以外の著者による〝清張論〟＝ネット書店にて（一五分）
❹日本最大のジュンク堂書店（一〇分）
❺国会図書館などのデータベースから、全集に含まれなかった文献を検索して入手（自分で＝四〇分、スタッフによる複写が三日間）

まるで満漢全席の勢い。これだけの注文した「料理」を平らげていく様子は、スゴいというより凄まじい。目も脳も手も足もフルに使いまくった後、一気呵成にアウトプットする。その鬼気迫る様に、プロフェッショナルとはここまでやるのかと感心する。作家を生業とするならこれだけ厳しいのかと思うと、読書のヒントよりもため息のほうが多くなる。

次に、学ぶべきでないところ。「本読み競争」や「自分を追い込む読書」といったフレーズに示されるポーズだ。読書「量」を競ったり、「ノルマ」をこなす姿勢は、わたしとえらい違う。もちろん、ピンチョンなどの巨大な作品とは「格闘する読書」になるし、「読んでから死ね」という勢いで読んでいる名作傑作もある。しかし、著者やほかの読み手との「対決」姿勢といったものはない。読書を「競って」るわけじゃない。読書は、競争じゃない。

これは、プロの作家の仕事としてする読書と、アマチュアの読書の違いかもしれない。目の前の一冊を味わい、良く（善く・好く・慾）生きるために本に向かい合うことは、「本から効率的に情報を引き出す」作業と、ベクトルが違うのかもしれぬ。立花隆の読書術でも同じ印象を受けたが、プロにとって本は「資料」にすぎないのだろう。「資料」として利用するとき、参考にしよう。

もう一つ、学ぶべきでないところは、図書館への視線だ。日垣は、図書館派について冷ややかな目で見ているようだ。「敵とも思いませんが、勝手にやってください」というスタンス。しかし、わたしにとって、損切りを回避しつつ多読できるのは、図書館あってこそ。本書でも、「つまらない本は的確に損切りする」ことを推奨している。「お金を出したから、読まないと損」と読み通すのは、お金だけではなく、時間も無駄にするから。サンクコストの発想は激しく同意だが、そのためにこそ図書館は保険になると強調したい。

さらに、「つながる読書」の場は、図書館にもあると付け加えたい。本好きが集うのは、書店だけではない。書店では「本を買う人」しか見えないが、図書館では「本を読む人」が見える。どんな人が何を読んでいるか、その「場」では何がオススメされているか、予約されている人気本（#ベストセラー）は何か、直接確かめることができる。図書館のコミュニティを通じて、読者の輪をさらに広げることができる。

プロフェッショナルの読書と、アマチュアの読書。どちらが「正しい」とか「間違っている」という問題ではない。学ぶべきところは学び、そうでないところはスルーして、アマチュアの読書を充実させていこう。

なぜなら、人生は短く、読む本は多いから。

「なぜ読むか」「読むとは何か」を考える

「得難い出来事を経験する」とか、「時空を超えて知識を得る」など、本を読むにはさまざまな理由があるだろう。

キャラクターやストーリーに振り回される喜びがある。漠然とした思いが刺さる一句で言語化されてたりすると、百年の知己を得た思いだろう。知の巨人の大多数は、すでにこの世にいない。巨人たちが書いた本は、死者と語らう場でもある。そして、名づけようのない感情を自分の中に探り当てられたとき、魂のレベルで揺さぶられるに違いない。

本を手にする人ならば、何らかの答えを持っているかと思う。もっと抽象度を上げると、「変化」になる。つまり、本を読むのは、変わるためである。本を手にする人の底にある動機は、変化である。

その変化は、容易に目につく顕著なものもあれば、地下水のようにいったん深く潜って、思いもよらないところで噴出することもある。だが、意識するしないに関わらず、その一冊を読む前と読んだ後で、必ず、確実に、変化している。

「読むとは何か」への歴史視点 〜『読書の文化史』

「読むとは何か」を考えると、読書がもっとはかどる。

読むとは常に、目の前のテクストに対して取り組むこと。そのため、あらためて「読むとは何か」と問われると、途端に見えなくなる。「読んでいる自分」をメタに語ればいいのだが、むつかしい。最近（といってもここ一〇年くらい）、ハイパーテクスト論や情報のインデックス化は、しつこく聞かされる。しかし、もっと長期スパンで見た場合、どういう変化が起きるのだろう（起きているのだろう）。これを考えるためには、やはり歴史からのアプローチが適切になる。

フランスの歴史学者、ロジェ・シャルチエの視点が面白い。本と読書の歴史を振り返ることで、その未来を考えるヒントが得られる。ここでは、『読書の文化史―テクスト・書物・読解』（ロジェ・シャルチエ／新曜社）で考えてみよう。

本書では、一六〜一八世紀のアンシャン・レジームの時代において、印刷された文書がどのように社会的影響を与え、どんな思想を生み出し、権力との関係性を変えていったかが展開される。シャルチエは、わたしが常識だと思考停止していた部分に対し、別の視点から考察する。あらたな知見が得られたのは収穫だが、同時に、彼の視点は今の電子書籍の風潮にも適用できるからおもしろい。

わたしが無批判に信じていたものに、「グーテンベルクの印刷革命が、知の独占を教会から解放し、モンテスキューやヴォルテールの書物がフランス革命を起こした」がある。さらに、「活版印刷による書物の普及が、読書形態を、音読から黙読に変えた」という言説がある。この主張に対し、本書は真っ向から挑んでくる。

まずシャルチエは、「書物が歴史に直接的な力を持つ」という考えを戒める。書物が提供する新しい思想や表象は、読者に自然に刷り込まれるようなものではないと断言する。王や王政から人心が離れたことを哲学書の普及のせいだとするのは、危険な発想だという。

その根拠として、当時の店の看板を指摘する。なんでもかんでも「王様風」という名前をつける風潮があったという。王様風牛肉料理、王様風菓子、王様風靴みがきなど、王のシンボルの借用は、多用されるにつれ、王の価値を貶めることになったという。これは、王政への敵意からではなく、王様風とは「よい」「すばらしい」という比喩で用いられたという。モンテスキューやヴォルテールがウケたのは、それ以前に王政が貶められ、卑俗化していた下地があったためであって、その逆ではないというのだ。

つまり、社会の風潮に書物が決定的な影響を与えるのではない。もともとある方向へ回復不能なほど傾いており、「そっち向き」の本がベストセラーになることでその方向への認識が強化される、と考えるべきだという。しかし、わたしはよく間違える。ベストセラーを掲げては、その本が時代を創ったとみなすのだ。ベストセラーは時代を象徴するのに役立つが、この場合はシャルチエが正しいように見える。

次にシャルチエは、「(活版印刷による) 安価な書物の普及が黙読文化を作った」という考えを批判する。黙読が西洋に現れたのは「グーテンベルク革命」のはるか以前、古代末期のキリスト教徒の読書行為に現れ、一三世紀のスコラ学者たちの間に伝わり、その一世紀あとに世俗社会に普及したという。儀礼のため大声で音読されることもあれば、書斎に引きこもって自分のために静かに読まれもする。シャルチエは、共同でなされる朗唱にあてられる部分の体裁と、信心を育むために黙読される部分の体裁が異なっているという。読むことにおける革命が、書物そのものの変容よりも先行していることを指摘する。

これは本と読書の歴史からの指摘であるが、そこからおもしろい「未来」が見える。つまりこうだ、未来の読書の形態が、今のそれ (黙読) と異なっているならば、その変化はすでに現れていることになる。たとえば、ネットと読書を行き来するようになって、わたしに現れた変化で説明するなら、それは協力読書/共同読書になる。本を、わたし単独ではなく、ほかのだれかといっしょになって読む。読解の下調べのためにだれかの論文を参照したり、同じ小説を別の切り口で斬ってもらう。

協読・共読、どちらの「読み」も、ネットからのフィードバックが得られる。Kindleの「ハイライトの共有」が代表的だ。Kindleは傍線 (ハイライト) を引くことができるが、「ハイライトの共有」を有効にすることで、自分だけでなく、ほかの人が引いた傍線を見ることができる。つまり、その本のどこが重視されているかを、リアルタイムで見ることができる。推理小説の登場人物一覧でこれをやられるとアウトだが、そのときは共有を無効にしておけばいい。

もっとリアルタイム性を上げるなら、「実況読書」と名づけた読書もある。Twitterや掲示板、ブログのコメント欄などに、「読みながら書く」のである。今読んでいる章タイトルを書いていくだけもアリだし、かんたんな印象、抜き書き、参考資料といったメモをどんどん追加していく。ひょっとするとだれかの反応が得られるかもしれないし、そこから別の本に派生するかもしれぬ。

「このURLが参考になります」とか「こうとも読めるぞ」、さらには「それがスゴ本なら、これは?」とツッコミが入る。フィードバックを繰り返していくうちに、あたかもその本をいっしょになって読んでいるようになる。読み終わったとき、一連のスレッドは、集合知の余地を残した「読書メモ」となるのだ。

本、本にまつわる話題、ニュース、映像を、同じテクストを眺めながら、ああでもない、こうでもないと議論したり、調べあう。これに近いものは、ゼミの輪読だね。輪読は同じ時間・同じ場所にいる必要があるが、ネットなら時空を超えることができる。

冊子本というカタチではない媒体が普及すると、こうした協読・共読がごく自然におこなわれることになるだろう。しかし、そうした共読文化を生み出したのは、タブレットのようなデバイスではない。すでにそうした習慣があり、それを後押ししたり加速させるのが、テクノロジーなのだ。

変化の兆しを探すのではなく、すでに起きた変化に（歴史の視点から）目をつけると、未来が見えてくる。

同じ本を二度読むことはできない　〜『読書礼讃』

『読書礼讃』（アルベルト・マングェル／白水社）は、読書の師匠とも言うべき人からの贈り物だ。「本を読む喜び」が詰まっている。紹介される作品はどれも読みたくなる（再読したくなる）誘惑に満ちた書評集でもある。

「同じ本を二度読むことはできない」は、ヘラクレイトスの「万物は流転する」を読書に言い換えたものだという。なぜなら、読む本は同じでも、読む人が変わるから。同じ本を再び手にするまでに、記憶、趣味、経験、先入観は変化するから。

しかし、不変なものもあるという。読む楽しみのことだ。そしてマングェルは、本を手にしているとき、不意にとらわれる奇妙な感覚――不思議な驚き、ぞくぞくするデジャヴや温かさを感じるジャメヴを、無邪気に顔をほころばせながら語りかけてくれる。未経験で名前のない感情を『リア王』のページにみつけたり、物語が物語を（読者ごと）呑み込むうねりを『ドン・キホーテ』を解きながら見せてくれる。

マングェル一流の〝読み〟は、人種問題、ジェンダー、創造的な贋作、テクノロジーと書物、翻訳と編集の役割など多岐に渡る。そこで紹介される作品は、『不思議の国のアリス』や『オデュッセイア』、ボルヘスやカフカなど、おなじみのものばかりだが、そこからつかみとる〝読み〟が素晴らしい。裏読み深読み多層的で、作者ですら思い及ばなかった意図を抉り出し、時には危険なほど接近した読書になる。未読なら強烈な読書欲が湧き上がり、既読なら猛烈な再読欲に駆られるだろう。

たとえば、フォースター『モーリス』やカポーティ『遠い声、遠い部屋』を取り上げ、ゲイ文学について語る。ヨーロッパでゲイにたいする敵意が広がったのは、一二世紀半ばになってからだという。そして、いったん生まれた偏見が、ほかのすべての性質を無視したうえで規定されてしまう不寛容を咎める。「オスカー・ワイルドを咎めるくせに、ダ・ヴィンチとアレクサンドロス大王の同性愛には目をつぶる」指摘は、マジョリティの二枚舌を刺してくる。

同時に、作品に共通する孤立感を見抜く。異性愛者は、性にまつわる道徳観を家庭、学校、職場、映像や活字などさまざまな場所で学ぶが、同性愛者はそうではない。ゲイとして育てられる者はいないのだから、（少年が）違いを自覚したとき、彼はそれを独りで受け入れるしかないという。この指摘は鋭い。

わたしの場合、ワイルドなら『ドリアン・グレイの肖像』、カポーティなら『冷血』を読んだが、マングェルのおかげで、これらの作品に「拒絶された孤立感」というテーマが隠れていることに気づいた。どちらもゲイ文学ではないが、同じ罪を犯した男同士の親近感は、はっきりと覚えている。同性愛を〝罪〟と見なしたがる社会の不寛容さと、その隠喩としての〝共犯者〟という構造は、もう一度これらを手にするとき、再読というよりもまったく新しい作品として読むことを促すだろう。

本書に繰り返しあらわれるテーマとして、「読むとは何か」がある。読書は決して受容的なものではなく、自分の過去に照らし合わせて「こんな状況は前にもあった」と振り返ったり、新しい人生経験を得るたびに「本の中に予兆となるものはなかったか」と思い巡らせたりする。「これ進研ゼミでやった」という、人生シミュレーターとしての読書だ。

そのためには、現実から身を離し、物語の中に移動しなければならない。なぜなら、読み手が拠って立つこの現実は、その中にいるかぎり見えないものだから。自分が何者で、どこにいるのかを知るには、想像やプロット、ほのめかしを通じて、いったん場所を移すというプロセスが必要だという。マングェルは指し示す。ゴルゴンの顔をじかに見ないようにしたペルセウス、神から顔をそむけたモーセのように、現実の経験を直接にではなく、いったん別の場所においてから理解させるための、物語のメタファーなのだと。

最も広い意味において、メタファーは、私たちがこの世界、そして当惑させられる自己の姿を垣間見る（そして、ときとして理解する）ための手段なのだ。すべての文学作品はメタファーだといっても過言ではない。

人生は、私たちに偽の表現を何度となく与える。ボルヘスにとって、人生とはボルヘス的な小説世界の完全な似姿だった。そのなかで、読者は、あるひとつのテクストに、すべてが包含される完璧な答えを吹きこむのだ。

これは、「なぜ読むのか？」にもつながる。ただ楽しみのために読むのが入口だとして、どんどん奥に（深みに）はまるうちに、読んでいるものを通じて世界を知ると同時に、自分を識りなおすのだ。自分が、その作品を、どう解釈しているのか、現実をどのように喩えているかがわかれば、そういう自分を（自分じゃないところから）見ることができる。いわば経験を複利にすることで、一生を二生にできるのだ。

読む悦びを噛みしめる一冊。

「そのときの自分を変えるような本」こそ読むべき～『読書の歴史』

『読書の歴史』(アルベルト・マングェル／柏書房)は、あらゆる「本を読む人」にオススメ。読書の歴史、賢者のライフハックから、原理的な選書眼まで、「読書」にまつわる愛と気づきがぎっしり詰まっている。古今東西に及ぶ史実、逸話、伝承、研究成果などを交えて語られた本書に類書は存在しない。隙のない全方位的展開でいながら、自らの思索と経験を語りつくす。読んでも読みつくせないことへの畏怖と敬意を抱きながら、読むことに対する勇気を灯してくれるスゴ本なり。

著者・マングウェルは『図書館 愛書家の楽園』(白水社)が有名だが、博覧強記が服を着ているような猛者。日本人なら、松岡正剛級の読書家・愛書家・狂書家といっていい。そんな薀蓄大王が気張らずに語りかけてくれる。トピックが重層に張り巡らされているので、読み手の経験や年齢や嗜好に応じ、幾通りもの出合いがある。再読のたびに発見があるが、そこから得られたいくつかの気づきを紹介しよう。

まずは、カフカからのメッセージ。マングウェルのおかげで、「スゴ本」の価値を再認識させられた。読前と読後で変化がないのなら、その本は読むに値しない。人生を揺さぶるものから口癖を変えるものまで、大きさはともかく、「そのときの自分を変えるような本」こそ読むべきだ——というわたしに、ダイレクトに届いた。フランツ・カフカは、友人への手紙でこう述べている。

> 要するに私は、読者である我々を大いに刺激するような書物だけを読むべきだと思うのだ。我々の読んでいる本が、頭をぶん殴られたときのように我々を揺り動かし目覚めさせるものでないとしたら、一体全体、何でそんなものをわざわざ読む必要があるというのか？

「本で変えられるような自分ではない」と豪語する人は、完全に凝り固まった頭を持っているか、自分の変化に気づけないぐらいの感度で生きているのだろう。あるいは、手にしているものは〝本〟という形態をとってなくてもよかったのかもしれない。人生の、生活の、それぞれのタイミングにおいて、打ちのめされるような本は必ずある。それと知らず、パンフレットかチラシを束ねたような本（の形をしたもの）を消費して「読書」と称することもできる。だがわたしにとっては、カフカのいう、「書物とは、我々の内なる凍った海原を突き刺す斧でなければならないのだ」のほうが近い。読書とは、まさしく〝毒書〟なのだ。

アウグスティヌスのライフハックも、スタンダードながら使える。読書をしていて魂をゆさぶられるような言葉に出会ったら、必ず印をつけておけという。何度も反芻し暗唱することで、自分のモノにしてしまうために。ページも章立ても整っているコデックスならともかく、当時は巻物のようなインデックスがつけにくいものだったに違いない。

今なら付箋か傍線か抜き書きやね。わたしの場合、気になるフレーズや描写、想起された思考を手帳に抜き書きしている。重要なのは、抜き書きしたものを、何度も読み返すこと。週、月、年のタイミングで読み返し、取捨選択し、アイデアを広げたり深めたりする。寸鉄のような箴言から気の利いたエロフレーズまで、取りそろえている。本書で腑に落ちたのは、オーハン・パムークの次の一節。

人生とは一回限りの馬車に乗るようなもので、終わってしまえば二度と再び乗ることはできない。しかしもし、あなたが書物を手にするならば、それがいかに複雑で難解なものであろうとも、それを読み終えた時、望むとあらば最初に戻ったりもう一度読み直したりして、その難解だったところを理解し、それによって人生も同じく理解できるのだ。

「二度読む価値のない本は、一度読む価値もない」と言ったのはマックス・ヴェーバーか。反対意見もあるだろうが、反証となるような本は、現代では「本」という形をとらなくても

よくなっている。特に最近のデジタル化の躍進によって、「本」や「読書」というよりも、むしろ「資料」や「ダウンロード」といった言い方のほうがしっくりくるのではないか。ヴェーバーの忠告は、むしろ「二度読む価値がある本を選びなさい」というアドバイスとして受け取っている。

耳に痛い忠告もある。ずばり、「知識の集積が知識になるとは限らない」という。紀元四世紀の詩人デシムス・アウソニウスを引いて、両者の混同を嘲笑する。書棚を埋め尽くすほど買い集めたからといって、学者になるわけでもなし。追い討ちをかけるように、「書物馬鹿」を紹介する。これは、ガイラー・フォン・カイゼルベルクが一五〇九年に発表したもの。それによると、愛書家の愚行は七つの型に分類されるという。

第一の書物馬鹿「蔵書を鎖でつなぎ、書庫に閉じ込め、囚人のごとく扱う」
第二の書物馬鹿「次々と書物を読むことで賢くなりたいという書物馬鹿」
第三の書物馬鹿「書物を集めるばかりで読まない、時間の浪費」
第四の書物馬鹿「高価な彩飾本の愛好家」
第五の書物馬鹿「やたら豪勢な製本を施したがり、蔵書票に凝る」
第六の書物馬鹿「古典を読んだこともなければ綴りや文法、修辞に関する素養もないまま、読むにたえない書物を書き続ける」

第七の書物馬鹿「書物を嫌い、書物から得られる知性を見くびる」

第二、第三、第六が痛い、痛すぎる……「本を読むと賢くなる」という刷り込み（洗脳？）に浸され、自分で自分をだまし続ける。読書から得られる喜びと知見に限らず、「そう思う自分」を背後から眺めることで、その馬鹿っぷりもひっくるめ、喰ってやれ。

書物のデジタル化への目配りも欠かさない。本書が書かれたのは、数十年前のマルチメディア全盛時代だ。CD-ROMにまとめられたシェイクスピアが紹介されている。が、そんなに昔じゃないはずなのに、ずいぶん古びた感覚を呼び起こさせる。8インチ、3・5インチのFD（フロッピーディスクと呼ぶのだよ若い衆）、そしてカセットテープの磁気媒体で読み書きしていたのは、たしかに昔の話だが、「そんなにわたしが老いたのか!?」と愕然となる。

グーテンベルグの印刷術もきちんと紹介されているが、マングウェルの指摘でおもしろいと思ったのは、「印刷術」により手書きテクストが追放されたのではないという点。もちろん、印刷術により書物が劇的に安くなり、写本に携わる人が減ったのは事実だ。だが、手書きテクストへの愛着が完全になくなってしまったわけではないという。それどころか、グーテンベルクと彼の後継者たちは、積極的に写字生の技術を見習おうとし、実際、多くの印刷本のページは、写本のような体裁をとっているという。

同時に、印刷術が確立していた一五世紀末においてさえ、美しい手書きテクストへの愛好は続き、カリグラフィーの優れた作品は製作され続けている（数は少ないけれどね）。これは、現在のタイポグラフィーの興盛にも通ずる。活字が「文字を固定する技術」であるほど、固着化される文字のバリエーションが広がろうとする。矛盾なのか、反動なのか。

ハヤリの電子書籍を考えるうえで有用な観点がある。もちろんマングウェルは今の電子書籍を意識して書いたわけではないが、「書き手と読み手のパラドックス」が図らずも明かしている。

つまり、「本は読まれるために、テクストはいったん死ななければならない」というのだ。テクストを完結させるためには、いったん書き手が引っ込まなければならない。書き手が存在している限り、テクストは完結しない。書き手がテクストを手放したとき、はじめてテクストが誕生するという。流行の電子書籍では、書き手と読み手の間にある、編集、校正、版と刷、そして流通の関係が外されたり圧縮されたものが、「書籍」として扱われる。

このパラドックスを律儀に踏襲したデジタル「書籍」の未来をつくるよりも、むしろ「書籍」としない市場を目指すほうが字義どおりなのでは？　と思えてくる。つまり、紙の本である限り、版と刷から逃れられない（いったん脱稿・校了しなければならない）。だが、紙の本からフリーになるのなら、「書き手と読み手のパラドックス」からも自由になるのではないか、という仮定だ。開くたびに中身が改変されたりアップデートされているようなテクストー——Wikipediaなどを思いつく——を読み手の嗜好とリクエストに沿って動的に束ねたものが、パラドックス・フリーのものになるのではないか?

わたしの妄想にクギを刺すように、著者は「モノとしての書物の役割」の指摘も忘れない。その本を読んでいる(手にしている)ということは、批判的であれ信奉しているものであれ、少なくとも自分の資源を使うほどの興味があるのだ。そして、それをファッションのように外に示していることになるのだ。

マングウェルは、「書物が仲間に自分の存在を知らせる一種のバッジのようなものである」という。かつて、とある殺人鬼はサルトルの本を抱え歩くことで、知的な男を演出し、若い女性にアピールしていたことを思い出す。「サルトルを読んでる俺カッコイイ」というやつですな。このとき、本は物理的なラベルとして大いに役割を果たす。電子書籍を再生するスマホ、タブレット、プレイヤーでは無視される役割だろう。

読書の歴史とは、焚書の歴史でもある。紀元前四一一年、アテネではプロタゴラスが焼かれ、紀元前二一三年、秦朝の始皇帝は領土内のすべての書物を焼き尽くすことで読書行為を終焉させようとした。ヴォルテールが、カムストックが、ナチスが、それぞれの焚書と検閲の光で読書の歴史を照らし出す。マングウェルは、その焚書の歴史を焼け残った本で再現させ、焚書の光を浴びていない箇所のほうがめずらしいことを指摘する。

ひょっとすると、現代のわたしは、表現の自由が法で保障されている、じつはきわめてめずらしい時代に生きているのではないか――そんな気がしてくる。しかし、非実在青少年で検閲を強化する連中がいる。

『読書の歴史』は、19世紀の米国で検閲官として活躍したアンソニー・カムストックを思い出せさてくれる。自ら選んだ猥書を追放処分にしたカムストックが毎日読んでいたもの、それは聖書だったという。裏切り・殺人・姦通盛りだくさんのスペクタクル・エンターテイメントが愛読書というのは、皮肉が利いている。

自分が気に入らないものを、社会の害悪にするやり口は巧妙だ。大衆の良心や美意識、脳内の「無垢な子ども」に訴える手法は、現代のカムストックたちも利用している。タブラ＝ラサは都市伝説だということは、チョムスキー御大を呼ばなくてもわかるだろうが、どんな検閲社会になるかを見るために、焚書と検閲の歴史の章は必読なり。

奇妙なことに、『読書の歴史』には終わりがない。だいたい冒頭が「最後のページ」で始まっているのだ。そして最終章の後、索引の前に「見返しのページ」を設けている。かなりの量の空白のページで、本書を読んで得た気づきや引用、欠けているトピック、さらには自らの思索をつづりなさいと誘っているように見える。

読み手の経験やジャンル、嗜好、読書スタイルによって、さまざまな深度でヒントや気づきが得られる。そこから自分にとっての「読書とは何か」を考え直すきっかけが生まれる。再読すれば、またそのときの自分にとってのアイデアが見つかるだろう。本書はくり返し読むことで、ラストの空白の「見返しのページ」が埋まっていくことを求めている。そして、見返しのページは表紙側にもある。つまり、次にわたしが手にする本の、第一ページにつながっているのだ。

なぜなら、読書の歴史とは、あなたという読者の歴史もあるのだから。

『それでも、読書をやめない理由』は、世界に情報が溢れているから

『それでも、読書をやめない理由』（デヴィッド・L・ユーリン／柏書房）という変わったタイトルのエッセイ集だが、その結論は「情報過多だからこそ、本を読むことが重要」になる。

すごくシンプルであるにもかかわらず、結論へたどり着くまでの曲折は、身に覚えありまくる。そして、この結論そのものも激しく納得できる。「やっぱり本が好き！」この理由を腑に落とすことができる、貴重な一冊。

著者は批評家で、大学では文学を教えている。本を読むのが仕事なのに、ある日、読書に集中できなくなった自分に気づく。もちろん、誘惑しているのはネットだ。メール、チャット、ブログ、Twitter、Facebook、ニュースサイト……テクノロジーがもたらすノイズに注

意散漫となり、ネットサーフィンの合間に本を読んでるようなもの。ミソとクソと絶え間ないざわめきの中で、作家の権威は失墜し、物語の力は骨抜きになる。

著者の悩みは身に染みる。実際、イマどきのモノ書きが直面している問題は、まさにこれだろう。彼は、息子の宿題をダシにサリンジャー『グレート・ギャツビー』を再読しようとするが、どうしても読めない。とどめは息子のひと言、「もう、だれも本なんて読まない、本は終わりなんだ」。

ここからの葛藤に揉まれる。大統領のスピーチに対するネットの反応から「結論を編集する」ネット世論を批判・自己批判する。Facebookを用いた文学の新しい「ふざけ方」を紹介する。あわせて自分の青春時代を振り返る。カフカ『変身』の一日前をテーマにした自主制作映画を思い出し、文学はメディアによって何層にも読めることに、あらためて気づく。

さらに、テレビのリアリティ・ショーが「リアル」の意味を歪め、行き過ぎたニュース解説の物語化が物語というジャンルを台無しにしたと指摘する。ネットでは、シャワーのように最新情報を浴び、わかりやすい言説に飛びつき、したり顔コメントを鵜呑む。そこでは考えよりも反応、知識よりもイメージが優先する——はやく、はやく、もっと、もっと。

「もう、本は終わりなんだ」というひと言は、著者をうちのめすよりも気づかせる。本を読むことと、情報にもみくちゃにされることとは、まったく逆の姿勢が必要なんだと。本を頼りに、時間の急流から身を引き、現在から距離を置く。そうすることで、本来の「わたしという人間」のありようを取り戻せる、というのだ。

そこでは、余裕をもって深くのめりこむ姿勢が求められる。一つのページで完結している断片化されたトピックならネットに吸収されるだろうが、順番に進めないとわからないような文脈や、積み上げ形式のコンテンツは「本」が引き受ける。著者の読書観は、次の引用に端的に顕れる。

> 少なくとも、わたしが本を読むのは、話の底にひそむものを見つけ出すためであり、挑発され、混乱させられるためであり、それまでの価値観をゆさぶってもらうためだ。同時に、作品を読まれる作家たちのほうも、いやおうなく自分たちの価値観を問い直しているのだ。

ここは、わたしが「スゴ本」と呼んでいるものに近い。「スゴ本＝凄い本」とは、読む前後で自分の中の何かが変わるほど凄い、という意味だ。単に「知を摂取した」ではなく、「吸収したモノが体内（胎内？　脳内？）で化学変化を引き起こす」ようなものになる。

> 物語とは、混沌に立ち向かうための装置であり、一連の可能な解釈を認めつつ、いつでも変わる可能性があると認めるための装置でもある。物語は、芸術的なものも政治的なものも、持続的な集中を求める。

おもしろいことに、著者はこの「本」を紙の本に限定しない。出たばかりのころのKindleやiPadにおける電子書籍を、「貧弱なもの」「（本来の読書における）補助的な役割」といった位置づけに留める。だが、本書の後半で信者と化す。輝かしい本の未来を、このデバイスに夢想する。

そうかな？　「本」としての役目なら、充電無用、起動ゼロ秒の紙のほうがいいぞ。長い目なら、アプリとOSとデバイスのサポートがついてまわるのはリスクだぜ――わたしのツッコミを尻目に、彼は、より根源的な「紙の本の優れた特質」を暴く。これは、どんなにKindleやiPadが進化しても、電子書籍よりも紙の書籍を好み続ける理由の一つなんだという。それはこうだ――

> 紙の書籍は、何もしないのだ。紙の本はわたしが集中することを助けてくれる。読書以外にすべきことは何も提供しない。紙の本は、検索も更新もしない代わりに、わたしが取り組むことを静かに待っている。

あまりにも情報過多で、何かと注意散漫になりがちなこの世界において、読書は一つの抵抗の行為なのだという。そして、わたしたちが物事に向き合わないことを何よりも望んでいるこの社会において、読書とは没頭することなのだと。それは、早く終わらせるものでなく、時間をかけるもの。時間をかけて本を読むのは、それによってわたしたちが時間と向き合うことにつながるからだ。

「本に没入することで、自分を取り戻す」という主張は、非常に逆説的だ。しかし、ここに至る著者の葛藤を伴にしてきた読者なら、激しく頷くことだろう。

本を愛し、憂える人にオススメしたい一冊。

電子化できない読書体験とは
～『本から引き出された本』

書店に行くのがおっくうな理由として、新刊の山がある。もちろん、できたばかりの作品をたくさんの人に読んでほしいというタテマエはわかる。だがわたしには、あの山がまだ不良化されてない債権に見えるのだ。「一冊一冊ていねいに末永く読んでもらいたい」という扱いから遠い。流行の話題を集めて束ねて並べた媒体で、レジまでだませたら御の字という態度で売ってくる（ように見える）。

しかし、どんなにスクリーニングされても、「本」という形としてなくならないものがある。たとえ電子化されても、固有名詞で記憶され検索されて、（別料金で）紙のカタチになる本がある。人が生きている限り、忘れられることのない本がある。『本から引き出された本』（マイケル・ディルダ／早川書房）は、そうした「残る本」から引き出された本だ。著者は、ワシントンポスト紙で書評欄を担当し、ピューリッツァー賞まで受賞している練達の書評家。その読書人生で出逢った珠玉の文を引き合いながら、自身の人生を語る。「よく読むことは、よく生きること」というメッセージが伝わってくる。オーソドックスにシェイクスピアを勧める一方で、日本アニメ『ムネモシュネの娘たち』を絶賛している。人文系に寄っているものの、探索範囲がすごく深い。

本書は、いわゆる箴言集として読める。名著と呼ばれるたくさんの作品から、じわじわくる寸鉄を抜き出しているから。経験という知恵がごく短い文に凝縮されている。そこから何を汲みだすかは、読み手（の経験値）次第だろうし、そこから何を酌みとるかはあなた次第になる。

> 詩に完成はない、断念あるのみ
>
> （ポール・ヴァレリー）

> ほんとうの発見とは、未知の風景を求めることではなく、新たな目を持つこと
>
> （マルセル・プルースト）

幸せな結婚生活がほとんど存在しないのは、若い女性が時間をかけてつくっているのが網であって檻でないからだ
（ジョナサン・スウィフト）

じわじわ刺さる寸鉄が並ぶ。このプルーストの警句は有名だが、本書では続きが記載されている。以下のとおり。

——新たな目を持つこと、別の目、別の百の目で宇宙を見つめ、それぞれの目に映る百の宇宙を見ることにある。われわれはそれをルノワールやドビュッシーの作品に見ることができる。このとき、われわれは紛れもなく、星から星へと旅しているのだ

「もっと読みたい」という気持ちにさせてくれる。その文句が吐かれた文脈や、物語なら全体の中の位置づけもひっくるめて、知りたい気持ちにさせてくれる。単なる名言集なら巷にたくさんある。そうではなく、あるテーマ（上述では〝芸術の信条〟）に沿ってコレクトされた警句は、そのまま著作物へのポインタとなっているのだ。プルーストでいうなら、「ツンデレ」を一〇〇年先取りしている惹句がある。どの物語・エッセイで、どんな効果を狙って言ったのか気になる気になる。

不在や晩餐の誘いへの断り、何気ない冷淡さのほうが、いかなる化粧品や極上の装いよりも効果的である
（プルースト）

または、本書は「著者・ディルダの抜き書き集」としても読める。短い警句や箴言だけでなく、お気に入りの本から一定量を抜き書いたもの。そして、鋭い洞察や挑発的な引用を枕にして、人生や愛、仕事、教育、芸術、死に関する自己の見解や逸話を添えている。ディルダは、ユーモアたっぷりに、本書を「ブーケ」と評している。なるほど、名著・好著のお花畑から集めてきた華が、一冊の花束となって、そっと渡されている。

ただ、このブーケ、人生の指針となる書であるように編まれている。人生の難局を乗り越えるためのハウツーではなく、迷うことそのものが前提の、〝戻ってくるための本棚〟だ。つまり、あらかじめ一読しておいて、困難にぶつかったとき「そういえば」と思い出すための経験値かせぎの本なのだ。もちろん答えそのものは記されていないが、先人の奮闘がどの書に記されているか（それをディルダがどのように活かしてきたか）がわかる。いずれ命綱となる読書は、本棚の特定の位置だとか、開かれた本の〝あるページ〟といった「場所」のイメージで記憶される。検索したりタグ付けしたり「お気に入り」フォルダといった「データ」ではないのだ。

つまり、わたしは読書というものを、その時の体感（気温、姿勢、紙質、空気、色や匂い

や音）をひっくるめて経験しているらしい。なぜなら、過去の読書を掘り起こすとき、本そのもののセリフや警句やストーリーだけでなく、体感の残滓もいっしょになって出てくるから。その本を読んだ場所に立ったときや、その本が置いてある棚に目をやったときに、立ち上がってくるものなのだ。わたしが存在するために、肉体としての物質が必要であるように、データではなく、モノとしての本（というか、その本がある場所）が必要になる。

もちろんすべての本がそうあるわけではなく、強い影響力を末永く及ぼすものに限る。そうした本は読む前からだいたいわかっているか、読み始めたら（手に取ったなら、背表紙を見たなら、タイトルを聞いたなら）ピンとくる。たとえ電子化されても、指名買いというか物理的な本と化して、わたしの人生に「場所」を与えたくなるのだ。

本書には、自分の人生と共有したくなる本がしまいこまれている。一冊一冊、引き出して「場所」を与えるたびに、知りたい方向が拡張されていく。「本から引き出された本」の原題が〝Book by Book〟というのは、「本による本」という内容とともに、人生を一歩一歩拡張していく〝Step by Step〟という意が込められているのだろう。

マイケル・ディルダのこの本は、わたしの一つの目標になった。こういう本を出せたらいいなと願いながら、彼の書評スタンスを引いてみる。

＝
よい書評とは、何が必要なのだろうか。H・L・メンケンが指摘するように、「書評はま
＝

ず何よりも、おもしろくなければならない。つまり、巧妙に書かれなければならないし、関心を惹く個性を示さなければならないということだ。

おもしろいこと、巧妙なこと、読み手を楽しませること――精進しよう、そうしよう。

いきなり古典に行く前に

よく聞かれるのが、「古典は読むべきか?」という質問である。古典といってもいろいろあるので、「聞いたことあるけど、何だか難しそうな昔の本」ぐらいのイメージでいこうか。「古典は基礎体力のようなものだから、若いうちに読んでおけ」と言われる。また、「歳を取ったら読む価値がなくなると言われるが、これホント?」と訊ねられる。

先に答えを言っておくと「古典は若いうちに読むべき」「読む価値とトシは関係ない」が正解だ。

要するにこれ、体力の話なのだ。ある種の勢いというか、読了したたという達成感を求める、チカラまかせのイッキ読みは、若いからできること。古典を読んだからエラいとかいう優越感(?)も、若いからもてるもの。では、トシとったら読めないかというと、そうではない。若さにまかせては読めないけれど、じわじわと読めばいい。むしろトシとって経験を積んだ分、「わかりみ」が増してる。

また、「古典はトシとったら読む価値がなくなる」について。トシは関係ない。好きで読むなら「価値のありなしはご自分で」と言うしかない。この話をするとき、中国のことわざを思い出そう。

Q：木を植えるのに最もよいタイミングはいつか？

A：二〇年前

そうなんだ、植えた木が成長するのに時間がかかるように、読んだ古典が血肉になるにも時間がかかる。だから、古典を読むのに最もよいタイミングは二〇年前だったかもしれない。

Q：木を植えるのに二番目によいタイミングはいつか？

A：今

たしかに、古典が身につくには時間がかかる。だが、それは「今」読まない理由にはならない。古典を読むのに二番目によいタイミングは、今だ。今日読もう。

古典なら、時間の洗礼を受けている分、それを受け継いできた人によって「価値あり」と判断されたといえる。その「価値あり」は、これから読もうとする人にとって「価値あり」かどうかは、やっぱりわからないけれど、試しに手に取るだけの価値はある。時の洗礼を受けてない新しい本を「新しいから」という理由で追いかけるのは得策ではない。次から次へと出てきてキリがないし、新刊はあっという間に古くなるから。人生は有限だ。価値がある本を、今日読もう。

また、これは文学に限るが、古典の名作のリストはアップデートされるということ。「世界名作全集」とか「読むべき名作」みたいなリストは、入れ替わりがある。時代の「価値あり」の変遷によって、日が当たったり陰ったりするのを見てもおもしろい。

これがリベラルアーツだと話が違ってくる。プラトンとか四書五経とかのリストは変わらない。たとえば、『古典名作・本の雑誌』(『別冊本の雑誌』19号)がアップデートされた古典名作リストだ。これがいいのは、そのジャンルの最高の読み手に任せているところ。海外文学、国内文学、エンタメと、鉄板から掘り出し物まで、「これは!」というものばかりが並んでいる。ざっと見て、興味の湧いたものをまず図書館で借りてみるのがお財布に優しい。そのうえで、きちんと読みたければ買えばいい。

これ、選書している「人」を選ぶ本でもある。わたしが好きな作品を紹介している「人」がお薦めしている、知らない本なら、きっとおもしろいだろう。また、Not for me(私向けじゃない)本を推してくる人を見つけたら、その人から距離を置けばいい。まさに「わたしが知らないスゴ本を読んでいる人」を探す本になる。

では、いきなり古典に飛び込むのがいいかというと、ちとキツい。言葉になじむ苦労もあるし、何より「構造」が違う。イマドキなら、最初にツカミなり結論をもってこないと、放り出されてしまうだろう。また、同じことを何度も繰り返したり、まだるっこしい書き方をしていても読まれないから、それなりに気を使ってくる。

だが古典だと、パワポ一枚の図で済むものを延々と言葉を費やして述べたり、結論を延ばして書くようなことを平気でしてくる。あたりまえだが、当時はパソコンがないので、推敲や刈り込みが不十分な場合もある。これはキツい。

そんなあなたには、Eテレの「100分de名著」シリーズがお薦め。古今東西の名著を、二五分×四回＝一〇〇分で紹介するテレビ番組である。「読む」前に「観る」ことでウォーミングアップを図ったり、読み解きサポートやモチベを上げるのにいい。番組は雑誌の形でまとめられているから、見逃したタイトルは、雑誌で追いかければよし。

うれしいのは、その古典そのものだけでなく、その作品が時代の中でどのような位置を占めており、後世にどういった影響を与えたのか（与えているのか）もあわせて解説しているところ。つまり、その古典が古典たりうる理由も含めて理解できる仕掛けなのだ。

ひと口に〝古典〟といっても、いろいろあるし、あなたのための一冊は必ずある。むしろ、来月の新刊よりも古典のラインナップで出会える可能性が高い。ただ、出会えていないだけ。

こうした「本の本」関連は、書店の雑誌コーナーにて、ムックの形でお目にかかることが多いぞ。ＮＨＫ『私の1冊 日本の１００冊』（学研）あたりがおすすめ。

第4章

書き方から学ぶ

情感を震わせ、頭にガツンと一撃くらわせ、世界の解像度を上げるようなスゴ本。これまで、本の探し方、読み方を紹介してきたが、今度は反対側の舞台裏からアプローチしてみよう。なぜなら、ただ「読む」だけでは、口に食べ物を突っ込まれた状態だから。飲み込むことができるものは飲むだろうが、できないものは吐き出すしかない。だが、ぐっと顎に力を入れ、食いちぎれるなら、飲み込めるものになる。

読んだものが何であったか、それを自分がどう受け止め、次にどんな行動をしようとしているかを、「書こう」とすると、咀嚼が始まる。突っ込まれたものを食いちぎり、何度も噛みしめ、自分の言葉と混ぜ合わせ、飲み込む。それが「書く」ことだ。つまり、書くことで読んだものを腹に入れるんだ。

「言葉にできない」という表現がある。語彙力が足りないのか、経験したことのない感情に打ちのめされたのか、さまざまな理由がある。だが、その「言葉にできない」ものについて、何とか言葉にしようと格闘することで、そのものが何であったのか、あらためて知ることができる。つまり、書くことで、言葉にできないものを認識するんだ。

読むだけでなく、書くことを通じて、咀嚼する。自分が読んだものが、どのように練られているか、書き手は、何を糧に、どこに心胆をすり減らし、どんな型を隠し持っているかを探る。

これらを知ることで、スゴ本がなぜスゴいのかを、より経験的に知るだけでなく、同時に、あなたが文章を練るうえでも役立つことを請け合う。達意の、読み手に刺さる文を書くために、利用してほしい。

文章読本・虎の巻

「文は人なり」だから「文はそれぞれ」

世に「文章読本」はたくさんあるが、吉行淳之介の編んだ『文章読本』（吉行淳之介 編／講談社）は、「文章読本の文章読本」いわば「メタ文章読本」になる。「文は人なり」というとき、人それぞれというからには、「文はそれぞれ」であることがわかる。

本書には、文章読本のエッセンスがギュッと濃縮されている。ずばり「文章とは何か」「文体とは」「優れた文章を書くコツは」との問いにそのまま答えているものばかり。文筆を生業とする書き手たちの「姿勢」がよく見える。このラインナップはスゴい。

『文章の上達法』（谷崎潤一郎）　『谷崎潤一郎の文章』（伊藤整）
『僕の文章道』（萩原朔太郎）　『「が」「そして」「しかし」』（井伏鱒二）
『文章を書くコツ』（宇野千代）　『自分の文章』（中野重治）

『わたしの文章作法』（佐多稲子）　『センテンスの長短』（川端康成）
『質疑応答』（三島由紀夫）　『語文の改革』（中村真一郎）
『文章を書くこと』（野間宏）　『削ることが文章をつくる』（島尾敏雄）
『わが精神の姿勢』（小島信夫）　『感じたままに書く』（安岡章太郎）
『「文章」と「文体」』（吉行淳之介）　『小説家と日本語』（丸谷才一）
『なじかは知らねど長々し』（野坂昭如）　『緊密で清潔な表現に』（古井由吉）
『詩を殺すということ』（澁澤龍彦）　『言葉と「文体」』（金井美恵子）

これだけではない。本書には、とてもユニークな「仕掛け」が施されている。つまりこうだ、だれかの「文章読本」を紹介した後、その人の作品をタネにした「文章読本」が出てくるのだ。一人目が「文章読本」を書く。すると、一人目が書いた小説を、二人目が「文章読本」に引用する。すると、二人目が書いた小説を、三人目が引用……と、構造として埋め込まれたリンク形式とでもいうべきか。

たとえば、谷崎潤一郎『文章読本』を大本として、そいつを誉めちぎる伊藤整と、けちょんけちょんに貶す丸谷才一のコントラストが絶妙だ。各々の立ち位置もよく見える。互いに呑み込みあう文筆家たちが、ウロボロスの蛇みたいでおもしろい。

著名な作家も自分と同じ悩みにハマっていたりする

順にいこう、まず、王道ともいえる谷崎『文章の上達法』。

谷崎潤一郎『文章の上達法』：

要するに、文章の味というものは、芸の味、食物の味などと同じでありまして、それを鑑賞するのには、学問や理論はあまり助けになりません。たとえば舞台における俳優の演技を見て、巧いか拙いか分かる人は、学者と限ったことはありません。それにやはり演芸に対する感覚の鋭いことが必要で、百の美学や演劇術を研究するよりも、カンが第一であります。またもし、鯛のうまみを味わうのには、鯛という魚を科学的に分析しなければならないと申しましたら、きっと皆さんはお笑いになるでありましょう。事実、味覚のようなものになると、賢愚、老幼、学者、無学者に拘らないのでありますが、文章とても、それを味わうには感覚に依るところが多大であります。然るに、感覚というものは、生まれつき鋭い人と鈍い人とがある。

次に、谷崎を誉めちぎる伊藤『谷崎潤一郎の文章』。

伊藤整「谷崎潤一郎の文章」‥

谷崎は「文章読本」において、日本の古典の小説類にある切れ目の分からない、地の文と会話の区別の不明瞭な文体は、それ自体の美しさを持っているので、いちいち細かく区別して描き、論理的に説明することが必ずしも真の文章の美しさをなすものではないことを、多少曖昧な不分明な所があっても、調子をたどり、一種のリズムをもって読み通される所に、日本文の本当の力があることを説明している。谷崎が「横着な、やさしい方法」といっている言葉の背後には、日本文で人を本当に感銘させるには、その古い文体の力を生かすことが必要だ、というこのような積極的な考え方が横たわっている。

そして、谷崎を誉めつつけなすという高等技術を見せつける、丸谷『小説家と日本語』。おもだった作家たちの「文章道」や「文章読本」を延々と紹介した後、後半で「なぜ、こんなにたくさんの文章読本があるのか？」について取り組む。そもそも、こんな解説書を始めた谷崎を槍玉に、誉めつつ皮肉りながら、この謎に迫る。そこで暴かれるのは、明治時代の書き言葉が、まるで中途半端だったという実状である。当時は、話し言葉（口語文）を書き言葉に用いようとする言文一致運動があった。そのときの「文体」を作る仕事は、小説家に丸投げされていたというのだ。良し悪しはともあれ、身もフタもない指摘がおもしろい。

丸谷才一『小説家と日本語』：

谷崎が金のために『文章読本』を書いたと考えている人は多いだらうし、それはある程度、正しいにちがひない。しかしそれが全部ではないし、今となつてはほとんど無視してかまはないことだ。むしろ、同業の小説家たちがせつせと作ってきた口語体なのに、そして自分自身もその発達と定着にずいぶん参与してゐるのに、その現代文体が数十年ののちをかしな具合になつたことの責任を彼が取つた、という局面のほうが遥かに大事だらう。

わたしにしっくりクるのは、萩原朔太郎。これが正解じゃぁないかな、と油断していると、後に出てくる安岡章太郎にひっくり返される。おもしろいねぇ。

萩原朔太郎『僕の文章道』：

僕の文章道は、何よりも「解り易く」書くということを主眼にしている。但し解り易くということは、くどくど説明するということではない。反対に僕は、できるだけ説明を省略することに苦心して居る。もし意味が通ずるならば、十行の所を五行、五行の所を一行にさえもしたいのである。（中略）もしそれが可能だったら、ただ一綴りの言葉の中に、一切の表現をし尽くしてしまいたいのである。

宇野千代『文章を書くコツ』は、おもに小説を書くことを目的としたコツなんだが、あらゆるライティングに置き換えても同じことが言える。要するに、素振り大切、デッサン重要、毎日欠かさず、やね。

宇野千代『文章を書くコツ』：

出来ることなら、他人の言葉の暗示よりも何よりも、自分自身が自分に与える暗示によって、芽を伸ばして行きたいものである。自分は書ける。そう思い込む、その思い込みの強さは、そのまま、端的に、自分の芽を伸ばすからである。言いかえるとそれは、自信がある、と言う状態のことだからである。私は書ける。そう信じ込んでいる状態のことだからである。何が強いと言って、書ける、と思い込むより強いことはないからである。

ただ、いつでも机の前に支度がしてあって、一日の中に、朝でも昼でも夜更けにでも、たった十分間でも机の前に坐るのである。昨日は坐った、今日は気が向かないから坐らない、と言うのではなく、毎日、ちょっとの間でも坐るのである。坐るのが習慣になっているから、坐ったら、忽ち書くのである。坐るのが習慣になって、坐ったら書くというのが習慣になるようにすることである。

これ、レイモンド・チャンドラーに似ている。チャンドラーによると、作家の仕事とは、「決まった時間にタイプライターの前に座る」ことだという。決まった時間にタイプライターの前に座り、物語を書く。本を読んだり、手紙を書いたりなど、ほかのことはしてはいけない。何も書けない日もあるかもしれないが、翌日も同じ時間にタイプライターの前に座る——作家の仕事のストイック性が露わにされる。

三島由紀夫『質疑応答』は、簡潔にして正確。正しい解が欲しいならば、正しい質問をすることの具体例。以下、質問のお題だけ引用する。

❶人を陶酔させる文章とはどんなものか
❷エロティシズムの描写はどこまで許されるのか
❸文は人なりということは？
❹文章は生活環境に左右されるかどうか
❺動物を表現した良い文章
❻最も美しい紀行文とはどんなものか
❼子どもの文章について
❽小説第一の美人は誰ですか
❾小説の主人公の征服する女の数について

❿文章を書くときのインスピレーションとはどんなものでしょうか
⓫ユーモアと諷刺はどういうふうに違うのでしょうか
⓬性格描写について
⓭方言の文章について
⓮いい比喩とはどういうものでしょうか
⓯造語とは？

「❶人を陶酔させる文章とはどんなものか」わかりやすい。酔える文章は、呑む人によって異なるという主張は、激しく同意。また、「❽小説第一の美人は誰ですか」はナルホドと膝を打った。コロンブスの卵的な発見なんだけどね。ちなみに、三島が読んだ中で神に近い美女は、リラダンの「ヴェラ」だそうな。

同じ「文章読本」から、こんなに多様なキャラクターが露わになる。まさに、「文はそれぞれ」だね。安岡『感じたままに書く』が、このキャラクター性を言い当てている。

安岡章太郎「自分の文章を語るのは自分の顔について語るようなものだ」‥「文ハ人ナリ」というのも、たぶんそんなところから出ていると思われる。どんなポーズをとるにしろ、それが意識された部分にかぎっては、一個の思想とみなすべきだろうが、ポーズの中にある無意識の部分に人の気質のムキダシなものを感じさせるように、文章（あるいは言葉）という物質がもっている、人間がどうにも制御しかねる部分に、あるアカラサマな体質みたいなものが感じられるのである。

有名な文豪の威を借りた文章読本だけにハマるのではなく、自分に合ったキャラクターを探してみよう。自分のキャラに近い人が、必ず見つかる。著名な作家も同じ悩みにハマっていることに気づかされておかしい。書きあぐねている人には勇気をもたらすかもしれない。あるいは、欲しいキャラが見つかるかもしれない。そのとき、そのキャラを被ればいい。お手本としたい文を書く「人」を探すのだ。

人を説得するために、いかに書けばいいか『レトリックのすすめ』

「量は質に転化する」とはいうものの、駄文はいくら書いても駄文。学ぶことで向上できる技術と、一定量をアウトプットする経験が必要だ。後者は実践するとして、前者である「学べる技術」は何か？

それは、「レトリック」だ。

レトリックといえば、美辞麗句とか口先三寸とか、たしかに評判はよくない。「それはレトリックにすぎない」なんて、内容ゼロを非難する決まり文句だし。

それでも、うまい文章を生み出したい、うまい文章に出会いたいのであれば、学ぶ動機としては充分だ。いままでの「書き方」だけでなく、違った彩りや味付けを目指したい。技巧が鼻につく恐れもあるけれど、さじ加減を考えて磨きたいもの。ネタも大事だが、そのネタを引き立たせるのは技術だ。この技術のツールボックスとして優れている『レトリックのすすめ』（野内良三／大修館書店）をご紹介する。

著者によると、文章の目的は「人を説得するために書くもの／書かれたもの」。文章を書くということは一種の説得行為であって、言葉の力に訴えて、読み手の心を動かし、相手から同意（共感）を得ることだという。

これは、文学小説からビジネスレターまでいっしょ。情感をゆさぶるか、情報を受け入れさせるかの違いはあるものの、その前提として、相手の同意（共感）があるという。言い換えるなら、「なぜ文章を書くのか」の答えが、「相手の共感を得るため」になるのだ。

マスターしたい一二の文彩

では、人を説得させるためには「いかに」書いたらいいのか？——ここからがレトリックの出番。修辞というよりも、文彩（言葉の綾）が似合う。本書では一二の文彩が挙げられている。

誇張する	喩える	対照する	ほのめかす
ぼかす	くり返す	追加する	省略する
移動する	呼びかける	驚かす	引用する

学校の勉強じゃないので、「覚える」必要ぜんぜんなし。文章に説得力を持たせ、相手の共感を得るための道具が、一二種類もあるのだと思えばいい。

そして、これらの道具に共通する、レトリックの本質は次のとおり。

言葉の工夫（文彩）とは通常の表現に変化（偏差）を与えることであり、多かれ少なかれ規範を逸脱することである。彩られた文とは「普通とは違う」「度を過ごした」表現のことだ。（中略）レトリックの本質とは誇張すること、驚かすことなのである。

わたしが一番使うのは、文章の最初の「つかみ」だ。ちょっと意外な問いかけから書き始める。内容がブレにくいし、「質問→答え→理由」と文章を組み立てやすい。「なぜ男は話を聞かないいか？／なぜ女は地図が読めないいか？」なんて煽りが典型だね。

文彩1：誇張する

現実よりも大きく、あるいは過度に小さく形容する方法。ポイントは「過度に」で、「嘘っぽい」表現にする。というのも、ホントっぽい「誇張」は嘘と取られてしまうから。「内容が表現を超えている」ことを心がけて書くべし。本書では、北杜夫『どくとるマンボウ航海記』や夏目漱石『吾輩は猫である』が文例としてある。ああ、たしかに両者ともレトリックの達人だからなぁ。

文彩2：喩える

「未知のもの」「複雑なもの」「抽象的なもの」をなじみの深い事物に振って、「それと同じようなもの」と説明するプロセス。比喩構造は「三段なぞ」と似ている（カケ、トキ、ココロからなる謎かけだ）。

❶人生とカケてなんとトク
❷ドラマとトク
❸そのココロは、波乱万丈である

ポイントは、カケとトキの距離感。離れていればいるほど意外性の驚きは上がるが、離れすぎてしまうと「こじつけ」になってしまう。連想力をはたらかせ、こじつけ上手になると吉。

わたしの場合、メタファーとアレゴリー、擬人法は必ずといっていいほど使っている。好きな文章がデジタル化されているのであれば、「まるで」で検索をかけてみよう。そこで見いだされるカケとトキの離れ具合が、自分の好きなメタファーの距離感になる。

文彩3：対照する

二つのものを対比関係において、両方の特徴や性質を引き立たせる方法で、ポイントは視点のとり方にあるという。両者の類似性ばかりではなく、差異を引き立たせるのもアリ（聞いて極楽、見て地獄）。わたしが意識するようになったのは、漢詩からだろうか。ほかに、換語法（言い替え）や、訂正法（前文の否定）がある。

文彩4：ほのめかす

全部言わないやり方。半分だけ言って、残りは受け手の想像に委ねる、上級レトリックやね。Twitterなどで使われると、「まるで自分のコトを言われてるようで不愉快」だと感じる人がいる。それは、そういう何かを抱えているからじゃぁないかと想像されるが、それは言わないのが「ほのめかす」になる。

この手法、苦手というよりも、意識して使っていない。暗喩や転喩、皮肉法が上手に使えるようになったら、印象深くなるかと。

文彩5：ぼかす

いわゆる婉曲表現。露骨な表現（糞尿、性、死）をあたりさわりのない穏やかなものに、移す（隠喩）、ずらす（換喩）、ぼかす（提喩）手立てがあるという。エロいことや残酷なことを生々しく語るのが大好きな人には、縁のないテクニックだね。

けれども、ぼかすことでもっと効果的に響くこともある。「肌をゆるす」なんてよりエロティックになるし、「ちょっと話がある」なんて落としどころを考えるとおもしろいかも。

文彩６：くり返す

これは狙ってやっているネタだ。くり返すことでリズムが生まれ、独特な文体効果が出てくる。構造的なくり返しもあるし、同音になるように練ったりもする。ことば遊びに堕する恐れもあるけれど、読み手に強く訴えるチカラも持っている。

そのチカラのバリエーションはかなりある。

・畳語反復（同語句のくり返し）
・首句反復（文頭の語句を次の文頭でもくり返す）
・結句反復（文末の語句を次の文末でもくり返す）
・前辞反復（尻とり文で、前文の最後の語句を次の頭でくり返す）
・交差反復（同じ語句を、逆の語順で反復する）
・平行法（Ａ－Ｂ、Ａ'－Ｂ'と並置して形式美を求める構文の型）

これはモノにしたい。書くときもそうだし、もちろん読むときにも目がいくように心がけたい。読んで心地よく感じる文章は、必ずこのくり返しがあるのだから。もとは詩歌のリズムからきている技術なので、「対照する」とからめて身につけたい。漱石の『草枕』がレトリシアンとしてベタ誉めされているが、この観点であらためて読むと、たしかにそうだと言える。

文彩7：追加する

手紙の「追伸」を狙う。本文では言い忘れたこと（意図的も含む）、言い出しにくかったこと、じつはいちばん言いたかったことを、追加で書き足す強調表現。日本語は述語が最後に来るのが特徴なので、単調になりがちな文末をバラエティ豊かにするのが、このやり方だ。ほかに、修辞疑問、体言止め、転置法も、彩る効果を狙える。

文中の傍白に入れる挿入法や、連結語なしでテンでつなぐ同格法のほか、くどくど並べる類語法、さらには心理的誘導を伴う漸層法が代表的だという。特に漸層法の解説がおもしろい。オンナを口説くときに、いきなりホテルへ連れ込まない。「ちょっとお茶しようか？」→「食事でもどう？」→そして……これが漸層法のキモだという。語句や観念を段階的に強めたり（弱めたり）する文彩だ。

文彩８：省略する

文を切って引き締め、余情・余韻を狙うテクニック。「春はあけぼの」がメジャーやね。日本語はかなりアバウトなので、文の構成要素を多少抜き取っても致命的なダメージは生じない。「男は黙ってサッポロ」あたりが例として挙げられているが、「日本語でおk」もそう。

文彩９：移動する

これは極端！　だけど、うまくいったらかなり効果が見込める。分解すると、「省略」＋「追加」のあわせ技で、カット＆ペーストやね。語順を完全に入れ替えることで、破調を強く意識させる。

ただ、やりすぎると、読んですらもらえない。実験的にやっている本書の例は、真似できないなぁ……。転置法（主述のひっくりかえし）の好例として、村上春樹『海辺のカフカ』（新潮社）が挙げられているが、たしかに目立つ。

いわゆる翻訳文を読みなれていると、自然にこの書き方に染まってくるようだ。通常は主語になりにくい目的格や形容詞にあたるものを名詞化して頭に持ってくる。「読みなれた翻訳文こそが、この書き方を馴染ませる」ってやつ。日本語へのスタンスをちょっと変えるだけで文体が硬質化するのはおもしろい。

もちろん、多用すると鼻につく。村上春樹の実験文体が苦手な人の根っこには、案外、アンチ翻訳小説なところがあるのではと勘ぐっても、おもしろい。

さらに、「移動する」レトリックの極意「奇先法」は薬籠に入れたい。要するに「つかみ」だ。結論を頭にもってきて、ずばり核心を衝く。最後まで読んでもらえなくても、結論は伝えられる。

王道パターンは、奇先を制した後は、理由づけにつなげ、事例を挙げて最後は「ではないか?」と問いかけで締める。理由づけや事例を挙げれば挙げるほど、結論への補強となる(逆はこうはいかない、話が拡散したり横道にそれたりするから)。

文彩10：呼びかける

読み手や「わたし自身」への問いかけの形をとる場合が多い。心の高揚だけでなく、証人を要請することで説得力を高めることにあるという。(呼びかけを)「な、みんなも聞いたろ?」と見回す感覚かな。

そして、単に呼びかけるのではなく、問いかけると、次に続けやすい。「このままでいいのだろうか?」→「いやダメだ、なぜなら〜」と、自分で問いかけて自分で答える(応える)。問答法といい、文章にメリハリと躍動感を与えるそうな。

文彩11：驚かす

びっくりさせるのではなく、「心地よい意外性」を目指せという。文章に意外性をもたらすといえば、これまでの技のほとんどが相当するが、本書では「驚かす」手立てはちゃんとあるという。音響に訴える言葉遊びと、思考に訴える撞着法・逆接法がそれにあたる。

音響に訴える方法は、語音の連想からほかの語をたぐりよせる。欲しい技術は地口。関係のない語を音だけの同一性で力ずくで出会わせる言葉のいたずら。たとえば、「恩を肌で返す」なんてイカしてるが、なかなか使う機会に恵まれないのも事実。

いっぽう、思考に訴える撞着法は、観念の連想をつなげる。言葉の意味はけっこう伸縮自在なので、つなげるとつながる。ポイントは、矛盾関係や反対関係にある言葉を「あえて」結びつけることにある。「うれしい悲鳴」とか「やさしい悪魔」なんて、ちょっと目を惹くね。

文彩12：引用する

「たとえば」を使って具体例から主張を補強する（挙例法）や、権威を借りてくる（引用法）はよく使っているが、声喩（オノマトペ）がこれにあたるとは知らなかった。オノマトペについては、エロ表現に学ぶべし。文字どおり、うまく使うと文が「生きる」。

「くぱぁ」といったオノマトペは大好きだけど、漢語のオノマトペもかなりあるそうだ。「喧喧轟轟」とか「杳《よう》として」、「断乎」「騒然」「突如」「正々堂々」がそれだという。漢語という「外国語」が日本語に化けていたのを気づかされる。

文字数よりもリズムが重要

一二のテクニックは上のとおりだけど、豊富な文例の音のパターンがおもしろい。練って書いてあるものは、声に出してみるといっそうはっきりする。通常では、いわゆる五七調が俎上に上るが、著者曰く、「文字数ばかり数えてみてもことの真相には迫れない」という。むしろリズム（拍）が重要だという。

日本語のリズムについて諸説あるが、基本的には四拍子と考えて大過ない。二文字で一拍である。言い換えれば、仮名一文字分は八分音符に相当する（ちなみに「ぎゃ」とか「しゅ」も一文字とみる）。しかし、あまり厳密にとる必要はなく、かなりルーズでかまわない。定型詩だったら、要するに全体で八分音符八つ（四拍子）に収まればいい。

これは音節ではなく、その文章が読まれる時間に着目する。文章が長くなりそうな場合、途中で切ったりテンを打ったりして「区切る」が、その切れ目を四拍子におさえる。盗むべきレトリックはここだ。

漱石、康成、鴎外といったレトリックの天才を並べて読むと、たしかに目を開かされるが、太宰がないのは明らかにヘン。学術書ではないので、公平性よりも「好み」を優先させたのではないかと。

美文は美食に通じる。ウマイものを食べてなければ、その美味さがわからない。同様に、いい文を読んでいないと、その上手さはわからない。もちろん直感的・本能的に判別できるものもあるだろうが、それを説明したり、ましてや自らの手で作り出すようなことは、不可能に違いない。一流シェフのソースを舐めて、腕を磨くべし。

いい文章を読んで、いい文章を書こう。

レトリック読書案内

本書は、参考資料が充実している。例示・オススメされて、わたしが気になるものは以下のとおり。既読もあるが、レトリックに着目して再読するつもり。参考にして、レトリックの腕を磨いてほしい。

佐藤信夫『レトリック感覚』『レトリック認識』(いずれも講談社)

二つ合わせて一五の主要文彩が取り上げられている。軽妙な語り口で読みやすいが、内容は高度とのこと。パラ見したが、解説に力点をおいている。いっぽう、『レトリックのすすめ』は文例のバリエーションと量を追求している

佐藤春夫『退屈読本』（冨山房）
日本語のレトリックを吸収するのに最適。上下巻とあるが、「上」にいいものがあるそうな。

森鷗外『即興詩人』『澀江抽齋』『サフラン』
簡潔な日本語のお手本そのもので、短い文のリズムを体得する格好の素材だという。

谷崎潤一郎『陰影礼讃』『恋愛及び色情』『私の見た大阪及び大阪人』『東京を思う』
短文のお手本が鷗外なら、長文のそれは谷崎から盗める。一文が長いのに息切れしない技は、補語や換語法をタイミングよく使っているから。

石川淳
絶対に真似ることのできない文体。独特の呼吸、リズムは名前を伏せて読んでも作者を名指せるのが石川淳だと大絶賛する。激しく同意。

事実と意見は分けて書け
～『理科系の作文技術』

「あたりまえ」のことばかりだが、だれも言ってくれない

「いい文章」とは達意の文章。達意の文章とは、「自分が伝えたいことが伝わる」ことだ。

では、どう書けば自分が伝えたいことが伝わるか？

これ、答えを知ってしまえばなんてことはないのだが、自分で探そうとするとかなり苦労するかもしれぬ。経験に学ぶよりも、先達に教わろう。「どう書けば」について、ずばり答えを教えてくれる、文系理系無関係の必読の一冊が『理科系の作文技術』（木下是雄／中央公論新社）だ。

本書は、特に学生に向けては「読め」と言いたい。なぜなら、わたしに、そう言ってくれる先達がいなかったから。わたしの場合、ゼミ発表やビジネス文書で「斬られて」「揉まれて」「痛い目に遭って」身につけた技術が、新書の一冊にコンパクトに収まっているから。

今では論文・レポートの作成技術に関する本はたくさんあるが、ここまで丁寧&徹底して「学生のレポート」に特化したものはない。「大学の先生が新入生にお薦めする本」でアンケートを取るとこの本が必ず上位に入ってくるところに、センセイ方の苦労がしのばれる。

もちろん、ライティングの手ほどきを受けている方なら「あたりまえ」のことばかり。しかし、その「あたりまえ」がないことで、どれだけコミュニケーション・ロスが発生しているか、ゾッとさせられる。

たとえば、「事実と意見は分けて書け」という。当然だ、どこまでが事実の報告で、どこからが仮説・意見なのかわからない文書だと、まともに扱ってすらもらえないだろう。にもかかわらず、意見をさも事実のように書いたり、事実に意見を紛れ込ませたりする実例がたくさんある。エッセイストを気取るならいいけれど、レポートとしては落第だろ。

そもそも「事実とは何か」から定義している。事実とは、「自然に起こる事象や自然法則、過去の事件などの記述で、しかるべきテストや調査によって真偽を客観的に確認できるもの」を指す。

しかも、「事実の書き方」と「意見の書き方」まで指南してくれる。「分けて書く」とは、分割して書けというだけではない。その記述が事実なのか意見なのか、読み手に分かるようにすることが重要なのだ。

事実を書くポイント、意見を書く原則

事実を書くポイントは二つ。一つめは、書く必要性があるか否かを十分に吟味し、必要があるものだけを記述すること。言い換えると、「必要でない記述は書くな」になる。二つめは、ぼかした表現に逃げず、できる限り明確に書くこと。「明確に書く」とは、事実を記述する文は名詞と動詞で書き、主観に依存する修飾語が混入していないことを指す。

そして、意見を書く原則は二つ。一つめ、「私は……と考える」と意見であることが明確にわかるように「頭（私は）」と「足（考える）」をつけること。二つめはその例外で、意見の核となる言葉が主観をあらわす修飾語の場合に限り、頭と足を省略できること。

事実と意見を分けて書くと、文章のざっくりとした構造を考えられるようになる。すなわち、得られた事実から意見（主張や考察）を導き出す「事実→ゆえに→意見」という構造にするか、ある意見（仮説や予想）があって、それを裏づけるために実験や調査をおこなう「仮説→なぜなら→事実」という構造にするかを、選ぶことができるのだ。今は構造を二つにしたが、もちろん複数の事実に支えられた意見という「事実→意見」の多重構成にしてもいいし、大きな事実を構成する小さな「仮説→事実」といった入れ子構造にしてもいい。

すると、必然的に、「事実を述べる節」や「意見を述べる節」は数多くなる。それぞれの

節がどのようにつながり、支え合っているかを見えるようにする必要が出てくる（さもないと、読み手が迷子になっちゃうから）。具体的には、それぞれの節を要約する「まとめの一文」を、節の冒頭に配置する。これを、「トピックセンテンス」と呼ぶ。そして、トピックセンテンスに対し、前の節との関係を考えながら、「ゆえに」「しかし」「なぜならば」といった適切な接続語を置いてやるのだ。

これだけで、文章はめっちゃ読みやすくなる。なぜなら、読み手はトピックセンテンスを拾うことで、その節の概要を把握し、さらにその節を読むか、次の節に進むかを選べるから。そのうえ、トピックセンテンス同士の接続語で「事実→意見」や「意見→事実」といった構造も見える。「ゆえに」なら「事実→意見」だろうし、「なぜならば」なら「意見→事実」ベースで書いてあるから。極端な話、トピックセンテンスだけ追ってゆけば、全体を素早く理解することだって可能だ。ロジカルに弱いところ、エビデンスが足りないところも、押さえることができる。

こうしたノウハウは、文章を「書く」ことだけではなく、「読む」ことにも応用できる。つまり、トピックセンテンスを追いかけることを意識するだけで、全体を理解するスピードが格段に上がる。ただし、すべての書き手がトピックセンテンスを意識しているとは限らない。そこは読み手で補ってあげるか、「そもそも読むに値しない」と判断することだって可能だ。

また、「それは事実か」「それは意見か」を常に意識しながら読むことで、「事実のフリをした意見」を見分ける目が養われる。ほぼすべての新聞記事が採用している技法であり、それを目にすることなく読むのは不可能なくらい。そうした罠を回避しつつ、「ここまでは事実」「ここからは（事実に偽装した）意見」を読み取ることができるようになるのだ。「書く技術」だけでなく「読む技術」も同時に磨かれる、読むべし。

おもしろい作品の「おもしろさ」はどこから来るのか

マンガであれ小説であれ、夢中になるほどハマった作品を読んだとき、「ああおもしろかった」だけで終わっていないだろうか。そこで「なぜおもしろいか」を考えると、さらにおもしろくなる。おもしろい作品には、ちゃんと原則があり、仕組みがある。そして、その原則や仕組みがどうなっているかを知れば知るほど、より深く作品を楽しむことができる。

そのために、作品がどのように作られているかに目を向けよう。作品の物語としてのコンテンツだけでなく、それが展開されている構造や演出に着目する。さらに、おもしろい作品の原則が何かを、今まで味わってきた経験を基にして通しで考える。すると、そこに共通した原則があることに気づくだろう。

ここでは、そうした「おもしろさ」を深く考えるための解説書を紹介する。これらはマンガや小説を創る側の参考書だが、受け取る側として知っておくことで、さらに美味しく味わうことができる。

おもしろい漫画には「構造」がある　〜『マンガの創り方』

『マンガの創り方』（山本おさむ／双葉社）は、ストーリーマンガ、特に短編を中心に解説している。だが、これはマンガに限らず、小説やシナリオなど、あらゆるストーリーメーカーにとって有用だ。なぜなら、読者や観客といった「受け手」を楽しませるための秘訣があますところなく明かされているから。

いわゆる「マンガ入門」ではない。ネームを作ったら下書きしてペン入れして……といったイロハ本ではなく、「ストーリーの作り方」「ネームの作り方」に限定している。だから、本書の技術を習得することで、次のことが根源からわかる・使える。

・おもしろいストーリーとは何か、どうすれば「おもしろく」なるのか
・いい演出とは何か、どうやって身につければいいか
・素晴らしいクライマックスにするために、どうすればいいか

何をおもしろい／いいと感じるかなんて、人それぞれ。だから、そんなテクニックなんてない――そんな意見もある。あるいは、先天的なセンスの問題だからと断定する方もいるか

も。

しかし、それは違う。六〇点のストーリーを九〇点までおもしろくする方法はあるし、「いい」演出をもたらすセンスを磨くトレーニングも紹介されている。しかも、徹底的に具体的だ。高橋留美子『Pの悲劇』と山本おさむ『UFOを見た日』の全ページを収録し、三二ページの作品を、二〇〇ページかけて解説する。マンガをブロック単位に分解し、そこで作者がどのように考え、どのようなテクニックを用いてマンガをおもしろくしていったかを解き明かす。おそらく、かなりの人たちが手さぐりでやってきた作業が、実践的な形を与えられている。

自分が楽しんでいるとき、「なぜおもしろいのか」「どこがいいと感じるのか」という視点は持たない。読み終えて振り返ってみても、その「おもしろさ」はうまく言語化できないもの。そのおもしろさを論理的に種明かししてくれている。できあがったアウトプット（完成稿）から、そこへいたるネーム、箱書き、構成、ネタを逆算している。紆余曲折の過程で、効果的なテクニックを紹介し、どうやってそのマンガがおもしろくなっていったかをリバースエンジニアリングしてくれるのだ。

するりと流しそうなコマにも、いちいち目を留め、伏線や繰り返しの効果を紹介する。目に留まっていなかったが、意識のどこかに潜り込んでいたイメージが想起されて、「ああっ」とうならされる。

一番うならされたのは、3の法則。受け手に印象づけるために、同じパターンを三回くりかえせというのだ。小津安二郎監督『東京物語』を持ってきて、忘れもののシーンが三回あるという。観た方は「空気枕」や「日傘」というキーワードで思い出すだろう。それだけ印象づけに成功しているということ。で、同じテクニックが『Pの悲劇』でも展開されていることを指摘する。敵役が現れる直前は、バタバタしている主人公に「ピンポーン」というチャイムがおっかぶさるように鳴り響くというのだ。ええっと見直すと、たしかにある。印象づいているというより、一種のパターンとして染み込んでいるのかも。

演出とは何かについても、ズバリ答えている。演出とは、文字に書いたものを画にするときに出てくるもので、「シナリオのないところに演出はありえない」と断言する。かんたんなやつなら「怒っている人の背に火を燃やす」が思いつくが、本書はプロ向け。複数のカットを組み合わせて意味を作る「モンタージュ」や、感情移入やメリハリを誘う「視点操作」、省略のための「カッティング」といった基本から、「音消し」「スローモーション」といった映画技術を拝借したものまでそろっている。

では、どうやって身につけていけばいいのか。道具だけあっても、使い方や応用が利かなければ意味がない。マンガや映画をたくさん見れば、そんなセンスやワザが身につくのか。ここで目ウロコの学び方を教わった。ここが本書のスゴいところになる。

つまりこうだ。「画が描いていないものを、最初に見ろ」というのだ。できあがった映画やマンガを見るだけでは、演出はわからない。だから、映画やマンガを見る前に、まずシナリオなりネームを読むことを強く勧めている。そして、画のない状態で自分がどれだけ考えつくか、やってみる。カメラはロングなのかバストアップなのか、キャラの配置や位置関係をどうするのか、どう動かし、どこでしゃべらせるのかを考え抜く。

その後に、できあがった作品を見るのだ。自分が考えついたものと、実際に映画監督やマンガ家がやっていることを比べてみる。それが「演出を見る」ということだという。比較すると、思いもよらなかったような画が必ずあるという。そこが「盗む」ところなんだろうね。反対に、映像が思い浮かべられないようなら、シナリオが弱い・悪いことになる。

しかし、ネーム「だけ」の原稿なんて、そうそう見当たらない。映画シナリオなら書店で売っているが、アシスタントでもない限り、目にすることもないだろう。それが、本書にあるのだ。著者が描いた『天上の弦』のネーム「だけ」があり、次ページには解答である完成原稿が続いている。読み手は最低限の状況説明とネームにいきなり対峙し、自分で画を考えてみる。その後、完成原稿と比べてみることができるのだ。ネームと完成作は微妙に違っているが、その差がどうして生じているかが、著者の思考をトレースしながら明かされている。そのキャラにそうしゃべらせる「理由」や、なぜそこがカットされたかが、リクツでわかるのだ。これはスゴい。

これは、画がともなっていなくても使える。マンガというフォーマットでなくても、応用できるのだ。つまり、キャラの会話の必然性や、状況描写の密度・粘度、話の運び方、省略の仕方、ダレさせない工夫をそのまま、小説なり脚本にあてはめることができる。

もっとさかのぼって、プロットの転がし方や、アイデアの見つけ方もわかる。状況設定と登場人物が決まったら、それを自由に動かしていくことを「プロットを転がす」という。プロットというのはどこからか「持ってくる」ものではなく、作ったり、発見していくものだという指摘には目ウロコ。何かを見ても、つい過去の何かと照らし合わせながら見て・読んでしまう自分は、反省すべきやね。

プロットを転がすポイントは「動き」だそうな。登場人物を動かし、事件を起こし、「動き」を作ることがおもしろさにつながる。そのための技法として、対立や葛藤を生みだしたり、主人公を危機的状況に陥れたりしろという。テーゼとアンチテーゼ、主人公と敵役、因果や伏線などの技術が惜しみなく紹介されている。マンガを読んでいる人は、基本的に動かない。動かない読者の視線や心を「動かす」ことが、まさにマンガの「おもしろさ」そのものなのだ。

ここでの題材は、幸村誠『プラネテス』（講談社）の一編『ささやかなる一服を星あかりのもとで』。読んだ方ならご存知だろうが、まさにこの「プロットが転がっていく」のを楽しむお話だ。加速する欲求とサスペンス&ドタバタが、ラストの解放感に直接つながっている。アイデアを出し、プロットに組み込む、逆にプロットからアイデアをひねり出す、その行き来の過程が詳説されている。未読の方は、本書とあわせて読んでおくべし、傑作ですぞ。

「書く技術」に精通すると、「読む技術」が上達する 〜『小説作法ＡＢＣ』

『小説作法ＡＢＣ』（島田雅彦／新潮社）は、小説を書く基本技術をひととおり身につけることができる。新米作家の教則本として読んでもいいし、より深い読書への手引書として扱ってもいい。「小説は、Why? と Because で推進される」とか、「読書の快楽は予定調和とドンデン返し」といった基礎だけでなく、「同じ村上でも、春樹は回想、龍は実況」や、「谷崎は変態、三島は売れない俳優」といった、著者の文学観をも垣間見ることができる。

なかなか実践的なのは、各章のおしまいに「練習問題」がついているところ。たとえば、既読の小説のあらすじを一〇〇字にまとめろという。要約することで、いわゆる「読ませどころ」へ向かわせる物語の軌跡が見えてくるんだと。さらに、「要約した小説の帯コピーを五〇字でまとめろ」という。キャッチコピーを考えることで、その小説の「最大の売りどころ」を見抜けという。要は「目玉」やね。おもしろそうだとそのとき感じた作品を漫然と読んできたわたしにとって、いい刺激になる。

強力なトレーニング法を知ったぞ。実行するのも楽しいし、自作を書くときもすぐに効果が出てきそうだ。「小説は出だしが肝心」なことはあたりまえだが、その有効な鍛え方がこれ。

> 名作をはじめから結末まで読み通すのがたいへんなら、冒頭だけ読めばいい。文学全集の冒頭だけを、制覇するのです。これにより、文豪たちが読者をわくわくする世界へどのようにして引きずりこんだかが体得できます

これ、けっこう試している。図書館で文学全集の各作品の出だしだけ読んでみるのだ。で、解説から得たテーマと突き合わせてみる。出だしとテーマ間のフィット・ギャップに着目することで、作家が読者を導く手腕を測るのだ。

さらに、なんとなく齧っていたレトリックも、ハッキリ解説されることで、あらためて「技術」なんだと気づかされることがたくさんあった。たとえば、比喩の奥義は、「フィジカルな感覚」。視覚「以外」を駆使して、読み手の肉体にダイレクトに訴えかけていくような表現を心がけよという。その例が、谷崎の『春琴抄』。縫い針で自分の目を刺す、読んでるこっちが痛くなる場面だ。

まだある。「レトリックは単発ではなく、規則性を持って配置せよ」という。つまりこうだ。水のイメージを伝えたいのなら、水そのものの比喩表現を練るだけでは不十分。雨を降らせたり場面を川べりにしたり、はたまた蛇口からポタポタ滴る音を聞かせることで、水のイ

メージを読み手につきまとわせよという。わたしのような邪悪な読者は、その配置から先の展開を予想しまくる。どういう気分にさせたいのか、裏読み・先読みするのだ（これ、度を超すと小説の展開が丸見えになってしまうので注意）。

そんな技術的レクチャーだけでなく、著者・島田雅彦の文学感覚も楽しめる。むしろ、抑えた口調に閃く感情を思いやると、ヤッカミや嫉妬心の香ばしさが漂ってくる。作家が作家を語るとき、けっこうホンネが出る。

たとえば、最近の小説の舞台のほとんどが「東京」だが、そこで描かれる「東京」は、表層の部分だけだという。なぜなら、東京出身の作家なんてほとんどおらず、真に東京を理解しているとは言いがたいから。地方との差異だけが関心のすべてだという視座ではダメ――で、著者の出身を調べると、案の定というか、世田谷区出身。「おまえらが書く『東京』は、ホントの東京じゃないんだーッ」という心の叫び。

そして、村上春樹への鞘当てが愉しい。「いまやその村上春樹も最も成功したグローバル商品です」と誉めた後、こう続く。

> グローバル商品を作る秘訣は誰も傷つけず、万人を心地よくすることにあります。それは、作品のディズニーランド化を図ることだといってもいい。読者は手軽に現実逃避ができるテーマパークで、しばし日本の現実や日々の憂鬱を忘れることができます

だいたいあってる。だが、村上春樹の作品に同じ精神性を見出しては喜ぶハルキストが読んだら腹立てるかも……けだしファンというものは、さまざまな読み方をして「これは私のために書かれた！」と思い込みたがるもの。そいつを「ディズニーランド化」とラベリングされると、ミもフタもなくなってしまう。「エンタメじゃないもん！　世界文学だもん」なんて、だれかが言ってそう。

加えて、著者のデビュー作『優しいサヨクのための嬉遊曲』（新潮社）の顛末が語られたりしてて、出世物語としても面白い。作家コーチング本として、読者マニュアルとして、あるいは島田雅彦の文学論として、何通りにも読める。

小説を「書く技術」に精通すると、小説を「読む技術」が上達する。先読み・裏読みの意地の悪い意味も含めて、うまい読み手になるために。

解体することで、どのように物語られているかを理解する〜『キャラクター小説の作り方』

『キャラクター小説の作り方』（大塚英志／KADOKAWA）では、物語るための原理原則が明らかにされている。ラノベに限らず、マンガの原作、シナリオライティングに有用な一冊。

基本中の基本である物語の原則とはこれだ、「主人公は何かが〝欠け〟ていて、それを〝回復〟しようという〝目的〟を持っている」。あらゆる物語を転がす原理やね。

本書が素晴らしいのは、きわめて具体的なところ。文章術や小説の書き方というヤツは、謳い文句に反して看板倒れなものがある。「一〇〇枚書け」とか「必読本一〇〇」とか、ハードルが高い作者の特殊なやり方を紹介しているものがあるが、それに比べ本書はカードとエンピツだけで実践できる。

その一つがこれ、「カード&プロット法」と名づけてみた。「場面」をカードに書き込むのだ。B6サイズの情報カードに、一つの場面（シーン）を振り分けて、物語全体の構成を形作る。

・ワンシーンにつき一枚のカード
・四〇〇〜八〇〇字ぐらいのプロット
・物語の時間軸に沿って通し番号を振る
・書く内容は、通し番号、場所、時、登場人物、プロット、伏線、読者に伝えるべき情報
・最初は穴があってもいいので、最後のシーンまで書く

そして、できあがったカードを以下の要領でチェックする。

❶同じ場所がくり返し現れていないか。くり返しが意図して効果を狙ったのでなければ、主人公たちがお芝居する場所に変化を持たせる（ストーリーの単調さが解決される）。

❷長すぎるプロットは分割する、同じ内容を繰り返しているのでどちらかを減らす。

❸伏線を受ける場面を用意しているか。ないなら新しく作る。そもそもその伏線はいらないか検討する。

❹読者に伝えるべき情報がなにもない場面がないか、チェック。「伝えるべき情報」がそもそもそれでいいのか、疑ってかかる。

チェックを通じて、カードを増やしたり減らしたり、削ったり中身を書き換えたりする。ある程度進んだら、時間軸上の入れ替えをする。クライマックスを先頭にしたりすることで、物語を演出するのだ。自分のプロットを書く前に、著者は、お気に入りの小説をカード化することを提案している。「物語を破綻なく作る力」をレベルアップするというのだ。これ、自分が物語を書くだけでなく、既読の作品をカードに解体することで、どのように物語られているかを理解するのに役立つ。

では、どうやってプロットを出すか？　本書は、端的に「盗め」と言う。著作権法に触れるような盗作ではない。元ネタのキャラクターをいったん抽象化し、元ネタが属する世界観をとっぱらって、異なる外見や設定や時代背景を与えてやればいいというのだ。

創作とは盗作であり、過去作・周辺作からいかに盗むかが重要なのだという主張は、マラルメの「すべての書は読《ふみ》まれたり」を思い出す（さもなくば、ボルヘス『疲れた男のユートピア』か）。わたしたちは、過去に触れた作品を通じ、現前の作品を理解する。通過した作品やそのときの感情を思い起こすような刺激を与える物語こそが、「おもしろい」と受け止められるんだ。

書く予定のないはずのわたしにも、思わず書きたくなる気を掻きたてるような手法や観方がわんさと紹介されている。その一方で、どうしても首を傾げたくなる主張もある。それは、日本の近代小説を二極化しているところ。

自然主義の立場に立って「私」という存在を描写する「私小説」を一方の極に置いて、まんが的な非リアリズムによって描く「キャラクター小説」を反対側に据える。両者を検証しながら日本文学を批評するのは小気味がいいが、極端すぎやしないだろうか。なぜなら、社会派やSFといった舞台設定そのものがウリの小説が無視されているから。たとえば、ディストピアや伝奇、時代モノなど、社会の異質性がテーマの小説が度外視されている。

もちろん、強引に「広義の私小説」（紀行、社会派）や「広義のキャラ小説」（SF、伝奇、時代）に持っていくことは可能だ。だが、同時に、社会現象や異文化といった持ち味が減殺されてしまう。小説とは、キャラクターを描くだけでなく、歴史も、場も、現象そのものも表現できると思っているわたしには、モノ足りない。

とはいえ、その気にさせる「書き方」は、読むときにどんな気になっているかの裏返しとなる。書き方を習うことは、読み方を学ぶことにつながるのだから。

「メチャメチャ売れる映画」に共通するシナリオの原則とは～『ＳＡＶＥ ＴＨＥ ＣＡＴの法則』

『ＳＡＶＥ ＴＨＥ ＣＡＴの法則』（ブレイク・スナイダー／フィルムアート社）には、大ヒットする映画の法則と、それを適用する方法が書いてある。ベストセラー小説やゲームにおける、物語のベストプラクティスとしても使える。たとえば、

・どんな映画なのか、一行（ログライン）で言えるか
・『マトリックス』と『モンスターズ・インク』は同じ映画
・すべてのシーンに葛藤が必要な理由
・原始人でもわかる、原初的な感情や欲求に立ち戻れ

など、気づきが山のように得られる。目からウロコというよりも、見ていたはずなのにわかっていなかったことが、言語化されている。

いちばん刺さったのが、「一行で言える？」である。どんなに優れたシナリオでも、説明するのが複雑すぎて「一行で言えない」なら不合格だ。しかも、その一行でその気にさせなければならない。

つまりこうだ。脚本であれ小説であれ、首尾よく書き上げたとしても、それを読んでもらわなければならない。そして、読んだ人が「これは傑作だ！」と思っても、それをほかの人に伝えなければならない。さらに、伝えられた人が、読む気になってもらわなければならない。

映画や小説、アニメーション、ゲームなど、物語の媒体を作るには、大勢の人を巻き込む必要がある。商業ベースに乗せるには、さらに多くの人の手を経るだろう。それだけでなく、リリースした後には、その作品を楽しんでもらいたい観客がいる。

そうした人を動機づけ、後押しするのが、ログラインになる。端的で魅力的なログラインのために、徹底的に考え抜けという。これ、物語だとキャッチコピー、記事や論文ならリード文につながってくる。小説やゲームのキャッチコピーを考えたり、記事や論文でリード文を練る際には、必ずログラインを何度も確認することになる。

さらに、創作が行き詰まり、キャラやシーンを扱いあぐねるときがある。増やすべきか削るべきか、あるいは変えてしまうべきかがわからなくなる。そんなとき、作者は必ずログラインに戻ってくる。ログラインは物語の背骨だ。「ログラインがないと、物語にならない」とまで言っていい。

衝撃を受けたのが、「マトリックスとモンスターズ・インクは同じ映画」のくだり。ほかにも、「エイリアンと危険な情事」や、「トッツィーとフォレスト・ガンプ」が同じ映画だという。キャラも設定も展開も違うように見えるのだが……。

しかし、著者は、違うところを見ている。大量のタイトルが出回っていても、そのひな型となるものは限られている。見た目の違いに惑わされず、いつの時代でもストーリーテリングの本質は同じだという。紐解いてみると、昔ながらの使い古されたストーリーに、時代性が加わっているだけなのだ。

物語のひな型として、おもしろい名前が付けられている。『マトリックス』と『モンスターズ・インク』は、「組織のなかで」だという。つまり、新たな組織の中に入り、そこでの葛藤や成長を描いたものだ。『エイリアン』と『危険な情事』は、逃げられない状況で迫りくる危険として「家のなかのモンスター」と名づけられる。『トッツィー』と『フォレスト・ガンプ』は、「バカの勝利」なんだって。

もちろん、ひな型からはみ出る部分もある。だが、ある映画を観るとき、それはいったいどんなひな型を元にしているのか？　と考えると、「そのひな型をどうやってはみ出し、ひねりを加え、アレンジしているか」が見えてくる。この視点は盗みたい。

伝授してくれるさまざまな手法は、映画のシナリオだけでなく、物語づくりの根幹にも届く。映画を構造化し、それぞれの要素を視覚的に表した「ビートシート」や、それぞれのシーンで何が起きてどうなるかを一枚にまとめた「カード」、キャラクターの設定で気をつけること、どの時点で何を伝えるか（あるいは伝えないか）、プロットの転換点はどう扱うかなど、非常に具体的でわかりやすい。

映画に特化しているものの、それぞれの手法において、ある一つの原則が貫かれていることがわかった。そして、その原則はそのまま「人が一番おもしろいと感じるものは何か」につながる。

それは、「葛藤」だという。

人はもともと、葛藤している人を見るのが好きだという。人間同士の葛藤の最たるもの（殺し合い）を模したのが、レスリングやボクシングになる。

葛藤は、「欲しい」「嫌だ」という方向を持っており、原始的な感情や欲求に裏打ちされている。原始的な欲求とは、「生き残る」「セックスする」「愛する人を守る」「死への恐怖」といった、時代や文化を超えた普遍的なものだ。そうした欲求が阻害されるとき、葛藤が生まれる。

たとえば、「目の前に迫る危険 vs. 死ぬのは嫌だ vs. あの人を守りたい」とか、「落ちこぼれの僕だけどあの子と仲よくなりたいのにライバル出現」、あるいは「キライなあいつがなぜか寄ってくる」のように、欲求とそれを阻害するもの、どちらを取るのか、ジレンマといった争いやもつれになる。

乱暴にまとめるなら、人は葛藤を見たいので映画を観る。主人公が葛藤を克服し、欲求を満たすとき、観客は、一番基本的なレベルで共感できる。これが映画の快楽になる。主人公の葛藤をドライブするのがストーリーといえるだろう。

だから主人公は、物語の中で一番葛藤し、最終的に一番大きく変化していなければならないという。シーンをまとめたカードには、必ず何らかの葛藤が入っていなければならない(どんなに出来が良くても、葛藤のないカードは捨てろとまで断言する)。そのために、わざわざ「葛藤」を示す記号まで作っている。それぐらい重要なのだ。

ここ、小説の創作技法と同じだ。カート・ヴォネガットの指南で、「たとえコップ一杯の水でもいいから、どのキャラクターにも何かを欲しがらせること」を耳にしたことがある。何も望まず、嫌わないキャラクターなら、最初から登場しなくてもいいということか。

もちろん、こうした原則を守れば大ヒットすることが保証されているわけではない。監督や俳優など、ヒットを左右するさまざまな要因があるし、シナリオどおりに作られる保証なんてもっとない。

だが、大ヒットした映画のシナリオは、すべてこの原則になっている。本書は、ヒット作のシナリオを理解・分解・再構築した、いわゆるリバースエンジニアリングによる指南本なのだ。

注意しなければならないのは、「メチャメチャ売れる映画」であること。個人的な好みは置いといて、映画としての出来も置いといて、「売れる／売れない」で判断すると、こうなる。

一行で心をつかむ、ひな型をアレンジする、葛藤をドライブするのがストーリーなど、映画に限らず、物語を作るうえで役に立つことが学べる。ずっと積読だったのを、ふろむだ（@fromdusktildawn）さんに後押しされて読んだら大正解だった（ふろむださん、ありがとうございます！）。

ただこれ、読み込みすぎると、映画を観るときに分解する癖がついてしまうだろう。（ハリウッド）映画がもつ「おもしろさ」の完全なるネタバレ本でもあるので、もう二度と、あのワクワクするような気分で観れなくなるかもしれない。消費の側にいたいなら、手を出さないほうが吉かも。

名文で言葉の「型」を練習する

いきなり上手に泳げるようになるわけではないように、いきなり上手に書けるわけではない。何事も練習なり。

では、どんな練習をするか？

いろいろあるけれど、練習と同時にストックにもなるのが、「いいな、と思った文章を書き留める」である。これは、自分がどんなモチーフや表現にピンとくるかという、感性の確認にもなるので、一石三鳥くらいお得なり。

「書き留める」とはどうするか？

言葉のとおり、手帳なりノートなり、プライベートな場所に書くのである。Twitterで見かけた、小説を読んでて出会った、だれかの会話で耳にした、映画に出てきたなど、いろいろなシチュエーションで目にし耳にしたセリフ、一文、箴言、警句、惹句を、その出所も含めて書くのだ。スマホでクラウドに書くのもアリだが、なるべく手書きがいい。一文字一文字、めんどくさいけれども書く。

その理由は、後から振り返るため。

数ヶ月か、一年後ぐらいに、自分が書いたものを、もう一度さらって読む。そこで浮かんだ発想があるなら書き足してもいいし、再読でも「いいなぁ」と思ったら、もう一度書くのだ。「自分がいいと思う文章を何度も書く」ということが重要なのだ。

これは、素振りやシャドーイングみたいなもの。自分が「いい」と感じる具体的な文に触れて、その型をまねるのだ。

ハート抉る寸鉄の蔵出し ～『名文どろぼう』

それにうってつけなのが、『名文どろぼう』（竹内政明／文藝春秋）。著者は読売新聞の名コラムニスト、ハート抉る寸鉄を書き留めておいたものの蔵出しだそうな。小林秀雄からスティーヴン・キング、落語や辞典、六法全書まで巻き込んで蒸留された名文たちが紹介されている。

わたしの手帳に書きつけたのは、これだ。

いい人と歩けば祭り
悪い人と歩けば修行
（小林ハル）

自動的にソクラテスのこれを思い出す。名言をきっかけに、自分の記憶を掘り起こす愉しみがある。ある程度溜まってゆくと、名言がつながってゆくようになる。

結婚はいいことだ。
良い女と一緒になれば幸せになれるし、
悪い女と一緒になれば哲学者になれる

（ソクラテス）

胸に刺さるやつもある。

夢は砕けて夢と知り
愛は破れて愛と知り
時は流れて時と知り
友は別れて友と知り

（阿久悠）

「阿久悠を送る会」の会場の壁に飾られていた彼の言葉だそうな。井伏鱒二が訳した于武陵

「勧酒」の「さよならだけが人生だ」に触れてくる。
クスっと笑えるやつも。

「お金がすべてじゃないわ」
持ってる人はそう言うんです

（映画『ジャイアンツ』より）

いわゆる「使える！」名言も出てくる。だれかを批評したあと、反撃されて、「偉そうなこと言うなら、お前が自分でやってみろ」と言われたら、どう返すか。ウィンストン・チャーチルを参考にしよう。絵なんて描いたことないのに、ただ名士だというだけで、美術展の審査員をやっている人がいる。そんなことが許されるのか、という問いに対して、

私はタマゴを生んだことはありませんが、それでも、
タマゴが腐っているかどうかは、ちゃんと分かります

（外山滋比古『ユーモアのレッスン』中央公論新社）

ウロ覚えだった記憶の彼方から呼び戻されるものがある。たしかに読んだはずなのに、覚

えてないもの。でも言われると思い出すもの。

誰でも、
生まれたときから五つの年齢までの、
あの可愛らしさで、
たっぷり一生分の親孝行はすんでいるのさ、
五つまでの可愛さでな

（安部譲二『塀の中の懲りない面々』文藝春秋）

いわゆる有名どころも押さえている。

天才とは、蝶を追っていつのまにか山頂に登っている少年である。

（スタインベック）

世の中に醜女（ブス）はいない。
ウォトカが足りないだけだ。

（米原万里『ロシアは今日も荒れ模様』講談社）

一度読んだら、一生忘れられない言葉たち
～『すごい言葉』

次は、一度読んだら、一生忘れられない言葉を集めたという『すごい言葉』（晴山陽一／文藝春秋）からご紹介。だれもが知っているような有名な名言ではなく、人知れず埋もれているような刺さる言葉だ。ズキンとくる辛辣なやつから、思わず笑みがこぼれる痛快なものまで取りそろえている。

次の言葉なんて、ハッとするより後でじわじわくる。「幸福の追求」という言い回しが空々しい理由に思い当たる。

幸福はコークスのようなものだ。
何か別のものを作っている過程で偶然得られる副産物なのだ。

（オールダス・ハクスリー）

つまり、「幸せでない」状態から、「幸せである」状態に移行したりするんじゃないんだ。幸せとは、ただそう感じるだけのもの（だから幸せを感じることができないならば、一生

"不幸せ" のままだろう)。幸せとは、「なる」ものじゃなくて「ある」ものなのだから。次のもよいぞ。

未熟な詩人は模倣し、熟練した詩人は盗む。
Immature poets imitate; mature poets steal.

(T.S.Eliot)

Immature と imitate で韻を踏んでいる。ちなみに、『すごい言葉』で紹介されているすべての「すごい言葉」には、原文の英文が添えられている。英語関連の編者ならではの配慮だね。リズムやリピートが同時に目に入ってくる。このT・S・エリオットのは有名だけど、Tumblr で、この変調を目にしたぞ。

オリジナリティとは、失敗した模倣のこと。

(ジャン・コクトーが言ったとか)

オリジナリティってのはね、うろおぼえのことなんですよ。
自分が感動したものを適当に再現したら、

> それがその人のオリジナリティになるんです。
>
> https://bombnaga-blog.tumblr.com/post/534319337/

「本を読まずに書評する」態度を堂々と語るこれは、アリだ。「その本を読んだ」と言うが、「いったいわたしはその本の何を読んだのだろう?」と自問したくなるときがある。一字一句覚えているわけでもなし、字面をなぞっただけの"読書"になったとき、いっそ読まずに、その本の「ほかの本からの相対位置」だけを調べあげたほうが、「読んだ」になるのではないか。『読んでいない本について堂々と語る方法』(ピエール・バイヤール/筑摩書房)で読書観が揺さぶられると、この主張が刺さってくる。

> 私は書評を書く前にその本を読んだりしない。読めばどうしても先入観を持ってしまう。
>
> (シドニー・スミス)

頭ガツンとよりも、その言葉をコアにしてゆっくり考える言葉が多いようだ。ずっと後になって伏流水が湧くようにアイデアがまとまって出てくる。「すべての歴史は現代史」とか、「芸術は真実を悟らせるためのウソである」、あるいは「人間は自ら作りだした道具の道具になってしまった」といったすごい言葉は、その例や物語を探り始めるいい触媒となる。

　暗鬱から哄笑まで、ジワジワ自分を変える言葉たちを、書くべし。

聞いた瞬間、心に届く名コピー集　〜『胸からジャック』

「寸鉄人を刺す」というが、寸鉄は作れる。相手の心を動かしたいとき、自分の想いを伝えたいとき、短く・鋭く・刺さるメッセージは、書くことができる。

　だが、どうやって？

　名言や箴言の蓄積のほかに、広告コピーが参考になる。たとえば、『胸からジャック』（眞木準／大和書房）はどうだろう。タイトルからして、惹句＝ジャックナイフ→寸鉄とかけている。

　ありふれた言葉から成っているのに、聞いた瞬間、心に届く名コピー集だ。優れたコピーは、いつまでも胸の奥に潜んでて、ふとしたはずみで思い出したりする。おもしろいのは、コピーだけを懐かしむのではなく、それを耳にしたときの映像だったり感情といった、当時の記憶ごと掘り起こされるところ。

なにも足さない。
なにも引かない。
（サントリー山崎、一九九二）

人類は麺類
（日清麺皇、一九八二）

恋を何年、休んでますか。
（伊勢丹、一九八九）

女の胸はバストといい、男の胸はハートと呼ぶ。
（オンワード樫山、一九七五）

シアワセはシワとアセでできている。
（日本サムソン、二〇〇三）

聞いた記憶がなくても大丈夫、そのコピーのターゲットでなかったか、たまたま聞いたことがなかっただけ。それよりも、「いま」それを耳にして刺さるか、刺さるとするならば、どのようにかを意識する。

著者によると、日本人は、一行詩民だという。短歌、俳句、川柳という一行詩に、恋を詠み、人を詠み、季節や花、出会いと別れを詠んできたという。今はスマホで撮った画像にひと言を添えたり、ちいさなつぶやきをタイムラインにそっと流す。

その一行がどう刺さるかに集中すると、自分の心の形がわかるようになる。なぜなら、ナイフを当てたとき、痛覚があるところがあなたの肉であるように、その言葉を「痛い」と感じるところからがあなたの心であるのだから。

自分の心のありかを知るために、言葉は役立つのだから。

スーパードライな箴言集
～『心にトゲ刺す200の花束』

名文集はさまざまなので、「どの」名文に惹かれるかに趣味が出る。『心にトゲ刺す200の花束』(エリック・マーカス／祥伝社)なんて、わたしの趣味どまん中なり。疲れた大人によく刺さる、スーパードライな箴言集。

若いころはカッコつけのペシミストだったが、齢をとるほど、現実を見るほど、悲観主義がちょうどいいようになってきた。失望せぬため期待しない。「ポジティブシンキング糞食らえ」という気分にぴったり。

楽観主義者とは、人生経験の浅いもののことだ。

（ドン・マークウィス）

ビアスや筒井やマーフィーの辛辣辞典は読んできた。だがこの一冊は、触られたくない奥底にまでもぐりこむ。そして、ちょっと遅れて、背を焼くようなヒリヒリとした笑いが襲ってくる、自己嘲笑の発作に身悶えする。これを嘲笑《わら》える人は、自分の人生もひっくるめて笑い飛ばせる。

どうして自分で自分を苦しめたりするの？
どうせ人生が苦しめてくれるのに。

（ローラ・ウォーカー）

別 ver. を思い出す。アインシュタインの有名なやつで、ポジティブ教徒が好きなこれ↓

「どうして自分を責めるんですか？　他人がちゃんと必要な時に責めてくれるんだから、いいじゃないですか」。もともと人生は苦なんだから、「苦」そのものを受けとめろ、「苦」をあれこれ心配することも苦だから――という考え。ブッダの「二の矢を受けず」を庶民がアレンジするとこうなる。

取り越し苦労なんてしなさんな。
もうすぐ本物の苦労が
あんたのところへやってくるから。

（ベッツィ・ラパポート）

うれしいのは、箴言が別の箴言を呼ぶところ。磁石が自然に引き合うように、似た寸鉄が並べられ、わたしの記憶もいっしょになって抉り出す。聖ベルナールのこれなんて、典型かも↓「生まれるのは苦痛／生きるのは困難／死ぬのは面倒である」。だが、開高健が『オーパ！』（集英社）でアレンジしたこっちが好きだ。どっちがオリジナルかは置いといて、読み人知らずの改変がまた楽しい。

生まれるのは、偶然
生きるのは、苦痛
死ぬのは、厄介

警句のヒットといえば『マーフィーの法則』だが、もちろんある。これだ。

うまくいかない可能性のあることは、きっとうまくいかない
（『マーフィーの法則』、元はジョージ・ニコルソン）

しかし、これは次の警句を引き寄せている。並べると、本書がどれだけペシミスティックか、よくわかるだろう。

マーフィーは楽観主義者だ。
（作者多数）

ありがちな寸言が、より深いところに刺さる寸鉄を呼ぶ。オスカー・ワイルドもたくさんの箴言を吐いたが、この二つを並列させるところに、本書のセンスというかスキルというか、

「あきらめ」じみたものを感じる。

大衆はすばらしく寛容だ。
彼らは天才以外のあらゆるものを許す。

（オスカー・ワイルド）

天才とバカの違いは、
天才には限界があるという点である。

（作者不詳）

「男と女」についての箴言も数多いが、女の肩をもつほうが目立つのは、編者が女性だからだろうか。勘ぐりたくなるが、ロシュフコーの女への風当たりへのカウンターなのかも。

多くの男に会えば会うほど、
わたしは、犬が好きになる。

（マダム・ド・スタール）

女が本当に男を変えられるのは、
男が赤ん坊のときだけよ。

（ナタリー・ウッド）

男はトイレみたいなもの――
使用中かキタナイかのどっちかだ。

（作者多数）

「結婚」をテーマにしたものがたくさんあるのも、むべなるかな。みなさん、ひと言伝えたい苦労なり惨事なりを背負いこんだことがあったからだろうなーと考えると可笑しい。そのセリフにたどりつくために流された涙、飛び交った言葉を想像するとぞっとしないが。

恋愛は理想であり、結婚は現実だ。
このふたつを混同すると、
かならず、痛い目に、遭う。

（ヨハン・ヴォルフガング・ゲーテ）

貧しい人は金持ちになりたいと思い、
金持ちは幸せになりたいと思う。
独身者は結婚したいと思い、
結婚した者は死にたいと思う。

（詠み人知らず）

結婚してもしなくても、あなたはかならず後悔する

（ポール・ブラウン）

これだけ悲観のオンパレードを見てくると、こっちもゲンナリする。サラリーマン川柳の目線で、綾小路きみまろの毒を混ぜて尖らせたものばかりだから。慰めてんだか気の毒がられてんだか、わからなくなる。

ひょっとしたら、人生は全ての人に向いているわけじゃないのかもしれない。

（ラリー・ブラウン）

わたしたちは生き方を学ぶ前に死んでしまう。

（スティーヴン・ウィンステン）

元気をだして。
最悪の事態はまだこれからやってくるんだから。

（フィランダー・ジョンソン）

型を破るために、型を身につけろ〜『ポケットに名言を』

『ポケットに名言を』（寺山修司／KADOKAWA）で、師匠を見つけるのもいい。「書を捨てよ、町へ出よう」で有名な、寺山修司を師匠にするといい。言葉で殴り倒されて、ぐさりと胸をひと突きされて、その傷手に塗られた薬のように効く。たとえば、「名言などは、シャツでも着るように、軽く着こなしては脱ぎ捨ててゆく」姿勢は見習いたい。言葉の型を守り、破り、離れてゆくプロセスを、「シャツを着て、脱ぎ捨てる」と喝破する。

つまり、言葉が古びるのではなく、わたしが変わるのだ。成長した身体に合う／合わないを、実際に着て確かめればいい。箴言とか金言のレッテルは措いといて、まずやってみよう。

勤勉な馬鹿ほどはた迷惑なものはない

（ホルスト・ガイヤー『人生論』）

どの時代でも「勤勉な馬鹿」はいたが、この時代だけ特異なことに、テレビやネットで拡大されてよく見える。かつてモブに埋もれていたのが、バカ発見器や集バカ装置で続々と目にする。衆愚化ではなく、集愚化やね。かつてバカには見えない服があったように、バカにしか見えないインターネットが広がっている。

ネットで知った軍事ジョークを思い出す。ハンス・フォン・ゼークトの組織論で、都市伝説とも言われているこれだ※。

「人間は大きく4種類に大別できる。
勤勉で賢い奴、
怠け者で賢い奴、
怠け者で馬鹿な奴、
勤勉で馬鹿な奴。
軍隊で一番必要な人間は、勤勉で賢い人である。

参謀に適任であり、勝つための戦術を考え出すだろう。
次に怠け者で賢い奴。前線指揮官にすべきだ。
必死で生き残るために的確な指揮をするだろう。
その次に怠け者で馬鹿な奴。命令されたことしか
出来ないが十分である、全ての障害を打ち倒すだろう。
最後が勤勉な馬鹿。こいつは追い出すか銃殺にすべき。
なぜなら、間違った命令でも延々と続け、
気がついたときには取り返しがつかなくなってしまうからである。

ところどころ、どこかで目にし耳にした作家や作品がちらほら。だが、そんなセリフがあったことすら覚えていない。寺山修司は、わたしが気にも留めなかった一文を、あざやか

※ https://ja.wikipedia.org/wiki/%E3%83%8F%E3%83%B3%E3%82%B9%E3%83%BB%E3%83%95%E3%82%A9%E3%83%B3%E3%83%BB%E3%82%BC%E3%83%BC%E3%82%AF%E3%83%88

に切り取ってみせる。目のつけどころが修司でしょ。

女を良くいう人は、女を充分に知らない者であり、
女を悪くいう人は、女をまったく知らない者である。

（ルブラン『怪盗アルセーヌ・ルパン』）

僕の思念、僕の思想、そんなものはありえないんだ。
言葉によって表現されたものは、もうすでに、厳密には僕のものじゃない。
僕はその瞬間に、他人とその思想を共有しているんだからね。

（三島由紀夫『旅の墓碑銘』）

若い自分に読んで聴かせてやりたい言葉がいっぱい。本書は、まさにわたしが若いときに編まれた名言集なので、出会わなかったことがもったいない。若いころのわたしに会えるなら、「まあ読んでおけ、これは若いうちに読まないと損する本だぞ」なんて脅してでも読ませたい。

頭ガツン級はこれだ、童貞、リア充、既婚未婚に限らず、これだ。

女というものは愛されるためにあるものであって、
理解されるためにあるものではない。

（オスカー・ワイルド『語録』）

「女というのはわからない」という悩みそのものが誤りだったことに気づくのは、人生のなるべく早めのほうが苦しまずにすむ。本書ではページは離れているものの、ブルース・リーの次のセリフを並べたい。

Don't think. FEEL!

(Bruce Lee)

わたしが着てきた「シャツ」と比較するのも愉しい。ジュール・ルナアルの次のセリフなんて、明石家さんまが一八歳のとき、師匠に言われた逸話を思い出す。

幸福とは幸福をさがすことである

（ジュール・ルナアル）

明石家さんまの逸話はこれ。弟子稼業で掃除していたさんまに、師匠は「それ、楽しいか？」と尋ねたという。もちろん楽しいわけないから、さんまは「いいえ」と答える。すると師匠は、「掃除はどうしたら楽しいか考えろ」というのだ。ここでさんまは気づく、「楽しくなることを考えてることは楽しい」ってね。ひょっとすると、この師匠、ルナアルの幸福論（またはこの名言集）を読んでいたのかもしれない――そう考えると、もっと愉しい。

本書の型破りなところは、引用元に歌謡曲や映画まで入ってくるところ。呪文呪語の類だったり、引用可能な他人の経験だったり、思想の軌跡を一切無視して、一句だけとり出して、ガムでも噛むように「名言」を噛みしめろという。その反復の中で、意味は無化され、社会と死との呪縛から解放されるような一時的な陶酔を味わえという。

おもしろいことに、名文集を読んでいると、そこから触発されて昔書いた言葉が出てくる。連想つながりやね。Tumblr や Twitter の刺さる言葉がこれ。

尊敬される夫は、早死にした夫

（Tumblr より）

生きることに意味はないけれど甲斐はある

（Tumblr より）

「あなたが一番影響を受けた本は？」
「預金通帳だよ！」

（もとはバーナード・ショーらしい）

これもTumblrで知った。

丸見えのぱんつは只のぱんつだが
見えないぱんつには無限の可能性があるんだよ
ぱんつが実際に観測されるまでは
ぱんつはいてない可能性だって存在するんだよ

（Tumblrより「シュレディンガーのぱんつ」）

名文を何度も書き写していくうちに、「型」を覚える。短く、鋭く、重い言葉が、何をモチーフに、どんな形容で示されるか、わかってくる。同時に、自分が何のテーマに惹かれ、どんな言葉に刺さり、衝撃を受けるか、わかってくる。練習のための「型」が、次第に自分の「好き」を見える形に整えてくれるようになるのだ。

型を破るために、型を身につけろ。

第5章

よい本は、人生をよくする

「読書で人生が変わる」と言う人がいる。だが、その人が具体的にどう変わったのかは、あまり聞かない。

読書の効用を謳う人がいる。だが、具体的にどのような効用があるかは、ほとんど聞かない。せいぜい「知識が増えて知的好奇心が満足しました」なんてボンヤリした回答ばかり耳にする。さもなくば、「歴史や文化の雑学が増えて、雑談でのマウンティングができました」とか。そんなゴミみたいな「大人の教養」は捨てておこう。

ここでは、わたしにとっての読書の効用を具体的に書く。

よい本は、人生をよくする。この「よい」は、Goodの「良い」やLikeの「好い」のほか、道徳的に優れた「善い」もあり。いい気分に酔える「酔い」だっていい。好きな一冊、優れた一冊は、人生をいい気分にさせたり、徳をＵＰできる。

そうした、わたしの人生をよりよくしてきた「よい本」を紹介しよう。あなたの人生にとって、どのように「よい」ものになるかは、実際に手に取ってお確かめあれ。

人生を破壊する「怒り」から自由になる

読むことにより、自分の人生がどうよくなったか？

一つは、「怒り」とうまくつきあえるようになったことだ。

わたしの人生のなかで、最もわたしにダメージを与えてきたのは、わたし自身から発する「怒り」である。怒りは人生を破壊する。

だが、怒ることのより少ない人生を手に入れることができたのは、これから紹介する本のおかげである。これらを読まなかったなら、今でも些細なことに腹を立て、その怒りを正当化することに躍起になっていただろう。

わたしは、本を読むことで、自分で自分の人生を破壊するのを止められた。これは、最も大きいメリットである。だから、まず「怒り」をテーマにして、「よい本は、人生をよくする」ことを証明しよう。

まず結論、これだ。

「怒りの根っこには必ず、『私が正しい』という思いがある」

かつて、ちょっとしたことにイライラしたり、テレビに向かって悪態をついていた。よせばいいのに、過去の嫌なことを思い出しては真っ赤になって震えたり、恥ずかしさや妬ましさが転換された負の感情にさいなまれていた。カッとなって気分が悪くなるだけでなく、単純なミスを完全な失敗に導いたり、人間関係を悪化させたり、眠れない夜を何度も過ごすハメになったりしていた。激しい後悔と破壊衝動に身をゆだね、物理的に実行したこともある。モノに当たるなんてサイテーだと知りつつ、念入りにドアを破壊したこともある。

そして、怒りは伝染する。だれかの怒りをもらってしまうこともある。ただの行き違いに悪意を嗅ぎ取って、根に持つ。わたしは怒りたくないのに、そうさせたアイツが悪い。これほどの目に遭ったのだから、怒ってもいたしかたない。だからコイツを攻撃し、嫌な気分をおすそ分けするのは、当然の報いなのだ――なんて考えていた。

問題を抱えていると、本に呼ばれる

なんとかせねばと、手当たり次第に探しまわる。お手軽ライフハック系から、哲学や宗教にどっぷり浸かったものまで読み漁る。この状況から自分自身を救い出したいと願いながら、「怒らないために、どうすればいいか？」という課題を抱えて、書店や図書館を巡るのだ。

すると、それに答えるように本が目に飛び込んでくる。

「本に呼ばれる」という経験はないだろうか。あてもなく書棚をうろついていると、ふと呼びかけられた気がして、一冊を手にとってパラ見すると……これが大当たり、というパターン。おそらく、「ずっと心に引っかかっているもの」が、タイトルや帯、POPにおいてキーワードの形で目に入り、奥底から呼び覚まされるような感覚で浮かび上がる。じつは、無目的で書店めぐりをしていたつもりでも、さまざまなキーワードがスタックされており、目に入ってきた言葉をトリガーにして意識化される。「スゴ本」を見つけるのがうまい人は、そうした課題をバックログの状態でたくさん持っている。自分の中の問題意識を、書棚によって起動してもらうのだ。

「怒り」を扱った本に出会ったときはまさにこれで、意識して探しているときよりも、そうでないときのほうが、いい出会いに恵まれていたように思える。いきつけの書店をフラフラしていると、タイトルに吸い寄せられるようにして「発見」したのだ。

それは、『怒らないこと』（アルボムッレ・スマナサーラ／サンガ）という新書だ。本は以前からそこにあっただろうし、タイトルも目に入っていたに違いない。しかし、「怒らないために、どうすればいいか？」という問いかけの形でそこに立ったのは、はじめてなのだ。課題を持っていれば、（たとえそのとき忘れていたとしても）書棚が思い出させてくれる。

だから、見た瞬間、問題と解答の両方を「発見」した気分になれるのだ。

怒りの本質を知る　～『怒らないこと』

一読、目鱗、わたしの「怒り」が何であるかが全部書いてあった。著者はスリランカ上座仏教の長老で、「怒り」に対する考えや姿勢を徹底的に説いている。

最初に著者・スマナサーラは挑発する、「怒り」についてだれも知らないと。「怒るのはあたりまえだ」と正当化したり、「怒って何が悪い?」さもなくば「怒りたくないのに、怒ってしまう」という人は、自分にウソをついていると断言する。「本当は怒りたくない」なんて言い訳で、ホントは怒りたくて怒っているのだと喝破する。そして、怒りたくないなら、怒らなければいいというのだ。

よくある「アンガー・マネジメント」は、怒りをごまかす方法であり、自己欺瞞にすぎないという。人生は短い。自分をごまかすのはやめよう。そして、まず「わたしは怒りたいのだ」ということを認めろという。そして、「なぜ怒るのか?」を理解せよと促す。どのようにして怒りが生まれるのか? Dhammapada（法句経）によると、以下の場合になる。

❶私をののしった／バカにしている（akkocchi mam）

❷私をいじめた／痛めつけた（avadhi mam）
❸私に勝ってしまった（ajini mam）
❹私のものを奪った（ahasi me）

カッコ内はパーリ語。いちいち頭の中で考えて怨み続ける。わざわざ思い出しては、悶々と悩んだり悔しがったりしているのが、「怒り」なのだという。全力で思い当たる。特に❶と❸の場合がセキララに思い出されて赤面する。

怒りの根っこには「私が正しい」という思いが存在する

さらに、「怒り」の根っこには必ず、「私が正しい」という思いが存在するという。自分が怒ったとき、その理由を冷静に客観的に分析してみると、「自分の好き勝手にいろいろなことを判断して怒っている」というしくみがあるというのだ。これは、他人に対する怒りだけでなく、自分自身に向けられる怒りも同様になる。

つまりこうだ。まず「私にとって正しいなにか」があって、それと現実がずれているときに、人は怒るのだ。「私は正しい」のに、「この仕事がうまくいかない」と外に向けて腹を立てたり、「私は間違っていない」のに「病気になってしまった」と自分に怒りを抱いたりする。

そして、そんな人こそ、建前として「私はダメな人間だ」と謙虚（?）に振る舞いつつ、じつは心の奥底では「そうじゃない、私は絶対間違っていない」と考えているという。しかしそれこそが、怒りスパイラルの原因なんだ。

だから著者は、「正しい怒り」なんて存在しないと言い切る。

たとえば、よく母親が子供を怒ったり、先生が生徒を怒ったりするのは、間違えた子供・生徒を正すための「正しい怒り」だと自己弁護する人がいる。だが、それこそ誤りだというのだ。間違えただけなら、単にそのことを指摘すればいいのに、わざわざ怒るということは、その根っこに「自分が正しい、自分の言葉も正しい、自分の考えは正しい」という考えがあるから。これ、ものすごく思い当たる。「あなたのためだから」という思い込みで、自分の「正しい」という思いを押し付けているかもしれない。

では、どうすればいいのか？　怒りを押さえ込めばいいのか？

著者は、それは新しい「怒り」を生みだすことだとして退ける。「怒りと戦う」感情もまた「怒り」なので、よくないというのだ。

では、ストレスのように発散させればどうだろう？　これも誤りだという。怒りをワーッと爆発させてガス抜きをしようとするのは、怒りの感情を正当化し、原因をごまかすことになる。より強いストレス要因を持ってきて、最初の怒りをカモフラージュしているのだから、根本的な解決になっていないと指摘する。

わかった。では、どうすれば怒らずにすむのか？　著者は、『ブッダのことば』（スッタニパータ著、中村元訳／岩波書店）を引用する。

> 蛇の毒が（身体のすみずみに）ひろがるのを薬で制するように、怒りが起こったのを制する修行者は、この世とかの世とをともに捨て去る——蛇が脱皮して旧い皮を捨て去るようなものである

『ブッダのことば』は難しい。いや、やさしい言葉で書いてあるのだから、読むのは容易なのだが、本意を汲むには手助けが必要だ。著者に言わせると、怒ることは、自分で毒を飲むのと同じだという。怒ることで、自分を壊してしまう。だから、怒ったら、怒らないようにする。怒りをコントロールするのだ……ただそれだけ。それができれば苦労はしないんだが……。

もう少し具体的に噛み砕いている。怒りは観られた瞬間、消えるという。次に怒りが生まれたら、「あっ、怒りだ、怒りだ。これは怒りの感情だ」とすぐに自分を観察してみろと提案する。「今この瞬間、私は気持ちが悪い、これは怒りの感情だ」と、外に向いている自分の目をすぐに内に向けて〝観る〟ことで、怒りを勉強してみせよという。怒りを観察し、怒りを味わうのだ。これは、冷静・客観化するメリットとともに、「わたしは何に怒ってい

るのか」を問うことで、根本に気づくことができる。これは、かなり難しい。だが、練習あるのみ。

怒りを「観る」

「怒り」は観られた瞬間、消える。練習を積むことで、「怒りを観る」ことが可能になり、「怒らない」ことが実践できる。しかし、そこにつけ入る奴が出てきたらどうすればいいか。自分で怒ってしまうようなことは回避できたとしても、「怒らせてやろう」と攻撃したり、けなしたり、やりたい放題に煽ってくる奴にはどうする。耐え忍べというのか？

これに対し、著者は警戒する。悪口を言ったり、自分を弁護したりなんかしたら、相手の怒りの思うツボだという。怒りというのは伝染性が高い感情で、自分が嫌な気持ちになったのなら、ののしっている相手の希望が叶っているというのだ。だから耐え忍ぶ必要もないし、怒り返しても本末転倒になる。

ではどうするか？

自分を攻撃する人、自分に怒りをぶつける人には、「鏡を見せろ」とアドバイスする。もちろんこれはメタファーで、エンマ大王が鏡を通して生前の行いを見せつけるように、相手のふるまいを逐一説明してあげればいいという。ホンモノの鏡を見せるのではなく、ののしっている相手に対して次のように指摘する。

ああ、そちらはすごく怒っているのだ。苦しいでしょうね。手も震えているようだ。簡単に怒る性格みたいです。これからもいろいろたいへんなことに出会うでしょうね。それで大丈夫ですか?心配ですよ

相手が言うことに反論せず、善悪を判断しないで、心配する気持ちで説明してあげればいい。これも難しい。イヤミにならないよう加減する必要はあるが、相手の「怒り」そのものを肯定するのはいい方法だと思う。

気をつけるべきなのは、「怒り」の正当性を認める、ではないことだね。怒っている原因や理由、責任などには言及せず、ただ、怒りの感情を認める。「わたしがなぜ怒っているか、あなたにわかる?(わからないでしょう!)」という、怒りの原因探しゲームに乗らない(理由:ゴールを自在に変えられて、火に油だから)。

その代わり、こう言おう。

「あなたがものすごく怒っていることは、よくわかります」

「絶対に許さないと、強く怒っているのですね」

つまり、相手の怒りだけを指摘するのだ。慎重に言葉を選ぶ必要はあるが、言葉にすることが肝要なのだ。

それでどうなる？　わたしの経験になるが、「わたしが怒り返すよりも、はるかにいい結果が得られる」である。怒りに対して怒りで応えると、ヒートアップしたり不毛な水かけ論になったり、さんざんな展開になる（実証済み）。

しかし、怒りに対し、「それは怒りだ」と指摘することで、大なり小なり客観視できるようになる。自己防御と相手の攻撃にアタマを使わなくなる（←これ大事！）。鏡を見せるテクニックは万能ではないかもしれないが、怒り返しよりもいい結果が得られる。お試しあれ。

仏教法話という形をとっているが、『怒らないこと』は、文化や宗教を超えた普遍性を持っていると思う。自分の中の「怒り」を手放すことで、怒りのない人生をすごしたい。そんな課題を持っていたわたしにとって、まさに「怒らずに生きるための一冊」といえる。

『怒らないこと』を繰り返し実践する　～『怒らない練習』

『怒らないこと』で、怒らなくなった。これは本当だ。だが、それは読んだ直後のこと。自己啓発書によるドーピングといっしょで、時間が経つと効力が薄れてくる。あれほど楽になれたのに、「怒る自分」に戻ることがある。疲れていたり、空腹なとき、自分の中の「怒り」

れたのに、「怒る自分」に戻ることがある。疲れていたり、空腹なとき、自分の中の「怒り」がウォーミングアップを始める。そしてまた、そういう時に限って、怒りのボールが撃ちこまれる。『怒らないこと』での学びをキレイに忘れてしまい、湧き上がる怒りを止められない自分が怖くなる。

ではどうするか? かんたんだ、再読すればいい。手を変え品を変え、『怒らないこと』を繰り返し実践するのだ。

そんな怒らない「練習」を教本に仕立てたのが、同じ著者の『怒らない練習』(アルボムッレ・スマナサーラ/サンガ)だ。

スマナサーラは提案する、もう一度、怒りをよく観ろという。そして、怒りの本質は、じつは「恐怖」なのだと説く。人は何万年もの間、危険に囲まれた生活を送っていた。それは、「獲物を獲るか、獲物になるか」という人生で、命を守るために「危険である」=「怖い」という感情を育ててきた。これが現代になって、安全になったとしても、まだ脳が追いついていないというのだ。

そのため、自分が思っていたのと違う出来事に出会ったとき、「危険」=「怖い」から、怒りという感情が呼び覚まされることになる。スター・ウォーズのヨーダの格言に、こんなものがある。「怒り」について、ブッダとヨーダが響きあっているのがおもしろい。

Fear is the path to the dark side.
Fear leads to anger. Anger leads to hate.
Hate leads to suffering.

恐れはダークサイドにつながる。
恐れは怒りに、怒りは憎しみに、
憎しみは苦痛へつながる。

（ジャン＝クー・ヤーガ『ジェダイの哲学』学研プラス）

そして、「思っていたのと違う出来事」から「恐怖」を、ひいては「怒り」を引き出しているのは、ほかならぬ自分自身なのだ。このカラクリに気づいた瞬間、「怒り」は消える（本書では「怒りを観る」「怒りに気づく」という言い方をする）。

つまり、怒らない「練習」とは、怒るシミュレーションをおこない、怒りに気づきやすくなること。怒りがどのように連鎖するか、他人からどのように怒りをもらっているかを、本書でトレーニングするのだ。

さらに、怒りの物理的背景（空腹、睡眠不足、寒さ）に目を向けることで、どういうときに自分が怒りに対して無防備になっているかに自覚的になれという指摘は、目鱗だった（そして、まさにその状況で怒っていた記憶があった）。

怒りの種類やそれを引き起こすトリガーはいろいろある。どういうトリガーで怒っているかわかったら、その状況へ至らないように回避するパターンを身につける。これは、怒らない「型」なのだ。「型」を身につけることで、怒りを予防できる。これは、練習で可能だ。

なかでも、予防の一番は「笑い」。幸福だから笑うのではなく、笑って幸福になる。怒ったら対症療法的に接するのではなく、予防的に振る舞うことで、怒りのない人生を手に入れることができる。

「怒り」は人類共通の悩み

怒りから自由になるのは難しい。古今東西の賢者たちを見ていると、ひょっとすると「怒り」とは、人類である限り逃れられない悩みかもと思えてくる。

たとえば、セネカだ。ローマ帝国の哲学者として、暴君ネロの師匠として有名だが、どれほど怒りに苦しんでいたかは、著書『怒りについて』（セネカ／岩波書店）でよくわかる。怒りに満ちた人生から脱出するための技術が、これでもかと書いてある。セネカは、怒りをこう定義する。

＝怒りとは、不正に対して復讐することへの欲望である＝

つまり、自分が不正に害されたとし、その相手を罰することを欲する、いわゆる「報復の欲望」なのだという。これは、先に挙げた「法句経」の言い換えそのものだ。

そして、怒りとは「弱さの証明」だとも述べる。セネカは、怒りっぽい人を想像してみろと促し、老人か幼児か、さもなくば病人だという。およそ、ひ弱なものは怒りっぽいのだ。さらに観察してみよう。怒りっぽい奴はみな、おびえていることがわかる。これ、会社などの組織で観察しているとよくわかる。怒りっぽい人は、何か（納期や予算、人望や権限）が思いどおりにならない事態におびえている。そんな事態を拒絶し、自分を守るために怒るのだ。だから、怒りっぽい人は何におびえているのかを想像すると、御しやすいぞ。

おもしろいことに、「怒り」の本質についても、シャカとセネカが重なってくる。すなわち、怒りとは自分で毒を飲むようなことで、文字どおり身を滅ぼす感情だ。人間の本質は、時空を超えても変わらない。セネカが違うのは、怒りに身を任せた暴君が何をしたかを詳細に記したところ。淡々とした筆致で、エグい話をつづっている。

では、どうすれば怒りから自由になれるのか？

セネカは言う、まず「怒り」の感情を認めろと。サイアクなのは、自分が怒っていることを認めないことで、狂人が己の狂気を認めないのと同じだというのだ。「怒ってないよ！」

とアツく言いたくなったら、「酔ってないよ！」という酔っ払いを思い出そう。自分が怒るとき、どんな身体的反応が起きていたか、思い出してみるとなおよろし。

そして、怒りに対する最も有効な対処は、「遅延」だと断言する。ようするに、自分自身に「ちょっとマテ」というのだ。自分に対して不正がなされた、という最初の興奮は「怒り」ではないという。しかし、その後に続いて起きる衝動と、復讐へ突き進んでいく激動こそが怒りなのだ。だから、最初の興奮の後に続く、「これはひどい」という判断を猶予せよというのだ。

ここは、先ほどの「怒りを観ろ」という方法につながる。わたしよりもずっと賢いシャカとセネカが口をそろえて言うのだから、おそらくこれが最善手なのだろう。学問とダイエットに王道がないように、怒りを脱出するお手軽な方法もないのだ。

「怒り」を延期させる方法

怒りには時間が効く、ということはわかった。たしかに、感情的にワーッとなってもひと晩寝かしたら冷めることもあるし、怒っているときに下した判断は誤りやすい。ようするに「頭を冷やせ」だね。

では、どうすれば怒りを延期させることができるだろうか？

セネカは、怒りから「逃げろ」という。自分に罵声を浴びせ、自分を怒らせるような者から（物理的に）遠ざかることで満足せよというのだ。または、怒りという中に逃げ込もうとする自分を指摘する友人に頼めという。そして、「怒り」そのものから自分を引き離せと提案する。友人がいないなら、鏡を見ろという。怒りがどれほど内面だけでなく形相を変化させたかに気づけば、現実に戻ってこれるというのだ。

最も避けるべきは判断する前に怒ることで、怒りは未解決状態にとどめておくべきだという。「罰は延期されても科すことができるが、執行後に取り消すことはできない」は刺さる至言だ。感情的になった勢いで何度となく後悔するハメになる暴言を吐いた夜をたくさん思い出すから。

セネカの怒りの扱いは、スティーヴン・コヴィーの「刺激と反応」の図を思い出す。『7つの習慣』（スティーヴン・コヴィー／キングベアー出版）にある、刺激と反応のモデルだ。外部から受けた刺激（この場合は「怒り」を引き起こす不正）に対し反応する場合は、こうなる。

刺激⇓⇓⇓反応

刺激に対して反射的に反応している場合、「不正⇓怒り」のスパイラルから逃れられない。だがよく見てみよう、「刺激」と「反応」の間にスキマがあるんじゃないの？　この間（セネカは「遅延」と呼んだ）を置くことで、「怒り」の反応を吟味する自由が生まれてくる。言い換えると、時間的なスキマがあってはじめて、判断することができる。

刺激⇓　　⇓反応

もちろん「怒り」という選択を取るかもしれないが、少なくとも条件反射のように怒りまくることはなくなる。自らの価値観に沿った反応を選び取る自由が生まれるのだ。コヴィーは、これを「主体性」と定義した。

刺激⇓　【反応を選ぶ自由】⇓　反応

そして、主体性によって反応を選ぶ自由の中で「判断」が働くとき、「怒り」を選ばない、というのがセネカの主張だ。ポーズのための戦略的な怒りならいざ知らず、自ら毒を飲むようなことはしない。そして、鏡を見るとか、深呼吸する、その場から離れるといったスキマ＝「遅延」によって、「反応を選ぶ自由」を得ることができるのだ。

「私は何も間違ったことをしていない」という人のために

しかし、怒らせているのはあいつなのに、なぜ怒ってはいけないのか。

「私は何もしてない」「私は間違っていない」と強く思うときがある。怒りが今にも身体じゅうに広がろうとする瞬間だ。間違っていないのに、なぜガマンしてやらなければならないのだ。

セネカは、そんなときはこう考えろという。

だが、まさにそのとき、悪事と傲慢と頑固さを付加するという過ちを犯している

つまりこうだ、「間違っていない」という裏側には、「法を犯してなどいない」とか「正しいのは私だ」という気持ちが待っている。セネカはうそぶく、法に従うから善人だというなら、無辜とはなんと狭隘なことかと。法で律せられる範囲なんて狭いものよ、それよりも義務の原則——孝心、思いやり、寛容、公正、誠実のほうがどれほど広範囲を覆っているのだろうかと。そして、法はもとより、この義務の原則に従えというのだ。

セネカは、さらに気の利いた言い回しを使う。

だれもが自分の中に王の心を宿している。専横が自分に与えられるのを欲し、自分がこうむるのは欲しない。だから、われわれを怒りっぽくしているのは、無知か傲慢である

つまり、「わたしが正しい」からといって、それは怒る理由にはならない。「正しい」からといって、好き勝手できるわけじゃない。むしろ、「わたしが正しい」傲慢さを思い知れという。これは、最初に述べた「怒りの根っこには『わたしが正しい』という思いがある」と

同じだ。ブッダとセネカが重なっているところが、人の怒りの本質なのだろう。

読書で人生は変わる

読書で人生は変わる。わたしは、本を読むことで、怒りのない人生を手に入れた。

一〇〇%怒らないわけではない。だが、本を読んでいなかったら、もっと怒りに満ちあふれた毎日を送っていただろうし、その怒りが自らを焼き尽くし、自滅する行動を選んでいたことは十分にありうる。

人生を変える本と、どうやって出会うか?

わたしの「怒り」のばあい、「なんとかしたい」気持ちを抱えて書棚をうろつくことで、なんとかしてくれる本に呼ばれた。「怒らないために、どうすればいいか?」という質問の形にすることは重要だ。答えを得るためには、まず問わねばならないから。そして、読めばひとまず、怒りの本質に向き合える。

怒りの本質は恐怖であり、怒りには時間が効く。自分の怒りを「観る」ことで気づくことができるが、そのためには怒らない「練習」が必要だ。

手に入れた本は、いつでも傍らにある。だから、忘れたら再び開けばいい。「書棚のあそこにある」と意識するだけで、再読を促し、怒りについて自覚的に向き合える。完璧とはいかないし、不首尾なときもあるが、これらの本が棚にある限り、ずっと「怒らない自分」でいられると確信する。

物理的な本とは、そういう、再読の誘いを待っているのだ。

子どもに「死」と「セックス」を教える

子どもに伝えたいことは山ほどある。

たいていのものは、いっしょに生活していく中で教えていく。学校教育に任せるものもある。だが、学校に任せられないもののうちで、かんたんには教えられないものがある。そして、それこそが、生きていくうえで重要だったりする。そのテーマは、これだ。

・死ぬとは何か
・セックスとは何か

ほかのことや、より具体的な内容は、親からではなくほかのルート（メディア、周囲の人、学校、友人など）から教わるかもしれぬ。だが、この二つは生きていくうえでの原理原則なので、親直伝で教えてきた。

事実そのものはシンプルでも、伝わるのに時間をかける必要がある。さらに、わかってもらうためにくり返す必要がある。「死」や「セックス」がどういう内容なのかを伝えるのが目的ではない。それらが、自分の生きるうえで、どんな意味を持つようになるかを、考えてもらうことが重要なのだ。

そういうときは、本が役に立つ。最初に読み聞かせて渡した後、わたしがいなくても自分で読めるから。内容はシンプルだ。だが、自分がそれについて持つ意味は、時間をかけてくり返し読むことで、わかるようになる。

ここでは、わたしがどんな本を通じて死とセックスを教えてきたかを紹介する。

「性」を知る前に、「死」を理解しておく必要がある

「死んだらどうなるの？」なんて子どもから質問されたら、どうすればいい？

「セックスって何？」と問われたら、なんて答えればいい？

そんな人は、次に紹介する本を思い出そう。子どもに渡してもいいし、まだ読めないなら読み聞かせてあげればいい。質問される前に教えたいなら、これらの本を読んでおこう。「死ぬとは何か」「セックスとは何か」について、具体的に、自信をもって子どもに伝えることができる。

「子どもが自然と学ぶこと」とか「学校で性教育や命の教育をしている」という人がいる。

それは間違ってはいない。だが、学校で知る前に、どのように子どもが学ぶかはわからない。スマホの動画配信で「何これ?」から始まるインターネットからなのか、近所の友だちからキーワードと断片情報だけ教わってくるか。あるとき履歴を見てみたら、アレな言葉で検索しまくっているのに気づくか。

それでいいならいいけれど、世の中には、検索してはいけないものがある。「検索してはいけない言葉」で検索すると、まとめサイトがある。いきなり「検索してはいけないもの」に飛ぶ前に、それらがいったい何なのかを確認すれば、あらかじめ覚悟しておける。

実際に見てみるとわかるが、ネットにある「検索してはいけないもの」は、「死」と「セックス」をテーマにしている。言い換えるなら、異様な方向に振り切った「死」と「性」といっていい。もちろん見に行く必要はないけれど、少し想像していただければ、正しいことがわかるだろう。

いまの世の中、子どもが「自然に」学ぶのであれば、それはネットや友だちからになるだろう。「学校が」教えてくれるといっても、それは子どもが知りたいと思ったずっと後の話になる。そうなる前に、わたし自身の口から、わたしが納得する形で教えたい。わたしが伝えた後、ネットなり友だちから学べばいい。

これから紹介するのは、そんな本だ。言い換えるなら、「死とセックス」を子どもに伝える手段として、最もかなっている本が、これなのだ。これらの本を読んだおかげで、子どもに対し、「死とセックス」を自信をもって伝えることができたともいえる。読書は、わたしの人生だけでなく、子どもの人生をも変えているのだ。

ただし、順番がある。最初が「死ぬこと」で、その後に「セックス」について教える。これには理由がある。

最終目的は「子どもにどうやってセックスを教えるか?」なのだが、いきなり言っても伝わらない。セックスを教えるとなると生殖の話になるし、生殖の話をするなら「生命とは何か?」という話になるし、生命の話をするなら「死とは何か?」がセットになる。人は生きて、人は死ぬ。そして、その間に生殖することがセックスになる。

つまり、「性」について教えるなら、その前に「死」について理解しておく必要があるのだ。

「死とは何か」を教える『死を食べる』

では、「死とは何か」をどうやって教えるか? 死をテーマにした絵本はあるが、物語で描かれる死は、悲しみや喪失を前面に打ち出している。

もちろん、それで合っている。「死とは別れであり悲しむべきものである」は正しい。絵本を通じて、死に対してどのように反応するのが望まれるのかがわかる。だがそれは、死に対してどう向き合うかという態度の話にすぎない。死そのものは何かについては、書いていないか、「永遠のお別れ」のような曖昧なものになっている。このあたり、子どもは鋭敏で、「死ぬとどうなるの?」という質問をしてくるかもしれない。だから、ずばり「死とは何か」について、先に教えたい。

しかし、死とは何か、子どもがわかる形で伝えるのは難しい。なぜなら、子どもが目に触れる世界から、注意深く「死」が除かれているから。

メディアのニュース映像に「死体」が写らなくなってから久しい。ひどい交通事故でも、車の残骸（よくて染み）しか残らない。アニメで死ぬシーンは少ないし、あったとしても「光に包まれて消失する」や「だれかに見守られながら息を引き取る」だろう。

身近な「死」といえば、虫の死骸か、道端の轢死体で、あとは葬式ぐらい。子どもに死を教える最高の現場は葬式だが、そうめったにあるもんじゃない。だから、死を集めたもので、かつ、子どもが実感としてわかる形になっているものが必要になる。

その最適な一冊が、『死を食べる』（宮崎学／偕成社）だ。"写真絵本"とでもいうのだろうか。たとえば、表紙の魚は死んだばかり。ヤドカリが寄ってきて、これから食べようというところ。次の写真で、さらに集まってきて宴会が始まる。食べられる魚が骨となり皮となり、最後には跡形もなく消えてゆく。あるいは、車にはねられたキタキツネの死骸を真上から撮影する。以後、一定の時間をおいて、自動で撮った連続写真が並んでいる。冷たくなったキツネの体からダニが離れ、蝿が集り、蛆が湧く。肉食の昆虫（スズメバチとか）や動物もやってくる。腐臭の中の饗宴。音と臭いが凄いことになっているのが伝わってくる。食い尽くされた後は、土に還る。

こんな感じで、さまざまな生き物の死の直後から土に還るまでを定点観測している。仏教絵画の九相図を思い浮かべる方もいるかもしれない。美しい女性が死んだあと、その変わる様を描くことで、世の無常を伝えている。『死を食べる』は、その動物版だといっていい。

子どもは、食い入るように見るだろう。まず、めったにお目にかかれない映像だからだ。この時代、子どもの目から「死」だけでなく、「腐敗」も「蛆」も注意深く隠されているから。どのページどのページも、「死」で埋め尽くされている。おもしろいことに、死を食べる生物は、共通して、まず目玉→脳・内臓→筋肉・骨の順に食べている。あたりまえといえばあたりまえだが、傷みやすい（＝腐りやすい）ところから早めに食べるのは基本である。

そして、最後のページに行き着く。最後のページは、何かの腐乱した死体ではなく、おいしそうなお刺身が並んでいる。勘のいい子は、ここで気づくかもしれない。写真に写っているものは、死体であるだけでなく、食べものなんだ。本を見ているほうは、腐ってゆく肉や蛆虫などに「うへぇ」かもしれないが、食べるほうからすると、ご馳走になる。

つまり、「生きるとは、食べること」であり、「死ぬとは、食べられること」なのだ。人は、というより生物は、「食べる」を通して生きており、死ぬことで「食べられる」存在となる。もちろん日本の場合、人が死んだら焼かれて灰になる。だが、灰は拡散し、めぐりめぐって土に還る。それは、植物にとってのご馳走となる。

クジラから蛙まで、さまざまな死の変化を並べることで、「死とは、だれかに食べられる存在になる」そして「生とは、だれかの死を食べること」という結論に至る。これ、きちんと言葉で伝えなくてもいい。写真を順番に見ていくだけでわかる仕掛けになっている。

死こそが、いのちをつないでいる。これが最初。

「死とどう向かい合うか」を伝える二冊

「死とは何か」を目で見た後に伝えるのは、「死とどう向かい合うか」である。

生きているものは死ぬ――それがわかれば、まわりの人も友達も、親も、自分だって、死ぬことがわかる。それで？　そうした死について、どう接するのか？　あるいは、自分自身の死についてどう考えるのか？

この質問は、難しい。大人だって、明確に決められたり、覚悟できたりしていない。だから、「(周囲の人の死について) わたしはどうすればいい?」と質問してきた場合は、前例でもって答えよう。「子どもにとって身近な人の死」をテーマにした前例である。あるいは、質問が来る前に読み聞かせるのもいい。

ここでは二冊の絵本を紹介する。「死とどう向かい合うか」を伝えるのが目的なので、何らかの教訓が混ざっていたり、読み手に共感を求めるような作品は外した(そういうものは、後に山ほど出会えるから)。

一冊めは、『うさこちゃんの だいすきなおばあちゃん』(ディック・ブルーナ/福音館書店)だ。シンプルな絵柄とおなじみの愛らしいキャラクターはいかにも幼児向けだが、ブルーナはガチである。ミッフィーが大好きだったおばあちゃんが死んでしまう話。

本書がいい点は、できるだけ宗教色を削ぎ落としているところ。死別の悲哀を受け止めるため、宗教的な味付けやストーリー付けをすることはできる。実際、そのほうが作り手としては楽だろう。

だがブルーナはしない、ガチだから。「死」とは、単にソコにある(もしくはわたしたちの中に在る)もので、宗教でデコレートするものではない、というメッセージが伝わってくる。

さらにいいのは、「おばあちゃんはココロの中に生きている」だの「おばあちゃんは天国に逝った」といった、教え諭しがないところ。ミッフィーの行動を通じて、死との折り合いのつけかたを子どもに予習させることだってできたはずだ。

だがブルーナはしない、ガチだから。いつもの暖色で描き、ミッフィーは悲しみながらもおばあちゃんの死を受容する。「おばあちゃんの死」とは、別のなにかに紛らわせたり、ほかに置き換えたりすることはできないからだ。

本書は、シリーズの中に埋もれるようにしてある。生活が続き、死があり、また人生が続く。だから、これだけ読み聞かせても無意味である。シリーズのほかの作品を通して読みながら、そこに紛れ込ませるような形で読み聞かせるのがいい。"Life goes on"(そして人生は続いてゆく)は、このコトバを使わずに伝わるだろう。

二冊めは、定番中の定番『100万回生きたねこ』(佐野洋子/講談社)。大人が不注意に読むと涙が止まらなくなるかもしれない破壊力を持つ。取り扱いに注意すべき絵本。

100万回死んで100万回生きた、「りっぱなとらねこ」の物語。100万人の飼い主がかわいがり、100万人が死を悼んだ猫の話である。生き方がそれぞれあるように、死に方もそれぞれ。人は生きたように死ぬ。猫の生きざま・死にざまも同じ。

大人はいかようにに読んでもいい。「輪廻転生をくりかえした猫が愛別離苦により死ぬ」と仏教説話のように読んでもいいし、シニカルに「死者のかけがえのなさを定義するのは生者の涙」なんて読んでもいい。悪読みして「悼まれない死者の人生はないも同然」なんてひねくれるのもありだ。だが、子どもにはそのまま読み聞かせるのがいい。何かの感想を求めるのではなく、ただ淡々と読むだけで。一番大きく数多く描かれている「愛するものを喪う悲しさ」が伝わるだろうから。

ほかにも、死の教育（death education）をテーマにした絵本がいくつかある。たとえば『葉っぱのフレディ』（レオ・バスカーリア／童話屋）が有名だが、メタファーが飛びすぎて、わたしの子どもに届かなかったことを申し添えておく。あるいは、『わすれられないおくりもの』（スーザン・バーレイ／評論社）もよく目にするが、教訓臭が強いので、何度も読み聞かせるということはしなかった。お好みでお試しすると吉。

「生」と「死」の漢字から学ぶ

絵本ではなく、漢字からも学ぶことができる。

文部科学省の学習指導要領によると、「生」という漢字は小学一年生で学ぶ。「死」は小学三年生である。両者の漢字を知っているという前提で、次のようなクイズ※ができる。

＝

問：漢字はいろいろな「読み方」があるけれど、一番「読み方」が多い漢字は？

＝

※漢検「生」の読み方について

https://www.kanken.or.jp/kanken/trivia/category01/16020101.html

答：「生」という漢字。「生きる」とか「生まれる」から「生物」「一生」など、いろいろな読み方がある。一つの「生物」という熟語でも、「せいぶつ」「いきもの」「なまもの」と3通りにも読める。一説によると、100種類を超えるとのこと。

そして、たったひと通りの読み方しかできない漢字もある。普通二つ以上なのでめずらしいのだが、じつは「死」の読み方は一つだけ。

つまり、「生」とはいろいろな読み方ができるものである一方、「死」とはただ一つの読み方しかない。「生」はくっつく漢字や送り仮名によっていろいろなものに変わるけれど、「死」は何がどうくっつこうと変わらない。

そこにどんな意味を感じ取るかは人それぞれだけれど、事実としてはそうなんだ、ということを伝えるといいかも。「生きるとは何か？」「死ぬとはどういうことか？」に対するヒントが、「生」「死」という漢字そのものの読み方にあるんだ。

「セックスとは何か」を教える
～『ぼくどこからきたの？』

ここまで伝えたうえで、子どもにセックスを教える。

セックスについて子どもに伝える本はあるけれど、どちらかというとネガティブな面を強調しているものが多い。性感染症や望まれない妊娠といったリスクを回避するための「性教育」という要素が強いから、わからないでもない（そして財布を緩める親もそこを重視するだろう）。

しかし、それはセックスのリスクの話であって、セックスそのものではない。リスク回避の知識も必要だが、そもそも「セックスとは何か」について伝えたい。その後にリスクの話をするべきだろう。順番が違うんだ。

「セックスとは何か」を教える最適な一冊は、『ぼくどこからきたの？』（ピーター・メイル著、谷川俊太郎 訳／河出書房新社）だ。「ぼくどこからきたの？」すべての親が直面するこの問いに、ごまかしを一切せず、さし絵とわかりやすい説明で答えた一冊である。

男と女の違いから始まって、「セックスとは？」「赤ちゃんができるとは？」に真正面から答えている。親子で読めて、きちんと話し合える。生々しすぎる描写ではなく、かといって抽象的すぎでもない。『南仏プロヴァンスの12か月』（河出書房新社）のピーター・メイルの文を、谷川俊太郎が訳している。あるがままの、いのちのお話だ。

聞き手は小学校入学前くらいを想定しているから、長くない。メタファーや装飾をとっぱらうと、「性」はごくシンプルに伝えることができる。

そして、ひと通り読み聞かせた後に、性感染症の話を補足する。お風呂のとき、そこを綺麗に洗いなさいというのは、これが理由だったのか、と納得してもらう。

あとは質問コーナー。山ほど出てくる問いかけに、言葉を選び、わかりやすく伝える。

ただし、これが成り立つには信頼関係が必要だ。「死ぬとは何か」「生きるとは何か」を知っていて、両者が「食べること」でつながっていること。「だれかが死んだら悲しい」と思う人が必ずいること。命はかけがえのないものだということ。

そうしたメッセージが、『死を食べる』、ブルーナの絵本、『100万回生きたねこ』を通じて伝わっていることが前提だ。何よりも「あなた（＝子ども）」が大切なこと、「あなた」こそがかけがえのない存在であることを子どもに知ってもらうことが、信頼のベースとなる。

そうなってはじめて、「セックスとは何か」を自分の言葉で伝えることができる。保健体育の授業から、ネットやメディアから情報が入ってくる前に、生と性と死を伝えておく。

避けたいのは、セックスを冗談や卑猥なもので歪ませたメディアから伝えられること。遅かれ早かれ、子どもは「性」を知る。重要なのは、子どもがセックスを知ることではなく、その「知り方」なんだ。

子どもは理解しなくてもいい。読み聞かせる側が、わかりやすい言葉で伝えるだけでいい。生と性と死が、子どものどこかでつながっていればいいのだから。

子育てはマニュアルに頼れ

マニュアル世代？　上等だ。子育てこそマニュアルに頼るべし。確たる理由もなく、「昔からそうしてきた」とか、「伝統だから」なんて、どうでもいい。昔の子育ては、参考にはするが、鵜呑みにはしない。そのために、マニュアルを使え。

学生のころ、教科書だと心もとないから、参考書や問題集を買っただろ？　ノリはそれだ。学習参考書コーナーの代わりに、育児書コーナーに行くんだ。ただし、参考書がそうであるように、育児書にも合う・合わないがある。合わない本にムリヤリ合わせるよりも、自分に合ったものを選ぼう。ここでは、選ぶ参考として、わたしが使ってきたマニュアルを紹介しよう。

子育て本といっても、山ほどある。書店に行くとわかる。「育児関連」のコーナーは膨大で、それこそ誕生前から世代ごとにコーナーがあるくらい。当然、迷う。小説や映画なら自分の好みはわかるけれど、育児について何をどうやって選べばいいか、わからない。そんな人に向けてまとめた。

育児関連コーナーでやっちゃいけないのは、悩みに任せて買い込むこと。お財布の心配というよりも、たくさん買っても読んでる時間がない。だから、オススメを厳選した。

まずは、これらを図書館から借りてチラ見すべし。そのうえで、合いそうなら買って読めばいいし、合わなさそうならその本をベースにして好みの方向を選んでいく。図書館は、そのためにあるのだ。くれぐれも、基準なしで書店に行かないように。目移りして散在するのがオチだ（経験者は語る）。中高生のころ、テスト直前に本屋に行ったら、よく確認もせず参考書やら問題集を買い込んだが、ほとんどやりもせず「買った」ことに満足していた。それといっしょ。わたしと同じ轍を踏まないように。

わたしが厳選したものが、あなたにとってベストかどうかはわからない。だが、「この基準」「この目的」で選ぶとこうなる、という実例として参考になるに違いない。さらに、どのように見分けるか、やり方も含めて解説するので、あなたが選ぶときに役立つことを請け合おう。

子育ての目的は「子どもを大人にすること」

まずはゴールを合わせよう。何のために子どもを育てているか？　子育てに関係するもろもろの苦労は、いったい何を目的としてなされているのか？

「わが子を東大に！」「自分に自信を持つ」「幸せに生きる」「自律・自立できる子に」など、いろいろあるけれど、一つ抽象度を上げると、結局「子どもを大人にする」になる。

すると、単純に躾や学校教育だけでなく、一人でやっていくための生活スキル、困難な事象に対処するための問題解決のスキル、なによりも人を信頼してうまくやっていくコミュニケーションスキル、自分で稼ぎ、殖やし、使う経済的スキルといったものが出てくる。

重要なのは、そのすべてを親がやる必要がないこと。乳幼児のころは親が面倒を見るものが多いが、成長するにしたがって、地域社会や学校そのほかのコミュニティの中で育まれていく。

だから、迷ったときは「子どもを大人にする」というゴールを基準において考える。そのうえで、「自分にできることは何か？」「周囲に求めるものは何か？」という視点で判断する。そして、子育ての本を選ぶときは、「そうした判断の助けになるものか？」という目で見る。

良い育児書、悪い育児書を見分ける方法

じつは、育児書の良し悪しを見分ける方法はある。「子ども」の部分を、「あなた」もしくは「あなたのパートナー」に置換するのだ。納得感が得られれば、良い育児書。違和感を抱いたなら、悪い育児書。ここで言ってる「良い」「悪い」とは、「読んで使える」か否かという意味なのでご注意を（「ダメな本」という意味ではない）。

たとえば、感情的になっている子どもにどう接するかについて、次のガイドで確かめてみ

よう。「子ども」を「あなたのパートナー」に置換するんだ。

「子ども」が強い感情に突き動かされているときは、誰の言葉も耳に入らない。忠告も慰めも受け取ることができないのだ。「子ども」は、自分の中に起こっていること、いまこの瞬間に強烈に感じていることを、理解して欲しいだけなのだ。まず「子ども」の感情を丸ごと受け入れ、認めることが先決だ。

あるある！　と思って手にしたのが、『子どもの話にどんな返事をしてますか』（ハイム・G・ギノット／草思社）だ。三歳～一五歳ぐらいの子どもを想定している。話し方を変えることで、親も子どもも怒らずにすむようになる。「怒らずにすむ」というのは言い過ぎかもしれないが、「怒る」というより不満を伝える方法を変えるのだ。

「強い不満を噴出させる」ことは、子どもに激情をぶつけ、自分がスッキリすることではない。すべきこと／してはいけないことを、はっきりと思い知らせるために、伝える。そのため「正しく怒れ」という。正しく怒るためのルールはこうだ。

・主語は「私」に限定する。不満を口に出して言う。「私は怒っている」「私は不満に思っている」と表現する

・なぜ怒っているかの理由を説明する。すべきことをしなかったからなのか、してはいけないことをしたからなのかを伝える
・その際、子どもの人格や性格を攻撃してはならない（主語はあくまでも「私」）

たとえば、「あなたが弟を叩いたから怒っている。もうカンカンになっている。あなたが弟を傷つけるのは絶対に許せない」と伝える。

そして、正しい怒り方があるように、間違った怒り方もある。それは、すでに答えがわかっている質問をすることだ。ウソの上塗りを強要して子どもを追い詰めているだけになる。さらに、最高に間違った怒り方は「どうして……なの！」という怒り方だ。それは質問ではなく、「おまえは……なんだ！」と強烈なメッセージを送っている（決めつけている）。決めつけられた子どもがそいつを改めると思うかどうか、自分に当てはめてみるといい。


「どうしてオマエはいつもだらしがないんだ？」

↓オマエはだらしがない！

「どうしてオマエはいつも間違えてばかりいるんだ？」

↓オマエは間違えてばかりいる！

怒りだけではなく、「いいほめ方」も本書から学んだ。ほめる対象は子どもの努力や成果であって、性格や人格ではないのだ。これは叱り方もいっしょ。

つまりこうだ、家の掃除をした子どもに、子どもがいかに一生懸命働いたかとか、廊下がとてもきれいになったとほめるのはいい。しかし、その子に向かって「あなたはいい子ね」というのは、不適切だという。なぜなら、「いい子」には親としての評価が入っているから。「親のメガネ」から見て、良い、悪いを判断され、「親から見たいい子」を強要することになる。

さらに、「別に」「何も」対策が使える。これ、子どもだけではなく、パートナーにも応用できるから。学校から帰ってきた子どもへの声かけで、こんな感じ……

「学校はどうだった?」↓「別に……」

「今日は何をしたの?」↓「何も……」

んで、それ以上ツッコもうとすると、「うるさいなぁ、放っておいてよ!」と嫌がられる。うまくいっているか心配な親と、根掘り葉掘り聞かれるのがイヤな子どもとの典型的な会話だね。

子どもは疲れていたり、学校で起きたイヤなことを忘れようとしたりしている。そこへ畳みかけるように質問されたら、自分だってイヤでしょ？　働き疲れて帰ってきて、妻（夫）に、「お帰り、仕事はどうだった？」って訊かれたらどう感じるか想像してみるとわかる。

だからこの場合、「質問」ではなく「コメント」を伝える。自分が相手（子ども／妻／夫）を理解している「メッセージ」を伝えよというのだ。たとえば、こんな感じ。

「家に帰ってくるとホッとするよね」
「なんか大変な一日だったみたいだね」
「ずっと外にいると疲れるよね、おつかれさん」

このとき、子どもがどう反応するかは、自分自身に当てはめて想像してみる。妻（夫）からそうした「お疲れサマ」というメッセージを受け取ったら、自分ならどう返すだろうか。「別に……」でないことはたしかだろう。「うん……」とか「そうだね」だろうし、もし何か聞いてほしいことがあるのなら、そこから話しかけてくるだろう。

『子どもの話にどんな返事をしてますか』を読んで意識することで、子どもへの声のかけ方が変わってくる。まず、わたし自身が反応的になるのではなく、「子どもがしてほしい何か」を想定しながら話せるようになった。

子どもに幸せをどうやって教えるか
～『子どもへのまなざし』

子どもに対して「幸せに生きてほしい」と願わない親はいない。しかし、子どもに「幸せ」を教えているだろうか？　あらたまって語るものなのだろうか？　そもそも、自分自身で「幸せとは何か」について語れるだけの何かを持っているのだろうか？

一つの回答は、『子どもへのまなざし』（佐々木正美／福音館書店）にある。子どもを育てることの価値について語っている、ここだ。

幸せということは、物事に感謝できる。そういう喜びをもつということですが、まず自分自身が幸せでなければ、子どもを幸せにすることなんかできないのですね。幸福な人に育てられないで、子どもが幸福になるなんてことは、ありえないと思います。

子どもの心に、思いやりの気持ちはほうっておいても育つわけではないのです。これは、だれかがだれかを思いやっている姿を、日ごろから身近にたくさんみる必要があるのです。たとえば、親切な子に育ってほしいと思うなら、親切な人をたくさんみながら育たなければ

＝ ならない、そうしなければ子どもの心のなかに親切というものは育たないのです。 ＝

子どもは、親を見て学ぶ。「幸せ」を学ぶためには、まず親が幸せになっていないと、子どもには何が幸せなのかわからない。だから、まず親が「物事に感謝できる喜び」を持つ必要がある。「思いやり」を学ぶためには、親が思いやりを持って接する必要があるのだ。

ただ、そうはいっても大変だ。「物事に感謝できる」ためには、心のゆとりや安らぎが必要だ。難しいことだが、これで順番がわかった。子どもに何かを伝えるためには、最初に、自分なりパートナーがそんな心の持ちようになるよう、気を配る。次に、その気持ちを行動で示すのだ。

これがどれくらい実現できたか、わからない。しかし、何度も折に触れて本書を読み返し、「そういう心であるようにしよう」とはしてきた。わたしの子どもの心の中に「思いやり」というものを育てるのは、わたしであり、妻であるのだということを意識してきた。比べようがないけれど、我が家では、ちょっとしたことでも「ありがとう」という言葉が出てくる回数が多いと、わたしは思う。

『子どもへのまなざし』は、育児の具体的な方法について書いていない。それよりも、こうした心の持ち方・考え方について掘り下げて、わかりやすく話しかけてくる。本書は、最も繰り返し読んだ、親心のマニュアルである。

わたしの親心を育てたのは、この一冊といえる。子どもができれば出てくると言われる親心だが、自分の親心を育てるには水と肥料が必要だ。水が子どもであるなら、肥料は本にあたる。

比較対象は「昔のわが子」であり、ほかの子ではない

海外の優れた例と比較して、謎のマウンティングをしたがる人を「出羽守《でわのかみ》」と呼ぶ。

・転職の自由をアメリカと比較し、仕事を休む自由はドイツと比較する
・社会保障の充実はスウェーデンと比較し、バカンスの長さはフランスと比較する
・国内総生産は中国と比較して、国民総幸福はブータンと比較する

都合のいいデータだけ持ってきて、「だから日本は……」と主張する出羽守の愚かさは笑うしかない。だが、子育てで同じ愚を犯している自分に気づくと、愕然とする。近所やクラスの「デキる子」を持ってきて、「○○ちゃんを見習って……」と子どもに迫る馬鹿親になるときがある。

・「○○ちゃんのようにコツコツ書き取りをしないと」

・「スイミングスクールでは、△△さんを目標にがんばって」
・「□□さん、ボランティアで表彰されたんだって」

他人と比較して、子どものダメ出しを正当化する。否定により優位に立とうとする。出羽守といっしょである。わたしは心の中で、こう言い訳をする。

「それは、子どもの成長を期待しているから。このままではなく、将来の子のことを願って言うのだ」

『子どもへのまなざし』では、これを過剰期待だとし、子どもの自由な発達のさまたげになるとしている。

子どもにたいする過剰期待というのは、子どもの将来をより豊かなものにしてあげたいという、相手にたいする思いやりや愛情のつもりでいるかもしれません。しかし、これはとんでもなくて、子どもが感じている心理的意味は、拒否されていることなのです。なぜかというと、現状のあなたには満足していないんだということを、別の表現を使っているだけなのですからその結果、子どもは、自分の能力以上の期待に束縛され、がんじがらめになってしまう。なまじ、その子が「できる子」の場合、より悪いことになる。親の期待を次々と満たしていくうちに、親の思うとおりの子になっていくうちに、「自分がなにをしたいのか」わからなくなる。いわゆる「主体性のない」という性格は、こんな風にできあがるのかもしれぬ。

まず、自分の子どもを、そのまま承認する。「こうであってくれたら」「あれでなくてはいやだ」という条件付きの愛情ではなく、まるごと受け入れる。そして、子どもの成長を比較するのなら、その対象は「昔のわが子」になる。

親のいうことは聞かないが、親のすることはマネをする ～『子どもを追いつめるお母さんの口癖』

子育て本のあちこちで耳にする。子は親の鑑というが、これは真理。親の口ぐせ、習慣、お金の使い方……子どもは、ことごとくマネをする。恐ろしいほどに。一説にはマザー・テレサの言葉とも言われている、この箴言が効いてくる。

> 思考に気をつけなさい、それはいつか言葉になるから。
> 言葉に気をつけなさい、それはいつか行動になるから。

行動に気をつけなさい、それはいつか習慣になるから。
習慣に気をつけなさい、それはいつか性格になるから。
性格に気をつけなさい、それはいつか運命になるから。

「本を読みなさい」と声をかけるよりも、まず自分が楽しそうに本を読んでいることであり、「礼儀正しくしなさい」と注意するのではなく、まず自分が礼儀正しくする。あいさつをする、感謝の言葉を伝える、間違えたら素直に謝り・訂正する。つまり、「子どもにこうあってほしい」という理想があるのなら、それを自分自身が実践するんだ。

想像してほしい、自分はスマホでゲームをしていて、口では子どもに「勉強しなさい」と言ってるだけなら、子どもはどう見るだろう?

子育て本に、こんなアドバイスがある。

テレビの近くに百科事典や地図帳を置くといい。テレビを見て興味が湧いたものを調べるようになる

で、わたしもやってみた。テレビの傍に地球儀やら理科事典を置いてみた。

もうおわかりのとおり、何の効果もなかった。なぜなら、わたしが自分で調べなかったたか

ら。その代わりに、子どもの質問には、検索して答えていた。おかげでわが子は、検索結果の吟味が得意になった。

そして、これは「望ましくないこと」にも同様だ。わが子に対し、「こうあってほしくない」ことがあるのなら、それを実践しないこと。親がする「望ましくないこと」も容易にコピーするからね。

しかし、自分で「望ましくないこと」に気づくのは難しい。そんなときは、『子どもを追いつめるお母さんの口癖』(金盛浦子／青樹社)が役に立つ。自分が口にするときは、その言葉がどれほど酷いのか、気づきにくい。だが、書かれた言葉を見ると、それがどれだけ子どもにダメージを与えるか、よくわかる。同時に、その言葉が「望ましくない」自分自身を現わしていることも、よく見えてくる。


「みんな我慢してるんだから我慢しなさい」

「男の子はそんなことで泣かないの！」

「そんなことしたら、あんたのこと嫌いになるから」

「いい子だから勉強しなさい！」

「あんな友だちとは付き合っちゃダメ」

「言いたいことがあるならはっきり言いなさい！」

一点ご注意を。こうした言葉すべてが、いかなる時でも「望ましくない」と言っているのではない。こうした言葉を裏づける価値観が子どもに刷り込まれてほしいか否か、という目で見る。たとえば、「男子たるもの、めったなことで泣くものではない」という価値観を是をするなら、「男は泣くな!」というメッセージを伝えればいい。

親の口から出てくるこうした言葉は、積もり積もって子どもの価値観を形作る。自分の口から出る言葉を予習しておこう。

「なんでそんなことしたの?」ではなく「本当は、どうしたかったの?」〜『女の子が幸せになる子育て』

価値観は人それぞれだから、子どもにかける言葉も人それぞれ。わたしの価値観も、生きていく中で変わってゆくところもある。

しかし、ここだけは揺るがない点がある。「ぜったいにこの言葉は言うまい」と決めたセリフがある。もし言いたくなったのなら、別の言い方で代替するつもりでいたし、実際にそうしてきた。

それは、子どもが何か失敗をしたとき。「なんでそんなことをしたんだ!?」と言いたくなるときだ。その瞬間、子ども自身わかっている、自分が過ちをしたことに。そして、その過ちは、何かのよかれと思った動機か、あるいは単なる不注意によって引き起こされている。この時点で、子どもはもう後悔を始めているのだ。

「なぜ」という問いかけで始まっているが、「なんでそんなことをしたんだ⁉」という言葉には、強い非難が込められている。それだけでなく、「その説明責任はその子だけにある」という確信も含まれている。そんな姿勢で向き合うなら、子どもから出てくる言葉はすべて「いいわけ」「いいのがれ」に聞こえるだろう。その結果、子どもの説明に対し、「言い訳しない！」「嘘を吐くな！」なんて反応をしてしまうだろう。これを何度も繰り返すと、子どもは「何を言っても無駄」という絶望的な気分になり、ますます殻に閉じこもるか、委縮してしまうに違いない。

なぜなぜを繰り返していけば、子どもはすらすら理路整然と答えてゆき、真の原因や反省に到達できるだろうか？　そんなわけない。だから、そうなる代わりに、「本当は、どうしたかったの？」と尋ねるのだ。

そして、子どもの目から見た「本当にしたかったこと」をいっしょに考えていくことで、何かの肯定的な意図が隠されていたのか、単純なミスだったのかわかってくる。そして、「どういう気持ちだった？」「どうなればいいと思ってた？」と尋ねるのだ。

さらに、とにかく話をさえぎることなく、「どういうつもりでそれをやったのか」という子どもの意図をよく汲み取れという。そして、子どもの説明の中で「なるほど」と思ったところは、口に出して「なるほど」と言ってあげる。ひと通り聞いたうえで、子どもが意図したことと、実際に起こったことの違いについて、指摘するのだ。

これは『女の子が幸せになる子育て』（漆紫穂子／かんき出版）で知った。相手に評価を下すのではなく、自分の事情を話すコミュニケーションだ。主語は「わたし」で、「述語」は「〜と思う」で結び、客観的な事実と、自分の要望、さらに具体的な依頼、という形でもっていく。

応用だと、こんな言い換えができる。

「なんでいつも嘘ばかり吐いてるの？」

↓「あなたが本当のことを言わなかったので、わたしは悲しかった。親として信頼してもらいたいから。これからは、本当のことを言ってほしい」

「今日も塾をサボったな！　なんで塾に行けないんだ？」

↓「君が今日も塾に行かなかったと聞いて、心配している。親として必要な教育をちゃんと与えられているか確認しておきたいから、塾に行かない理由を教えてほしい」

この言葉は、男女関係なく、子育てだけでなく、あらゆるコミュニケーションで使える。

理由よりも意図に注目し、自分の気持ちで答えるのだ。言葉を変えることで、人は変わるのだ。それは、相手だけでなく、自分自身も含めて変えることができるのだ。

子どもが失敗したときなど、感情的になりがちな瞬間に、最も言うべき言葉「本当は、どうしたかったの?」が自然に出てくるようになったのは、まさに本書のおかげである。

生きるとは食べること

「生きるとは何か?」という問いを追いかけてゆくと、「生きるとは食べること」そして「死ぬとは食べられること」に行き着く。あらゆる生物は、ほかの生物の死を食べることで生きており、死ぬことで、ほかの生物の養分となる。生きることは食べることなのだ。

そして、「食べるとは何か?」という視点で世界を見渡すと、歴史や文化、科学が驚くほど興味深い側面を明らかにしてくれる。料理の歴史は人類の歴史でもあり、人は料理を通じて進化したこと。「おいしい」とは、舌で感じるだけでなく、過去の記憶や現在の環境も含めて脳で経験される感覚であること。そしてそれゆえ、アイデンティティやナショナリズムに深く結びついていること――が見えてくる。

ここでは、「食」という視点から世界を見直したい人に向けたお薦めを選んだ。いまから紹介する本を読んだあと、わたしは変わった。自分が食べるものに、より注意を払い、よく噛み、味わいの中に記憶を探るようになった。さらに、いま食べているものがどんなもので、どうやって加工されているか、考えるようになった。同時に、自分が料理をするとき、そのプロセスが食材にどのような物理的・化学的変化を及ぼし、それが栄養や味わいにどんな影響を及ぼすのか、より意識的になった。

いままで漫然としていた「食べる」という行為を、より真剣にするようになったのだ。生きることは食べることだから、より真剣に生きるようになったともいえる。世界の見え方を変えるとともに、基本的な生きる行為まで変えてしまったのだ。

ヒトは料理で進化した　～『火の賜物』

『火の賜物』（リチャード・ランガム／NTT出版）の結論は、「ヒトは料理で進化した」である。「ヒトを人たらしめているのは料理だ」と主張する。ヒトは料理した食物に生物学的に適応したというエビデンスを、これでもかと積み上げる。体のサイズのわりに小さい歯や顎、コンパクトな消化器官、生理機能、生態、結婚という慣習は、「料理」によって条件づけられてきたというのだ。

なぜか？

種明かしの前に、イギリスBBCのドキュメンタリー番組でおこなわれた、ある実験を紹介する。意外な結果が得られたのだが、「料理」の本質がわかれば、納得できるに違いない。

実験名は「イヴォ・ダイエット」。重症高血圧の志願者が一二日間、動物園のテントの仕切りで類人猿に近い生活を送る実験で、あらゆるものをほとんど生で食べるというもの。「イヴォ」とは、この食生活により進化（evolve）したからという意味だという。

食べたものは、ピーマン、メロン、キュウリ、トマト、ニンジン、ブロッコリー、ナツメヤシ、クルミ、バナナなど五〇種を超える果物や野菜、木の実。二週目から魚を料理したものが加わったが、ほかはほとんど生で食べたという。栄養学者が立ち会い、毎日の摂取カロリーが女性で二〇〇〇、男性で二三〇〇キロカロリーと充分になるよう調整している。

実験の目的は健康の改善であり、全員成功した。コレステロール値は下がり、平均血圧は標準に落ち着いた。しかし、一つ予想外のことが起きた。参加者の体重が大幅に減ってしまったのだ。これはなぜだろう？

ここに、料理の本質が隠されている。英語の"cook"、仏語の"cuisine"は、本来「火を通したもの」という意味を持つ。また、日本語の「板前」は、まな板の前、すなわち料理とは「切る」につながる。すなわち、料理の本質は、切って火を通すことにある。

では、何のために切って火を通すのか？　もちろん見栄えの華もあるが、食べやすくするため、おいしく食べられるようにするためだ。食材をあらかじめ切ることで口や歯に合うサイズにし、火を通すことで軟らかく消化しやすくする。つまり、人のコンパクトな消化器官で栄養を吸収できるよう、消化プロセスを外部化する技術こそが、料理なのだ。

だから、「イヴォ・ダイエット」の体重減の理由は答えはこうだ。火が通っていない食物を消化するために必要以上にカロリーを消費していたからであり、さらに食材から得られるカロリーが予想よりも実質的に少なかったからである。

著者は指摘する。ヒトの小さな口、歯、消化器官は、料理した食物の軟らかさ、食物繊維の少なさ、消化しやすさにうまく適応している。コンパクトなことで、繊維の多い食物を大量に消化する代謝コストを払わなくてすむ。軟らかく高密度の食物を噛むのに大きな口や歯は必要ないし、料理したものを食べるのに適した弱い咀嚼力を生むには、小さな顎の筋肉があれば足りる。料理を始めた者たちは、エネルギーを効率的に得て、生物学的に優位に立った――これが著者の力点になる。

そこから、おもしろい考察を進める。体重あたりの代謝率は、ヒトもほかの霊長類も変わらない。料理とそれに適応した器官により、効果的にエネルギーを吸収するしくみがあるにもかかわらず、基礎代謝率が同じ。では、余分に取っているエネルギーはどこへ行ったのか――脳が消費しているのではと仮説を立てる。

そして、小さい胃腸を持つことで節約できるカロリーを計算し、それが大きな脳に求められる追加のカロリー量とほとんど一致していることを示す。つまり、エネルギーは、脳と胃腸でトレードオフしてたんやね。

著者はさらに、料理は男女の役割分担をうながし、結婚形態や社会構造を条件づけたと論じる。そして、「男は外・女は内」は、料理を中心とした進化史上のもの……という、物議を醸しそうな方向へ進んでいく。自然にそうした現象が見られるからといって、それが「正しい」とはまた別の議論になるが、料理から人を定義する視点は大変興味深い。「ヒトは料理で進化した」……これが腑に落ちるとき、目から鱗だけでなく、わたしの身体そのものを強烈にゆさぶられる。歯や顎、「食べる」という行為そのもの、体の奥でうごめく胃や腸を、まざまざと意識させられるだろう。同時に、所与のものと思っていた社会制度や文化は、「料理」の視点からガラッと新しく見えてくるだろう。

人は脳で食べている　～『味わいの認知科学』

「おいしいとは何か?」を考えるとき、テリー・ギリアム監督の『未来世紀ブラジル』を思い出す。美しいディストピアを描いた映画で、レストランの場面が印象的だ。客はメニューから選ぶのだが、必ず「番号」で注文しなければならない。メニューには肉やサラダの画像が並んでいるにもかかわらず、料理の名前は書いていない。決して「ステーキをください」なんて言ってはいけない。なぜなら、「ステーキ」なんてものはもはや存在しておらず、「合成した何か」だから。客は番号で注文し、「合成した何か」を口に入れ、「おいしい!」と叫ぶ行為を楽しむ。栄養? サプリでも齧っておけ。この未来では、食事は過去の遺物であり、料理を名前で呼ぶことはタブーなのだ。

料理や食材について、さまざまなキャッチフレーズや能書きが踊っているのを見ると、わたしたちは「おいしいもの」を食べたいというより、むしろ「おいしいと思いたいもの」を食べたいのではないか、と思えてくる。しかし、味覚や嗅覚のほかに、「おいしいと思いたいもの」を満たすようなものがあるのだろうか？

驚くことに、答えはYESである。『味わいの認知科学』（日下部裕子、和田有史／勁草書房）を読むと、納得できる。

味わいとは何か、「おいしい」とはどういう現象なのか？　この疑問に、科学から迫ったのが本書になる。何をもって「おいしい」とするかは文化や地域によって異なり、その味わいはヒトの遺伝的特性や身体構造、個人的経験、文化的背景にも左右されることがわかる。

本書では、分子生物学、口腔生理学、情報工学、認知心理学、物性物理学などさまざまな知見を集めながら、人が「おいしい」と感じているときに何が起きているかを説明する。「おいしい」は、単純に味や匂いや食感に還元できるものではないという。普遍的な美が存在しないように、普遍的な「おいしい」も存在しないのだ。

たとえば、おいしいは、「におい」によって変わる。デザートに、バニラエッセンスの香りを足すと、実際に含まれている甘味以上の甘さを感じる。これは、バニラそのものに甘味があるのではなく、過去に食べたアイスクリームなどの記憶が主観的な甘さを想起させている。減塩食品に醤油のにおいを添加し、（主観的）塩味を付与した商品も同じである。つまり、文化や食生活による学習によって「おいしい」が左右される。

また、おいしいは、「色」によって変わる。同一の白ワインに、黄色や赤、ピンクなど色を付けてテイスティングすると、熟練者であればあるほど、ピンク色のワインを最も甘いと感じる。これは、「ピンクのロゼは一般に甘い」という知識を反映している可能性がある。また、食材の色として青は一般的ではないため、文化や地域を問わず、青色の食べ物はおいしそうに見えないというレポートもある。

あるいは、おいしいは、「いっしょに食べる人」によって変わる。その人の態度や、食卓の雰囲気によっても変わる。これは子どもの好き嫌いをなくす裏技としても有名だ。ニンジン嫌いな子は、ニンジンが好きな子といっしょに食事をすると、ニンジンが好きになるというやつ。ヒトは、他人が食べているものが気になって仕方がない傾向をもつ。ラーメン屋の行列や、口コミ情報をチェックする心理は、ここにある。

ひとくちに「味わい」といっても、さまざまな感覚から成立する。人は五感すべてを使って食べている。甘味、塩味、酸味、苦味、うま味といった舌や鼻で感じる「化学的な」おいしさを風味とするならば、硬柔・温冷、なめらかさ、のどごし歯触り舌ざわりといった唇、口腔内、喉頭、歯などで感じる「物理的な」おいしさが、テクスチャーになる。これに、料理の見た目、色や形などの視覚と、パリパリやシャキシャキなどの聴覚が加わる。

さらに、その時の気分や体調や雰囲気、いっしょに食べる人、食べ物のパッケージや産地や能書きといった情報から得られるイメージ、そして、そこから喚起される記憶や、過去に似たものを食べてきた経験とあいまって、「おいしい」は感得させられる。つまり、人は脳と身体全部を使って「おいしい」を経験しているのだ。

紅茶に浸したマドレーヌが昔を思い出させるプルーストの話は有名だが、同じ効果が、わたしの感覚にも生じていると考えると、おもしろい。これを読むと、次に「おいしい」と感じるとき、「そのおいしさはどこからきたのか?」と、より味わいながら食べるようになるだろう。

料理の常識を変える ～『料理と科学のおいしい出会い』

「おいしい」と実感する背後には、そのとき受けている感覚だけでなく、そこに至るまでに刷り込まれてきた記憶が存在する。つまり、現在の感覚と、過去の記憶のセットで「おいしい」ができあがっている。

では、両者をずらしたなら、何が起きるのか?

そもそも、感覚と記憶をずらすなんてことは、可能なのだろうか?

科学技術が、それを可能にする。『料理と科学のおいしい出会い』(石川伸一／化学同人)は、「分子調理」と呼ばれる最新技術を中心に、科学の視点から「おいしい」の本質に迫る。

「分子調理」とは、物理・化学・生物、そして工学の知識を調理プロセスに取り込み、新しい料理を創造する試みだ。料理といえば「切る」「火を通す」「味を付ける」という常識に凝り固まったわたしからすると、まったく新しい世界に見える。かつて、「新しいご馳走の発見は、人類の幸福にとって新しい天体の発見以上のものだ」と言った美食家がいたが、これは天体どころか、星雲レベルになるかもしれぬ。

たとえば、食材の「相」を変えるという発想が紹介される。氷・水・水蒸気に代表される、固体・液体・気体の相のことだ。通常なら、加熱などにより相転移する前に、化学反応によって違う分子になることが多い。しかし、食材の分子はそのままに、相だけを変化させる試みがある。スパークリングワインをゲル化してジュレにした「食べるワイン」、コーヒーやチョコレートの成分をエアゾルにした「吸うチョコレート」などである。グリーンピースやハーブを「泡」にすることもできる。それらは「食べる」というのは相応しいのか、わからなくなる。

食品成分を「つなぎあわせる」酵素の話もおもしろい。酵素といえば、油脂やタンパク質を「分解する」ものと思っていたが、逆もあるのだ。特に、トランスグルタミナーゼが凄い。タンパク質を共有結合させる酵素で、最近の麺の「プリッ」とした食感や、ソーセージの「バキッ」とした弾力性はこのおかげ。

もっと凄いのは、バラバラの肉片にこの酵素をまぶして、ひと晩ラップに包んでおくと、あら不思議、翌朝には立派なステーキ肉になるという。「麺の再発明」ともいわれる、エビが九九％入ったパスタが驚異的なり。酵素のおかげでいわゆる「つなぎ」が不要になるから、こんな魔法のような物性が可能になる。

調理技術の進展もすごい。ヘルシオが発売されたとき、「水で焼く」発想に驚いたが、今度は「空気で焼く」調理機である。七〇〇〇気圧の高圧をかけて、食品を構成する分子を密の状態に押し込むことで、食材の色・香り・栄養素をそのままに「圧を通す」調理法は、科学なのか魔法なのか区別がつかない。

「料理とは火を通すもの」という固定観念を破壊されたのは、「アンチ鉄板焼(anti-griddle)」だ。マイナス三五度に冷やされた鉄板で、中身トロトロ外側カリカリに仕上げられたチョコレートやホイップクリームは、食わずに死ねるかレベルらしい。

今まで食べてきた「おいしい」記憶からすると、味と匂いに還元できない経験を、分子調理は提供することができる。料理の常識が、科学で更新されていくさまを見ていると、なにをもって「おいしい」としているのか再考させられる。

「おいしい」はだませる　～『食品偽装の歴史』

「おいしい」が感覚と記憶による経験であることはわかった。ということは、感覚をだまし、記憶を改変させれば「おいしい」は作れる。そして、興味本位で覗いてみた『食品偽装の歴史』（ビー・ウィルソン／白水社）は、これまたとんでもない闇であった。

本書は、古今東西の食品偽装をたどったもの。おいしいワインのためなら鉛中毒も辞さない古代ローマ人から始まって、目方をごまかした中世のパン屋がたどった運命が酷い（灼熱したオーブンに放り込まれた）。産業革命より以後が悪質で、虫・痰・糞だけでなく、化学物質を安易に使った「毒」と呼んでもいい混ぜ物がなされていた。間違いなく食欲がなくなるレポートもあるので、読むタイミングに気をつけて。

食の黒歴史なだけでなく、さまざまな読み方ができて興味深い。儲かるためなら他人の健康を損ねてもいいという、悪意の文化史として読める。だまそうとする業者と、だまされまいとする消費者の歴史は、そのまま錬金術から科学史になる。「鼠肉バーガー」「人間ラード」の都市伝説を追いかけると、業者へのやっかみと搾取の実態が透けて見える。大量消費をまかなう大量生産の産業史として捉えると、延びきったサプライチェーンの問題が浮かぶ。見かけと味をよくするためのテクノロジーの発達と、反発する消費者の歴史として読むと、「健康のためなら死んでもいい」精神が今でも息づいていることがわかる。食品のパッケージングとブランドの変遷として見るなら、文化とグローバリゼーションの摩擦の歴史と読める。

「おいしい」をだます歴史は、さまざまな切り口を持っている。

たとえば、添加物。「混ぜ物」の概念の変化に着目すると、混ぜ物は必ずしも悪にならないことに気づく。一八五〇年代には、塩はバターの「混ぜ物」とされていた（バターが腐りかけているのをごまかすため）。だが、今では塩の入ったバターは、欺瞞の意図なしに普通に売られている。今ではビールに不可欠のホップだが、英国ではじめて導入されたときには、不純物として、強い疑念をもって見られていた。

逆もまたしかり。かつて無害なものとされていたが、「混ぜ物」として再定義された成分もある。サッカリンや食品着色剤、トランス脂肪酸などがそうだ。粗悪なワインを上質なものに見せかけるため、卵、ミョウバン、ゴム、鉛などが入れられた。中でも鉛は、本当に美味になったので、「鋼の錬金術師」ならぬ「鉛の錬金術師」はいたのかもしれない（もちろん人体には毒だけど）。

食品偽装に手を染めるのは、供給側がすべて悪いのではなく、イミテーションを求める消費者にも原因の一端がある、と著者は主張する。戦争による物資不足を代用食で耐え忍んだという話だけでなく、安さや見栄え、味の安定性を求めるあまり、本来とはかけ離れた製品を選んできた結果が、現在なのだという。たとえば、白いパンを求める消費者のため、ミョウバンを混ぜたパンが出回るのは、パン屋のせいだけではないというのだ。安さを求めるあまり、粗悪な食が「普通」になってしまったとの恨み節は、英国の食事情を垣間見るようだ。

マーガリンはバターの代用品として供されてきたが、本来の価値を隠して、バターより「少し安い」値段で売っていると指摘する。米国のマーガリン憎悪の歴史を読んでいくうち、偽物を本物にするのはまさしく消費者なのだということがわかる。消費者は、「わかって」

買っているのだ。これは、今なら牛乳と「低脂肪乳」になる。牛乳のパッケージで牛乳と並べて売っているから気づきにくいが、両者について非を言い立てる人がいないまま、受け入れられていくのかもしれない。

食品偽装は、経済によって動機づけられ、政治と科学によって決定される。かつての「詐欺行為」は、「自由貿易」とか「グローバリゼーション」といった抽象的な言葉に覆われ、拡散してしまっているが、本質はぜんぜん変わらない。食品偽装の歴史は、現代社会の歴史でもある。

著者は、「自分の舌を信じて、賢く選びなさい」というメッセージを送ってくるが、「おいしい」の欺瞞の歴史は続く。これを読むと、自分が感じる「おいしい」がどこから来たのか、より注意深くなった。だまされていると疑い深くなるというより、むしろ、どこが欺瞞であり、どこを「おいしい」と感じてほしくてその食品が作られているかを考えるようになった。

真剣に食べる＝真剣に生きる

本を読むと、食べ方が変わる。わたしは、より真剣に食べるようになった。

目に入ってくる料理がどんな様子で、その匂いが何に似ており、何を思い出すか、記憶をまさぐる。切ったり割ったりするとき、箸やフォークから伝わってくる指先への感触を確かめる。よりたくさん噛みしめ、舌でまさぐり、上あごや頬の内もぜんぶ使って、口の中の変化に集中する。使われている調味料や「混ぜ物」を舌先で確かめ、自分の身体に何を引き起こすか、想像する。のどを通り抜けるとき、鼻から抜ける息の香りに自覚的になる。同時に、自分の中で生じている動悸や発汗に耳を澄ます。

一番敏感になったのは、やはり塩と脂である。見た目と香りからくる予想と、身体へのインパクトがピタッと一致するとき、「毛穴が開く」ほどの感動がある。ラーメンなんてまさにそうで、おいしいことはわかっていて、その「わかりみ」を意識して食べることで、涙が出るほどどうまいと感じる。

いっぽうで、料理をつくるときも、より「おいしさ」に意図的になった。なぜ食材を切るのか？　食べやすくするため。でも、この新じゃがは頬張ったほうが「ほっくり感」を伝えられるのなら、大きめに切る。どうして塩が最後か？　ダイレクトに感じたほうが、より少ない量で塩味が効く（結果、相対的にほかの味が引き立つ）など、「おいしい」の再現を考えると、料理のプロセスの後ろ側にある科学を意識するようになった。

さらに、食品の欺瞞にも注意を払うようになった。コンビニ弁当にある卵黄モドキは、卵黄「でない」からこそ安全であり、卵黄そっくりであるからこそ「おいしい」外見をまとっていることがわかるようになった。これはわたしだけかもしれないが、ここ一〇年来、肉類の「水分」が増えているように見える。ドリップとかいうレベルではなく、精肉後、肉そのものに水分を含ませている気がする。わたしの思い過ごしか、欺瞞なのか、そのうち明らかになるかもしれない。

本から得られたことを実践することで、よりよく「食べる」ようになったといえる。食べることは生きることだから、より真剣に生きるようになったともいえる。

読書は人生を変える。「食べる」という行為において、少なくともわたしの中で、このように変わったのである。

「正しい死に方」を考える※

生きているものは死ぬ。これは確定している。一方、頑張りと工夫と諦めによって、自分の人生をよりよいものに変えることはできる。つまり、死ぬことは決まっているが、そこまでどのように生きるかは、まだ決まっていない。死は避けられないが、生き方を選べるように、死に方も選べる。もちろん運の要素もあるし、一〇〇%望んだ死に方ができるかどうかは、わからない。だが、必ずしも望んだとおりにならないのは、生き方だって同じだ。

仕事や生活、ひいては人生の質（Quality of Life）を上げる工夫を「ライフハッキング（Life Hacking）」という。同様に、死の質（Quality of Death）を上げる工夫を「デスハッキング（Death Hacking）」と呼ぼう。ここでは、現代における死について考える縁となる本を紹介しつつ、デスハッキングのアイデアを検討する。

ただし、ご注意いただきたいのは、検討の対象は、あくまでも「わたしの死」であること。

※ tayorini「『スゴ本』中の人が選ぶ、「正しい死に方とは何か?」を考える4冊」（寄稿記事）より加筆
https://kaigo.homes.co.jp/tayorini/column/sugohon/

わたしが、自分の死について考えたことであり、それがそのまま読み手である「あなた」に当てはまるとは限らない。一般化できる点もあれば、わたし個人に留まるものもあるだろう。それは、生き方についての話と同じだ。

ピンピンコロリ＝「良い死」？

まず「良い死に方」について考えてみよう。

歳を重ねても達者でピンピンしていたが、ある日、あっという間もなくコロリと死んでしまう、いわゆる「ピンピンコロリ（ＰＰＫ）」という表現がある。「ぽっくり逝く」という言葉で、一種の理想のように扱われている。これは、良い死に方だろうか？

この、人生のあっという間感は、在原業平がうまく歌にしている。古今和歌集のこれだ。

＝ つひにゆく道とはかねて聞きしかど昨日今日とは思はざりしを ＝

だれもが最期に通る道と聞いてはいたけれど、まさか自分にとって昨日今日だったとは思いもしなかったよ、と嘆く。病を得て気弱になっている様子を詠んだ歌だが、ＰＰＫだと、悠長に歌を詠む時間すらない。

元気な高齢者がいきなり死ぬといったら、代表的な原因は心筋梗塞や脳出血、脳血栓などだろう。気づいたときにはクリティカルな状況で、手遅れだったというやつ。というより、だれにも気づかれず……という言い方が適切か。要するに、突然死である。

突然死の場合、家族や親しい人とお別れの挨拶をしたり、死に水を取ってもらう時間はない。身のまわりの整理をしたり、あらかじめ伝えておきたいメッセージをだれかに残したりするのも難しい。もちろん、辞世の句を詠んでるヒマなんてない。一人暮らしで突然死なら、孤独死になる。だれかに見つけてもらうまで、そのままの状態になる。

さらに、犯罪を疑って警察が介入するかもしれない。死ぬほうにとってみれば「えっもう終わり!?」と思う時間すらなく、死なれる側にとってみれば悔いが残る死に方だろう。

わたしは「後悔しないように生きる」ことを理想としているので、「後悔しないように死ぬ」ことも目指したい。お別れの前に、お世話になった人に「ありがとう」と伝えたい。そして、できれば自分の人生がどんなものだったかを、家族や友人に伝える猶予が欲しい。そんな猶予もなく、言葉もなく、突然、人生が断ち切られるように終わるのは、少なくともわたしにとって「良い死」ではない。

「良い死」「悪い死」とは　～『現代の死に方』

では、そもそも「良い死」とか「悪い死」といった、死に方に良し悪しはあるのだろうか？『現代の死に方』（シェイマス・オウマハニー／国書刊行会）によると、その答えは「ある」になる。

上々の人生を送ってきたのに最悪の死に方をする人もいるし、悲惨な人生だったが最期は安らかだったという人もいる。総合病院の医者である著者は、さまざまな死を扱っているうちに、「死に方を助言することは、生き方を助言するくらい難しい」という結論に達した。

にもかかわらず、著者が本書を著したのは理由がある。現代は「悪い死に方」があまりにも多いのだ。本書は、法のもとに医者が死を管理する「死の医療化」が、自律的で安らかな「良い死」を阻害している実態を、まざまざと見せつけてくれる。現代において「どんなふうに死にたいか」と「どんなふうに死ねるか」は、まったく別の問題なのだ。

たとえば、長い慢性病の末に死ぬケース。病によって知力と意思疎通の能力が失われ、食事、着替え、トイレといった日常動作さえ介助が必要になることもある。食べる、飲むという楽しみは、遠い記憶となっている。最後まで自宅で過ごせる可能性は低く、ホスピスに入れる可能性はさらに低い。そうして長い衰弱の後に、死は突然訪れる。処置室では知らない人間に囲まれ、鎮静剤を与えられて苦痛はなく、意識もなく、家族や友人に別れを告げる機会もないかもしれない。おそらく、著者が見てきたこのような死に方が、いまの「現実的な死に方」なのだろう。

著者は「安楽死」や「尊厳死」はアテにならないという。死にかかっている人はあまりに疲れ、消耗しており、「尊厳死」するほど「崇高」ではないそうだ。それどころか、極めて強い生存本能によって、元気なうちは生きる価値がないと思っていた人生に、しがみつく可能性がある。

そして医者は、自律的で安らかな「良い死」の処方箋を書くとは限らない。家族から「できるだけのことをしてください」と言われたら、医者である立場上、そうしないわけにはいかない。「できるだけのこと」を尽くすほど、「良い死」から離れていくことになる。

家族や周囲の人たちは、死にゆく人を「がんばれ」「(まだ)大丈夫」と励ます。嘘をつくのは、希望を失わせない善意からだ。死が近い人間は、芝居じみた虚偽の世界に住むことになる。その結果、「希望を失わせない」アリバイづくりのために無益な医療が押しつけられ、しなくてもいい苦痛を味わい、惨めな思いをしながら死んでいく。

医者は、自分に対してやってほしくない医療を、患者に対しておこなっている

本書では、医者である著者がお薦めの死に方を提案している。紹介されているのは、二〇〇三年にアメリカのジョンズ・ホプキンズ大学が医療関係者に対して実施した「自分自身がどのような終末医療を希望するか?」というアンケート結果だ。内容は下記のとおり。

・ほぼ全員が、終末期医療についての事前指示書を所持
・大多数の医者は、心肺蘇生、大手術、胃ろうを希望しなかった
・全員が鎮痛薬、麻酔薬を希望

わたしが死ぬのは一回だけのつもりなので、これらのデスハッキングを何度も試すことはできない。だが、数多くの死に立ち会ってきた医者たちが望む死に方だと考えると、説得力がある。

そして大変興味深いことに、「良い死」として医者が薦める死に方は、当の医者が患者に施している方法とまったく異なる。すなわち、医者は、自分に対してやってほしくない医療

を、患者に対しておこなっているのである。

著者は、自分に対してやってほしくない医療として「胃ろう」を取り上げる。手間と時間とお金（労働力）をかけ、高齢者にひと口ずつ食べさせるよりも、胃までチューブを通し、直接栄養分を流し込むほうがずっと楽だ。だが、著者は終末期患者への胃ろうに反対を唱える。

胃ろうは衰弱した終末期の高齢者の食事問題の解決に魅力的に見えるが、誤嚥性肺炎、下痢、チューブからの漏れ、感染症などの慢性的問題のほかにも、方法そのものの危険が大きい。さらに重要な点は、食べるという人間のごく普通の行為を医療介入に任せ、その単純な楽しみを患者から奪ってしまうことだ

そして、胃ろうは、患者のためというよりも、むしろ家族と医者の感情的&経済的な問題を解決するためだという結論をぶっちゃける。医者の本来の仕事は病気の治療だ。しかし、死をタブー化して社会から隠そうとした結果、人生の扱いにくく解決不能なごたごたが医者に押しつけられているのが現実である。著者はアイルランドの医者だが、同じ微妙な事情は日本でも同じだろう。

「寝たきり老人」が日本にはいて、欧米にはいない理由
～『欧米に寝たきり老人はいない』

欧米と日本の「死に方事情」を比較したのが『欧米に寝たきり老人はいない』（宮本顕二、宮本礼子／中央公論新社）だ。タイトルの「欧米に寝たきり老人はいない」理由はかんたんで、「寝たきりになる前に、延命治療を拒否して死ぬから」だ。しかし「延命治療を拒否する」ことが一般的になった経緯は、単純ではない。

本書によると、数十年前までは、欧米でも日本と同様、終末期の高齢者に対し濃厚医療を施すのが普通だった。医者は「できるだけ生かす」ことに注力し、死にゆく人が何を望んでいるかは二の次だった。しかし、この「無理やり生かすやり方」が倫理的でないという考えが広まり、終末期は「食べるだけ・飲めるだけ」で看取られるのが社会常識になったという。金の切れ目が命の切れ目、高齢化社会に伴う医療費の増加が、配分の見直しを促したことも考えられる。しかし、こういった考え方が欧米では広まっても日本では広まらない理由は、単に「宗教観や人生観が違うから」というわけではないらしい。

著者の宮本夫妻は、まさにこの問題に直面している医者だ。「yomiDr.」でのブログ連載「今こそ考えよう　高齢者の終末期医療」※をベースとした本書は、単なる欧米礼讃・日本

批判に閉じない。日本の医療システムが終末期医療の現状を問題化させないようにしている動機として、寝たきり老人を量産することが、医者と家族双方の利益にかなっていることを指摘する。すなわち、日本の「延命医療主義」の裏には、医療関係者と高齢者を抱える家族との、いわば共犯関係があるというのだ。

人は必ず死ぬ――それがあたりまえだとわかっていても、いざ親の死に直面した家族は、本人の意志に関係なく、延命措置を強く希望するのが常だという。医者は家族の要望に沿うべく「できるだけ生かす」ことに尽力する。

また、急に体調を崩し、救急車を呼んだところから、すでに寝たきりへの道は用意されているといってもいい。調子を崩した高齢者が救急車で運ばれるのは、その多くが救急医療体制を備えた急性期病院（急性疾患や重症な患者の治療を主とする病院）だという。急性期病院では、在院日数が長くなると診療報酬が減るため、退院に向けた患者へのプレッシャーは強くなる。回復の見込みがない高齢者は、長期入院の受け入れ先を探すしかない。

長期入院の受け入れ先では、手間のかかる食事介助に充分な人手がないため、胃ろうが条件となる。このような現場では「延命措置」の是非について話されることは少ない。ぎりぎり切羽詰まった状況において、医療は一種の流れ作業にならざるをえず、内心では疑問に

※ https://yomidr.yomiuri.co.jp/archives/shumatsuki/

思っていても、議論する余裕がないのが実情らしい。

さらに、ほかにも濃厚医療をおこなわざるをえない理由があるという。病院ではベッド数をかんたんに増やせないため、診療報酬が高くなる中心静脈栄養や人工呼吸器装着をおこなうことで、単位あたりの〝利益〟を増やす経営判断が働く。また、たとえ延命を希望しないという患者本人のリビング・ウィル（終末期医療についての文書による意思表示）があったとしても、日本で法制化されていない以上、延命措置を怠ったとして遺族から訴訟を起こされる可能性がある。病院側はリスクを回避するため、濃厚医療を選択するのだ。

こうして、悲しみを先送りしたい家族と、利益を最大化・リスクを最小化したい医療関係者の都合が優先され、当の本人の意思は二の次にされる。

ポルスト（ＰＯＬＳＴ）というデスハッキング

この状況に対し、著者は、国民一人ひとりが考え、行動することが必要だと訴える。具体的には、「生命維持治療のための医師指示書（Physician Orders for Life-Sustaining Treatment）」の作成を提案する。この指示書は頭文字を取ってポルスト（ＰＯＬＳＴ）と呼ばれ、終末期の治療方針が明確に記されている。

・心肺停止時の蘇生
・脈拍・呼吸があるときの積極的医療
・抗生剤投与
・人工栄養

などを受けるかどうか、事前に患者本人と医者が相談して決め、記しておく。医者の署名があるポルストは、患者個人の意思表示であるリビング・ウィルより強い効力を持つ。いざというとき、救急現場の医者にこれを見てもらい、治療方針に迷うことがないようにしておくのだ。

ポルストについては日本臨床倫理学会のPOLST作成指針がくわしいが、カリフォルニア州が内容理解のための資料として用意しているPOLST用紙の日本語版PDFがわかりやすい。デスハッキングとしては、今すぐ眺めておいて、「自分はどこにチェックを入れるか」を決めておくことをお薦めする。

・日本版POLST（DNAR指示を含む）作成指針（日本臨床倫理学会）
http://square.umin.ac.jp/j-ethics/workinggroup.htm

・ＰＯＬＳＴ（ポルスト）用紙の日本語訳の紹介
http://polst.org/wp-content/uploads/2017/07/2016-CA-POLST-Japanese.pdf

先生ご自身がこうなられたら、どういう処置を望みますか～『医者には絶対書けない幸せな死に方』

医者では言えない立場からのデスハッキングは、『医者には絶対書けない幸せな死に方』（たくきよしみつ／講談社）が役立つ。

先に挙げた「医者が薦める死に方」は、あくまでも方針だ。そしてポルストを準備しても、治療方法について医者から決断を求められたらどうするか？ それも、自分のことならある程度覚悟はできているが、家族の終末期の治療や処置において判断を求められたらどう答えるか？

それはこうだ、「先生ご自身がこうなられたら、どういう処置を望みますか」と聞く。家族の場合なら、「先生のお母様がこうなられたら～」と置き換える。

『現代の死に方』を思い出してほしい。医者は、自分自身に対してやってほしくない治療や処置を、立場上、患者にしなければならない場合がある。だから、その立場からいったん降りてもらい、一人の個人として答えてもらうのだ。そうすることで、（医者としては）言いにくいことも伝えやすくなるだろう。

医療関係者や宗教関係者が死に方について書いた本は多いが、本書はどちらの立場でもない。著者は認知症になった親の介護に苦労した経験を持つ作家で、金も時間も使い果たした末につかんだ、介護保険や介護施設の裏事情を書いている。

生々しい話や、壮絶なものもある。「お金はないが、楽な死に方としての凍死」も提案されている。金があれば幸せな死が迎えられるかというと、そうでもないのだ。デスハッキング集としてチェックしておこう。

生き地獄ならぬ長生き地獄　～『死ねない老人』

わたしの未来はどうなるかはわからないが、いま起きていることから予想することはできる。いま日本で起きている「死ねない老人」の一人になる可能性だって、充分ありうる。

人生一〇〇年時代ともいわれているが、この国は世界一の長寿国である。リタイアして、悠々自適の毎日を送る人がいる。趣味やレジャーや学び直しなど、第二の人生を謳歌する人もいる。（未来はともかく）今の高齢者は、高度な医療・福祉サービスを低負担で享受しており、年金をやりくりすることで、暮らしは成り立っている。

その一方で、自分の長寿を喜べない高齢者が増えているという。家族や周囲の人たちに「死にたい」と訴えながら、壁の向こう側で横たわり、生きることを強制される高齢者のことである。『死ねない老人』（杉浦敏之／幻冬舎）によると、望まない延命措置を受け、苦しみの中で人生を終える人々は、かなりの数にのぼるらしい。

著者は、高齢者医療に二五年携わってきた医師だ。現場の生々しい声を聞いていると、いたたまれなくなる。

本書によると、「死ねない老人」は二種類に分かれる。

一つめは、生きがいを見失い、家族に負担をかけたくないため、死にたい（でも死ねない）老人である。死ぬ直前までピンピンしてて、突然コロリと逝く「ピンピンコロリ」を理想とする人がいる。だが、医療の進歩により、なかなかコロリと逝かせてくれない。むしろ、病気の後遺症による苦痛や不安・不調を抱え、介護やリハビリを受けながら生きなければいけない時間のほうが長くなる。たとえば、脳梗塞の後遺症で麻痺が残り、家族の迷惑をかけることが嫌になり、「いっそのこと、あのとき死んだほうがよかった」「生きているのが申しわけない」という言葉が出てくる。内閣府「高齢者の地域社会への参加に関する意識調査」によると、生きがいと健康状態は関係があることがわかる。生きる希望を持てずに死を願う「死ねない老人」がこれになる。

もう一つは、本人は治療や延命を望んでいないにもかかわらず、周囲の意向によって「長生きさせられてしまう」老人だ。もちろん、親に長生きしてほしいと願うのは自然な思いだ。だが、一方で、人生の終わりである「死」を認めたくない家族が、本人の望まない最期を強いていることも事実だという。こうした事例を見ていると、本人の意思や苦悶を無視して、ひたすら強制的に生かそうとする行為は、治療なのか虐待なのかわからなくなる。

もっとシビアな例として、パラサイト家族が登場する。本人は「充分に生きた」「楽に逝きたい」と思っていても、家族はその年金をあてにして生活しているため、死なれると困るというのだ。この場合、本人の意思に関係なく、家族の意向が優先されるという。

人生一〇〇年時代、長い長い、長い老後の末、幸せな長寿を全うすることは、かくも難しい。生き地獄というより〝長生き地獄〟である。この二つの「死ねない老人」に対し、本書ではそれぞれの処方箋を考察する。

まず、生きがいを見失った「死ねない老人」に対しては、「だれかの役に立つこと」がカギとなるという。「全国社会福祉協議会」を紹介しながら、通学路の巡回・見守り、清掃・美化活動、いじめ相談など、さまざまなボランティア活動を紹介する。「高齢者＝ケアされるお荷物」という偏見を壊し、「ケアする側として何ができるか？」という視点で考えようと促す。

次に、意思に反して強制的に生かされる「死ねない老人」については、欧米の安楽死の制度やサービス、終末期の治療方針について、意思表示する例を紹介する。ただし、日本の場合の先行きは不透明だ。二〇〇八年に、後期高齢者の終末期に関する制度が設けられたが、マスコミから「高齢者に早く死ねというのか」と非難を浴び、三か月で凍結している。

死の制度化には充分な議論が必要だろうが、こうした問題がクリアされるまで、「死ねない老人」は増え続けるだろう。ネットやコンビニで目にする元気なお年寄りではなく、「老人に死ねというのか！」とデモ行進をする高齢者ではない。「死ねない老人」は、壁の向こうで静かに横たわっている。そして、元気なお年寄りの何割かは、こうした「死ねない老人」の仲間になっていく。

「死ねない老人」について、わたしは、むしろ自分の問題として考えたい。問題は現状のままで、自分の順番が回ってきたら、医者が薦める死に方を検討するつもりだ。

「安楽死」の値段 ～『安楽死・尊厳死の現在』

最後は「安楽死」について。繰り返すが、これは「わたしの死」について考察する話だ。「苦しまないと死ねない老人」といった社会問題としてその是非を問おうとすると、厄介なことになる。

安楽死の問題については、安楽死先進国の実態を紹介する『安楽死・尊厳死の現在』（松田純／中央公論新社）がくわしい。「死の医療化」と呼ばれるオランダやベルギー、スイスや米国での安楽死の現状と、そこから浮き彫りにされる問題は、そのまま日本に当てはまる。

安楽死で死ぬためにいくらかかるか？

安楽死を引き受けるスイスの民間団体「ディグニタス」によると、次のとおり。多くは自国の法整備で手一杯だが、外国籍の人も受け入れているスイスの例はめずらしいといえる。

・入会金　二〇〇スイスフラン（約二万二千円）
・年会費　二〇〇スイスフラン（約二万二千円）
・自殺の準備費用　四〇〇〇スイスフラン（約四四万円）
・自殺の介助費用　二五〇〇スイスフラン（約二七万円）
・遺体の処理と手続きには、さらに追加料金

本書で紹介される事例のうち、目を引いたのが「死ぬ理由」である。かつて自死を望む理由は、治癒の見込みのない病による苦痛がおもなものだった。しかし、二〇〇〇年にオランダ地方裁判所が「老いの苦しみ」も自死への介助の理由となりえると判示し、前例となっている。つまり、国によっては、肉体的な苦痛がなくても、精神的な苦痛、生きる意味の喪失、自律・尊厳の喪失、まわりに負担をかけたくないという理由で自死を選ぶことが可能となっている。

また、安楽死を希望する人は高学歴者に多いという指摘も興味深い。社会的・経済的に不利な立場にある人よりも、むしろ優位にある人ほど安楽死する件数が多いというのだ。

「死ぬ義務」が発生する恐れ

しかし、ここに大きな問題が見える。安楽死を公共政策化すると、障がいなどを抱えた弱

い立場にある人が、本人の意思に反して、家族や社会の負担とされ、死ぬことを促されたり強制されたりするような懸念が出てくる。つまり、法制度による社会的圧力を受け、「死ぬ権利」が「死ぬ義務」へと転換する恐れがあるのだ。

このような問題を、「すべり坂」問題という。一度そこに入り込むと、あとは坂を滑っていくように、歯止めが効かなくなるのではないか、という懸念である。「まだ死なないの？」「いつ死ぬの？」などと、死を強制する「デスハラスメント」（デスハラ）がまかりとおる恐れがあるのだ。

これに対し、「法のもとで厳格に運用することで回避できる」という人もいるが、「そもそも自由意志・自己決定による安楽死がどこまで確実に運用できるのか」という新たな問題も出てくる。たとえば、重篤で意識障害やコミュニケーション不全となったとき、指示書に書かれた「生命維持を停止してほしい条件」を満たしているかどうか、本人に確認できない。あるいは、認知症になったら、症状が進行する前の指示書が優先されるのか、認知症となった状態の意思が尊重されるのかといった問題もある。

つまり、判断能力が衰えた患者を、あたかも判断能力がしっかりしているかのように扱い、過去の事前指示書の記載に基づいて、いま自己決定権を行使する（できる）と考えるのは虚構だというのだ。

死をハッピーエンドにするために

法や社会制度の整備には、まだ時間がかかりそうだ。そうこうしているうちに、高齢者の医療費は雪だるま式に膨らみ、死ぬために苦悩する人がいたずらに時を費やし、楽に死ぬために一〇〇〇万円払える人がスイスに行くデスツーリズムが社会現象化するだろう。そうこうしているうちに、わたし自身が自分の死を迎えることになる。

わたしは死ぬ。これは確定事項だ。だが、わたしがどう死ぬかは、わたしがどう生きるかと同じくらい、意志と運に左右されている。運の要素は天に任せるとして、ここで紹介した数々のデスハッキングをもとに、人事を尽くすつもりだ。

死はバッドエンドではない。「悪い死」こそがバッドエンドなのだ。そして、どんな死に方が「悪い死」かは、人による。「ぽっくりPPK」にしたい人、とにかく長く生きたい人、それぞれの生き方／逝き方を、考えてみるのもいいかも。ここで紹介したデスハッキング以外にいいものがあったら、ぜひ教えていただきたい。

死をハッピーエンドにするために。
良い死で、良い人生を。

二〇年前の自分に読ませたい珠玉の一二冊※

最後に、過去読んだ本の中でも「これ、もっと早く読みたかった！」というスゴ本を紹介する。

人生を何十年もやっていると、さまざまなハードルに出くわすことになる。それは、人間関係のトラブルだったり、仕事や結婚生活に立ちはだかる問題だったりする。解決するためには、それなりの準備が必要で、時間がかかり、そもそも全貌を捉えるのにもひと苦労するやつ。

人生が用意するハードルを越えたり潜ったりするため、先人の知恵を借りるべく、さまざまな本を読んできた。たいていは、試行錯誤と苦労の連続でしのいで、ずっと後になって、**知りたかった一冊にたどりつく**。**これを最初に読んでおけば**、あんなに苦労しなくてもすんだのに、もっとうまく対応できたのに！

そんな、**「あのときの私に読ませたい本」を選んだ**。**タイムトラベルならぬタイムデリバリーできるなら**、いらぬ苦労をせずにすむよう、もっと楽に人生を過ごせるよう、二〇年前の自分に送りつけたい。

❶『なぜ私だけが苦しむのか』（クシュナー／岩波書店）
❷『アイデア大全』（読書猿／フォレスト出版）
❸『問題解決大全』（読書猿／フォレスト出版）
❹『子どもへのまなざし』（佐々木正美／福音館書店）
❺『自分の小さな「箱」から脱出する方法』（アービンジャー・インスティチュート／大和書房）
❻『プロパガンダ』（アンソニー・プラトカニス、エリオット・アロンソン／誠信書房）
❼『檀流クッキング』（檀一雄／中央公論新社）
❽『ストーナー』（ジョン・ウィリアムズ／作品社）
❾『銃・病原菌・鉄』（ジャレド・ダイアモンド／草思社）
❿『タタール人の砂漠』（ブッツァーティ／岩波書店）

※楽天市場ソレドコ「年間120冊読書する『スゴ本』中の人が選ぶ「10年前の自分に読ませたい」珠玉の6冊」（寄稿記事）より加筆
https://srdk.rakuten.jp/entry/2017/06/15/110000

⑪『アンナ・カレーニナ』（トルストイ／光文社）
⑫『カラマーゾフの兄弟』（ドストエフスキー／光文社）

辛いときに寄り添ってくれる
～『なぜ私だけが苦しむのか』

辛かった時期の自分に渡したかったのが、『なぜ私だけが苦しむのか』（H・S・クシュナー／岩波書店）だ。これは、強い喪失感で心が痛いときや、死にたいほど悲しくなったとき、このタイトルだけでも思い出してほしい。

もちろん、苦痛にさいなまれているとき、本など読んでいる余裕なんてない。日々なんとか死なずにしのぐので精いっぱいだ。突然、わが身に降りかかった災厄――病や事故、わが子や配偶者の死――から立ち直れず、「なぜ私がこんな酷い目に遭うのか？」と悲嘆に暮れているとき、ほかのことなんて考えることすらできない。

著者自身が、そんな目に遭ってきた。まだ幼い息子を病で喪《うしな》ってしまう。なぜ、こんな目に遭うのか。何か悪いことをしたのか？　神の試練なのか？　理不尽と思える不幸と絶望の淵で、聖書に問いかける。これは、現代の「ヨブ記」なのだ。そこで彼がつかみ取ったものは何か。

著者はいう、これは、神がひきおこした災厄ではないと。世の中には、理由のない不幸が確かに存在するが、それは神がもたらしたものではないというのだ。神は災厄の側ではなく、犠牲者とともにいる。人に運命を選ばせるという自由を与えた以上、人がどんな選択をするのかを、神はコントロールすることができない。たとえ、それが隣人や自分自身を傷つけるとしてもだ。

だから、どんなに悲惨なときでも、怒りに我を忘れて「神よ、なぜわたしだけが苦しむのですか?」と問うのではなく、「神よ、この困難に立ち向かう勇気を、わたしにください」と祈れという。

大切な人を喪ったとき、非道な目にあったとき、この本を読んだという記憶があれば、わずかでも和らぐことがあっただろうに。「本棚のあそこにある」と思うだけで勇気づけられる、保険のようなこの一冊に、もっと早く出会いたかった。

人類の叡智を結集した一生モノ　～『アイデア大全』

知らない人は損してる最たる本は、『アイデア大全』(読書猿／フォレスト出版)だ。いわゆる発想法の本みたいな顔つきだが、即効を謳う安直なサプリメント本ではない(すぐ効く本は、えてしてすぐ効かなくなる)。これは、計画的な問題解決のための人類の叡智を結集した本なのだ。目の前の壁をクリアするため、古今東西の賢人の知恵をどのように借りて、どうやって適用させていくか、その具体的な準備と実践が書いてある。

たとえば、インキュベーションの仕込みとして「獺祭《だっさい》」という手法がある。かわうそが捕えた魚を自分の周囲に並べる様子を、ちょうど神に供えているようだとして「獺祭魚」と呼び、転じて詩文を作るときに書を広げ散らかして想を練ることを「獺祭」というそうな。これ、私も実践している。畳の上に資料を並べ、あれこれ入れ替えてるうちに、着想することがよくある。散らかした資料の上を、物理的に転げ回ることで、アイデアがつながっていく。

あるいは、人生の師匠／メンターを決めておき、行き詰まったときに召喚する「ルビッチならどうする？」がある。映画監督ルビー・ワイルダーにとっての師匠、エルンスト・ルビッチから命名された手法である。本書が凄いのは、そこから孟子にとっての師匠「孔子ならどうする？」につなげ、「私淑」の具体的な方法論に展開しているところだ。ワイルダーと孟子を串刺しで発想できるのは、本書の第九章「アナロジーで考える」を実践している証左なり。

ほかにも、知の充填「抜書き」や、言い換えによる模索「シソーラス・パラフレーズ」、問題のドラスティックな構造化「対立解消図」など、一生モノというべき技法がずらりと並ぶ。アイデアを生むノウハウだけでなく、認知科学からの裏づけや歴史的経緯を説明することで、「新しい目」が得られる教養書といっていい。

あらゆる問題はすでに検討されている
〜『問題解決大全』

そしてもう一冊、あなたが何かを選ぼうとするとき、何かを決断しなければならないとき、必ず役に立つのがこれ、『問題解決大全』（読書猿／フォレスト出版）。断言してもいい、「必ず」役に立つ。というのも、あなたが直面しているあらゆる問題は、すでに検討済みだから。「新しい問題」なんてものは存在しない。「問題」をどの抽象度で定義するかにもよるが、新しく「見える」だけで、分析してみれば、分解してみれば、裏返してみれば、再定義すれば、古今東西の人たちがすでに悩み、検討し、着手し、対処してきた問題であるにすぎない。新しい状況下で、新しい人が、既出の問題を解き直しているといえるのだ。だから、あなたにとって新しい問題には、先人の知恵を借りればいい。

そして、問題を解決するための方法もまた既出である。私たちが知らないだけで、古今東西の人たちがすでに考え抜いている。ある手法は学問分野になっていたり、またある方法はライフハックやビジネスメソッドになっていたりする。規制や法制度化され、社会常識やルールのように見えていても、それは昔の人が編み出した解決法が化けている場合もある。

そして、世にある有用な解決法を集大成したものが本書である。哲学、歴史、経済学、人類学、数学、物理学、心理学、生物学、文学、宗教、神話、そして学際研究の分野で培われた問題解決技法が、三七のツールに結集している。先人の研究に基づいて新たに発見することを「巨人の肩の上に立つ」と表現することがあるが、本書を用いることで、「巨人たちの肩の上に立つ」ことができる。すでに考え抜かれてきた技法を利用することで、新しい問題を、既出のものとして扱えるのだ。

本書が一生役立つ理由として、「問題解決」をわかりやすく定義している点がある。学問やビジネスの問題から生殺与奪の問題、夫婦げんかや心身の悩みなど、問題は、大がかりなものから個人的なものまでいろいろある。だが本書では、シンプルに、「問題解決とは、〝~したい〟と思うことを実現すること」だという。

問題に気づき、その解決のために自分の行動を計画し、実行することは、人の能力であり、同時に人が人たる条件なのだと言い切る。ここは痺れた。よく生きようと努力することが、人の本質なのだとあらためて思い知らされる（この〝よく〟は、「善く」「良く」「好く」そして「欲」と、人によりけりだが）。これは、一生のどのような状況でも当てはめることができる「問題」だ。

あなたの問題が何であれ、選択の方法や決断の仕方はすでにある。巨人「たち」といっしょに取り組もう。知ると知らぬとでは、その後の人生が大きく違ってくる。それだけに、できるだけ早く出会っておきたい。

親になったら絶対に読みたい　～『子どもへのまなざし』

子育てで一番大変なときに読みたかったのが、『子どもへのまなざし』（佐々木正美／福音館書店）。育児に悩むすべての人に届いてほしい。

小児科医として臨床に携わってきた筆者が、どのように子どもと向き合えばいいかを説く。私は子育てと同時進行で読んだが、できれば子どもが産まれる前に手元に置いておくべきだったと悔やまれる。いわゆる育児マニュアルではなく、基本的な考え方や気づきを促す本だから。

本書のそこかしこに、「ゆったりとした、やさしい気持ちで子育てをしてほしい。なぜなら、そうしたあなたを見て、子どもは育つのだから」というメッセージが込められている。そして、子育てで最も重要なものは「信頼」だと強調する。信頼はひとりでに生まれるものではない。子どもの場合、最初に向き合う人＝親を通じて育まれる。

そのためには、どうするか？　それは、「子どもの望む親になる」ことだという。

理想的な育児があるとしたら、親は赤ちゃんが望んでいることを、望んでいるとおり、全部そのとおりにしてあげるということです。そのことが、子どもが人を信頼できるようにな

＝る、第一歩だと思うのです。＝

空腹のとき、オムツが濡れたとき、さびしいとき。そのような場面では、赤ちゃんは泣くことでしか気持ちを伝えることができない。親は、その望みの一つ一つにできるだけ応えてあげなさいという。

もちろん一〇〇％は無理だし、ギャン泣きで寝かせてくれない夜も多々あった。それでも、私がしている行為にはそんな意味があったのだ、と諭してくれるのはありがたかった。

ほかにも、しつけのコツは「待つこと」だとか、子どもは大人の準備期間ではないから子どもの「今この瞬間」をハッピーにしなさいといった指摘は、思わず膝を打つものがある。親をする心構えと示唆に満ちた、もっと早く読みたかった一冊。

自分に嘘を吐くのをやめる
～『自分の小さな「箱」から脱出する方法』

自己欺瞞の罠から抜け出す一冊。この『自分の小さな「箱」から脱出する方法』（アービンジャー・インスティチュート／大和書房）のおかげで、自分で自分に吐く嘘に気づくことができた。

嘘を吐くのは難しい。もっと正確に言うと、嘘を吐き続けるのは難しい。なぜなら、「嘘」と「嘘以外」との整合性をとりつつ、過去に吐いた嘘を全部覚えておき、なおかつこれから発言することも「嘘」と矛盾しないようにする必要があるから。嘘吐きは、それなりにアタマがよくないと務まらない。虚実の駆け引きのスキルを必要とする職業が、それなりにアタマのいい人で占められているのには、ちゃんと理由がある。

しかし、自分に吐く嘘は別だ。嘘を吐いている自覚がないから。そもそも嘘だと思っていない。心の底から、「正しいこと」だと感じている。自分の顔を自分で見ることができないように、自分の嘘は自分で気づくことができない。もちろん、鏡やカメラを使うことで自分の顔を見ることができるが、それは本当の自分の顔ではない。

そう考えると、よく言われる「自分に嘘は吐けない」というセリフは、二重の意味で正しいことがわかる。「嘘を吐いても自分だけは知っている」という一般的な意味と、「そもそも嘘だと認識できない」という意味である。

本書は、その後者を暴く。自分で自分に嘘を吐いていながら気づけていないという、自己欺瞞の罠を明るみに出す。家族や職場、学校など、身のまわりの人間関係の「うまくいかなさ」は、この自己欺瞞の罠に陥っているのが原因だという。

あるビジネスマンに起きた「気づき」を小説仕立てで読み進めていくうちに、「ひょっとして、これ私のことなのかも……」と空恐ろしく感じてくる。

タイトルの「箱」をキーワードに、自己欺瞞→自己正当化→防御の構え→他者への攻撃→他者のモノ化、という連鎖がクッキリと見えてくる。そもそもの原因は「自分への裏切り」であることも、刺されるように腑に落ちる。自己正当化の仮面がそのまま自分の性格と化し、いくつもの仮面を持ち歩く姿。自己正当化を正当化するため、相手の非をあげつらう態度。ここに書いてあるのは、「私」そのものだ。「私」が「私」に吐く嘘が、これでもかというくらい染みてくる。これは痛い。

では、どうすればいいか？　どのようにすれば、自分が自分に吐く嘘に気づけるか。それは、個々人の経験に則して、問いかけと答えを掘り下げていくしかない。本書は、コーチングの手法を用い、「自分の行動」と「その時の自分の感情」という疑いようのない事実から出発し、最終的に自分への背信（＝自己欺瞞）と向き合う。読み手は「私ならどうか？」という疑問を常に携えながら自問自答を繰り返し、主人公とともに「自分が自分に吐いた嘘」に気づけるようになる。

「箱」というメタファーで示される自己欺瞞。これに向き合うことは、とても怖い。だれにもばれないと思っていた「嘘」が、じつは自分以外の全員は知っていたという事実に向き合わなければならないから。嘘を嘘と思っていなかったのに、みなが気づいていたことを、遅まきながら認めなければならないから。

しかし、いったん「箱」を認めることで、そこから出ることができる。そうすると、いままで自分の何が人間関係をうまくいかなくしていたかが見えてくる。どれだけ人間関係を傷つけていたかに気づいて、ぞっとするかもしれない。だが、いったん「箱」がわかったならば、もっと楽に人とつき合えるようになる。

世の中の仕掛けを知る　～『プロパガンダ』

『プロパガンダ』（アンソニー・プラトカニス、エリオット・アロンソン／誠信書房）は、広告・宣伝のからくりを見抜く一冊。「だまされた」と思わせずに大衆をだますテクニックがわんさと紹介されている。もっと早く読んでおけば、コマーシャルで衝動買いしたり、マスメディアの詭弁《きべん》に誘導されることはなかっただろう。

大衆を説得し、積極的に賛同させることがテーマだが、あたかも自分自身の考えであるかのように、自発的に受け入れるように仕向ける技法が素晴らしい。誉め言葉としては最悪かもしれないが、ナチスやカルトを興すノウハウがたくさんある。

たとえば、「返報性の原理」。人から何かしてもらったらお返しをしなければという感情を抱くが、これを利用することで、小さな貸しから大きな見返りを得ることができる。そして、その貸しから購入につなげるときに、行動の一貫性を保ちたいがために「一貫性の原理」が働く。スーパーの試食や、ゲームの「無料です」がそれ。

また、高額のものをお薦めした後に低額のものに切り替えると（相手が譲歩したということで）客は断りにくくなるテクニック「ドア・イン・ザ・フェイス」や、小さな「YES」を積み重ねて要求を吊り上げる「フット・イン・ザ・ドア」が紹介されている。

読むと「あるある」だらけで空恐ろしくなる。だまされたということに気づかないだけでなく、自分で選んだのだと信じて疑わない信者になっていることに気づくのだから。「プロパガンダ」は、決して表に出てこない。だからこそ、目から鱗を振り払うため、人生の早いうちで読んでおくと吉。

料理は自由であることを教えてくれるバイブル
〜『檀流クッキング』

安くて野蛮でやたら旨いエッセイが、『檀流クッキング』（檀一雄／中央公論新社）。料理はもっと好きに自由にしていいいと、背中を押される。

料理が日常になると、投稿型のレシピサイトでは我慢がならなくなる。調味料でねじ伏せる態度や、やたら厳密性を求める性格が鼻につくようになり、いつしか「人」を探すようになる（今あなたの頭に浮かんだ特定のサイトを検索から外したいなら、そのキーワードの頭にハイフン"-"を入れよう）。

そこで出会ったのが、『檀流クッキング』。文壇随一の名コック・檀一雄が著した、読んで楽しいレシピエッセイなり。もっと早く出会っていれば、調味料からも厳密さからも自由になっていただろう。

完全分量度外視の原則を貫き、調味料至上主義をせせら笑うレパートリーが並んでいる。「塩小さじ1／2」みたいな厳密性を突き抜けて、「塩の量がいかほどと訊かれたって、答えようがない、君の好きなように投げ込みたまえ」と言い切る。

それでも、「ゴマ油だけは、上質なものを使いたい」とか、「暑いときは、暑い国の料理がよろしい」のように、妙な（だがスジの通った）こだわりが出てくる。おそらく、ない材料はなくて済ませはするものの、「これは外しちゃダメだ」という最低限の勘所だけは伝えたいのだろう。

おろし和えや白和え、蒸ナスといった一品から、イカのスペイン風（プルピードス）、鶏の手羽先（和・洋・中）など、ひと手間をかけたものまで、お世話になった。なにより、「読むと作りたくなる」のが大事。写真もイラストもないのに、文字だけでソソる上手さ（美味さ？）がモチベーションを上げる、バイブル的料理本。

自分の人生を殖やす　～『ストーナー』

一度しかない人生を、一度きりにさせないために、文学がある。『ストーナー』（ジョン・ウィリアムズ／作品社）は、それを実感させてくれる。

「後悔しない人生を」なんて、スローガンみたいなもの。どう生きたって、悔いるもの。何を選択したところで、「ああすればよかった」「そうしなければよかった」と振り返る。むしろ、そもそも選択肢なんて存在してたこと自体に、後から気づいて悔やんだりする。

文学の理由は、そこにある。文学は、人生のエミュレーターなんだ。美しいものからおぞましいものまで、言葉にできないものを言葉を通じて知ることが、文学をすることだ。そこに描かれる個人的な体験に普遍性を見いだし、自分の価値観と交錯させる。そうすることで、「ああすればよかった」は「これでいいのだ」に代わるかもしれない。また、選択までの葛藤込みで、生きることを堪能できる（何度でも）。

『ストーナー』の人生も、そこに加わる。一人の男が大学教師の道を選び、そこで生きていく物語が、端正な語り口で淡々と描かれる。不器用で平凡ではあるけれど、ひたむきで真摯に仕事に取り組む姿は、だれかにとっての「ありえたはずの人生」や「ありえなかった生活」とシンクロするかもしれない。

生きていくうえで、だれもが出会いや別れ、死、裏切りに見舞われる。最もやっかいな人間関係の軋轢《あつれき》に、一番多くの時間と労力を吸い取られ、悩まされる。そんな運命を受け入れ、やれることを精一杯やり、「なにか」を成し遂げようとする。悲しみに満ちた中でも、ささやかな喜びを見いだし、それを大切に守り通そうとする。

文学は、一生を二生にも三生にもしてくれる。彼の一生を、もっと早く知っていれば、私の「ありえた」人生がもっと豊饒になっていただろう。

「世界をつかむ」喜びを味わう　～『銃・病原菌・鉄』

「なぜヨーロッパが世界の覇者となったか」を解き明かしたスゴ本がジャレド・ダイアモンドのこれ。

今ある富や権力の格差の原因は、民族間の生物学的差異ではなく、地誌的・環境的なものだという。すなわち、人類史をどれだけ繰り返しても、地形や気候などの環境要因が同じである限り、今「ヨーロッパ」と呼ばれている場所にいる人が覇者となる。「初期設定チートかよ」と思うが、これが本書の結論だ。

なぜそう言えるのか？　この結論に向け、文明を陸塊で捉える巨視的な目と、微生物と家畜とヒトの関係を分析する微視的な目、さらには数千～数万年を駆け巡る時間軸を駆使し、縦横無尽に説明している。そのフィールドは、遺伝学、分子生物学、進化生物学、地質学、行動生態学、疫学、言語学、文化人類学、技術史、文字史、政治史、生物地理学と多岐にわたり、膨大なアプローチからこの謎に迫る。

多彩な学問分野にまたがり、大量のデータを駆使して論証されるため、ともすると迷子になるかもしれない。だが心配無用、タイトルの「銃・病原菌・鉄」が効いてくる。ヨーロッパ人によるアメリカ大陸の征服は、「銃・病原菌・鉄」で成し遂げられた。ヨーロッパの優位性は、銃で殺し、結核で殺し、鉄剣で殺した血の歴史に象徴される。

では、なぜヨーロッパ人が「銃・病原菌・鉄」を手にできたのか。「銃」や「鉄」であれば、複雑な構造を持つ機器を製造できる技術の発達があり、その技術者を支えるだけ人口が稠密で大規模な社会がある。そしてその背景には、社会を支える余剰食糧、すなわち栽培植物や家畜の存在がある。さらに、多くの家畜は、病原菌に免疫を持つ集団の広がりをもたらし、耐性を持たない人々にとっての生物兵器と化す。

では、なぜそうした技術の発達や大規模な社会の構築が成しえたのか。それは、適性のある野生種が豊富に存在し、技術が伝播するだけの「横方向」への広がりがあったから。なぜ「横方向」への広がりか？　家畜であれ農作物であれ、緯度を大きくまたがると、気候が変化することにより、移植や伝播が難しくなる。そのため、作物や技術の伝播は、緯度に沿って「横方向」へ広がりやすい傾向になる。すなわち、地球規模で見た場合、「横方向」への広がりが大きい場所にこそ、技術や文化や作物が伝播・蓄積しやすいのだ。

では、栽培や飼育に適した肥沃な土地が「横方向」に広がっている場所はどこか？　著者はここで、視点を一挙に上昇させる。陸塊で見た場合、アフリカ大陸は縦方向に長く、ユーラシア大陸は横方向に広がっている。つまり、横方向への広がりが大きいユーラシア大陸こそ、技術や文化や作物が蓄積しやすい。これが、人類の格差の究極の要因になるという。

かいつまんでいるため、かなり乱暴なまとめになっているが、本書ではエビデンス重視で、緻密かつ大胆に議論している。「なんでヨーロッパであってインドや中国でないのか？」というツッコミや、「やっぱり日本は例外なの？」という疑問は、ご自身の目で確かめてほしい。

人類史をシミュレートしながら、巨視的な目と微視的な目、そしてスケール自在な時間感覚に酔うべし。知ることの楽しさと、知ったことが結び合わさってゆくおもしろさ、巨人の肩から世界をつかむ喜びを味わおう。

人生の手遅れ感の予行演習　～『タタール人の砂漠』

ある種の読書がシミュレーションなら、ブッツァーティのこれは人生の、それも自分の人生の「手遅れ感」の予行演習になる。若い人こそ読んでほしいが、わからないかも。歳経るごとにダメージ増、over 40からスゴ本になる。だからこそ、若いわたしに読ませたい。

この感覚は、カフカの『掟の門』。かけがえのない人生が過ぎ去って、貴重な時が自分の手からこぼれ去った、あの「取り返しのつかない」感覚に呑み込まれる。

大事なことは、これから始まる。だから、ずっと待っていた。ここに来たのは間違いだから、本気になれば、出て行ける。けれど、少し様子を見ていた。習慣のもたらす麻痺が、責任感の強さという虚栄が、自分を飼いならし、日常に囚われ、もう離れることができない――気づいたらもう、人生の終わり。

いつ来襲するともわからない敵を、辺境の砦で待ち続ける兵士の日常を描いたお話だが、きわめて寓意性の高い物語でもある。

そのおもしろさにうっかり釣り込まれると、極めてあたりまえの、普遍ともいえるメッセージを突きつけられる。普段なら目を逸らしていた事実と対峙させられ、気づいたら逃げられない。ほとんど恐怖に近い感情を覚えながら、ストーリーとともに苦い読後感をいつまでも引きずることになる。

最上のものを、みすみす逃してしまった。目の前を通り過ぎてゆく幸せを、通り過ぎてゆくがままに放置してしまった自分の愚かしさを、取り返しのつかなさを、ゆっくり、じっくり噛みしめる。わずかな残りの人生ぜんぶを使って、後悔しながら振り返る。

そして、なにか価値あることが起こっているのに、自分は一切関与できない、それも自分から動こうとしないために——そういう焦りのようなむなしさに苛まれる。そうやって、じっと待ち続けるあいだにも、時は加速度的に、容赦なく流れ去る。

阿久悠の言葉に、こういうのがある。読中、何度もリフレインしていた。

夢は砕けて夢と知り
愛は破れて愛と知り
時は流れて時と知り
友は別れて友と知り

だが、遅すぎた。何も始まっていなかった人生であることを、人生の最後になって知るということは、なんと残酷なことか。これが、自分の人生でなくてよかった。たしかに、日々は単調な積み重なりにすぎず、むなしく時が流れていくのみ。

期待と、言いしれぬ不安と、焦燥の中で宙吊りになった苦しみから解き放たれるような"なにか"を待つのが日常である限り、いつまで経っても"人生"は始まらない。日々の積分が人生であることに気づかない人が多すぎる(もちろん、わたしも含めてね)。時とは、命を分割したものなのだ。

もし、「今」から数十年が一瞬で流れ去り、その間に自分は何もしていなかったならば、きっと痛いほど感じるであろう後悔を、たった「今」味わうことができる。すべてが過ぎ去って、もう人生も終盤で、何もかもが手遅れになった感覚である。

わたしは、「これが小説でよかった、自分の人生でなくてよかった」と胸をなでおろす。そして、シミュレーションではなく実践として、自分の人生を見つめ直すだろう。「わたしが本当にやりたいことは何か」という目で。

これが物語でよかった、わたしの人生でなくて、本当によかった。

結婚が捗る　〜『アンナ・カレーニナ』

未婚・既婚を問わず、『アンナ・カレーニナ』（トルストイ／光文社）を読むと、結婚が捗るぞい。不倫に狂った挙句、鉄道自殺する女の話。不信感やマウンティングや嫉妬など、男と女の諍《いさか》いの、一番嫌なところが拡大して描かれている。

「そんな小説、〝結婚ネガティブ〟じゃないのか」とツッコミたくなるかもしれない。だが、もう一人の主人公・リョーヴィンに目を向けると、この小説はガラリと変わる。タイトルの「アンナ」に引っ張られてしまうが、この小説の半分はリョーヴィンに費やされているのだ。知性と美貌と富に恵まれたアンナが転落してゆく人生と交差し、紆余曲折を繰り返しながら幸せな結婚をする純朴なリョーヴィン。これは一種のダブル・プロット（対照的な二つの物語が、互いに効果を高め合うようになっているもの）なのだ。

そのうえであらためてアンナを見ると、オスカー・ワイルドの名言「女とは愛すべき存在であって、理解するためにあるものではない」を思い出す。

これは、私の経験にも合致する。夫婦喧嘩という名の嵐の渦中にいるとき、頭をよぎる。結論をいえば、「論理的にわかろうとした時点で負け」なのだ。さらに、相手の感情に寄り添えるならば、まだソフトランディングの余地はある。

しかし、アンナの夫と不倫相手は、そこをわかっていなかった。体裁を繕うことに全力を費やしたり、売り言葉に買い言葉で応じたりする。優越感ゲームや記憶の改変、詭弁《きべん》術の駆け引きは目を覆いたくなるが、それは私の結婚でも繰り返されてきたことの醜い拡大図だ。

予習として読めば地雷の埋設箇所がわかるし、復習として読めば「アンナの物語が私の人生でなくてよかった！」と胸をなでおろすだろう。

アンナのドラマティックな人生に比べると、リョーヴィンのパートはいかにも泥くさい。地方貴族で地主ではあるものの、純朴で、内気で、世間知らずで、モテない。野心とプライドが空回りして仕事がうまくいかなかったり、想いを寄せた女の子に振られたりで、悩み多き人生を送っている。時代や文化を超え、彼の悩みは、若かりしころの私の悩みに通じている。

そんなリョーヴィンが、「愛」の前にまず「信頼」を得ていくさまは、直球のラブストーリーリーを読んでいるようで楽しい。すったもんだの末に一緒になるのだが、「幸せな結婚をしましたとさ、めでたしめでたし」で終わらないところもいい。不安はいつだってあるものだし、いつでもその不安を克服するために生きるのだというメッセージが伝わってくる。

結婚によって人生を破壊していくアンナと、結婚によって人生を作り上げてゆくリョーヴィン。トルストイの一見リアリスティックな世界は、同時に象徴、隠喩、寓意に満ちた迷路になっている。破滅への兆候を拾っていくとエンタメとして読めるし、恋愛小説として読むと完全にラノベになる。読み手は、そこに、モザイクのように散りばめられた自らの過去や未来を垣間見るかもしれない。

結婚前の私に読ませたかったスゴ本。結婚後の私にとっては、涙ナシには読めないスゴ本なり。

最高峰の小説で、濃厚かつ強烈な体験を味わう
～『カラマーゾフの兄弟』

東大教師が新入生に一番お薦めしているのは、ドストのこれだ。

毎年毎年、東京大学出版会は先生にアンケートをおこない、「新入生にお薦めする本」を紹介している。過去二〇年にわたり、のべ二〇〇〇冊を超えるお薦めの中で、最も多くの先

生から「読め！」とお薦めされる、推し本の中の最推しが、これだ。
「一生のうちに読むべき小説を一つだけ挙げよ」と問われればこれだし、「人生について知るべきことはすべてである」という人もいる。ウィトゲンシュタインが五〇回精読したといい、村上春樹が「これまでの人生で巡り合った最も重要な本の一つ」だという〝カラ兄〟は、小説の最高峰といえる。

なぜこれか？　手に取ってみればわかるが、もの凄く濃厚なのだ。平積みされた小説が希釈されたジュースなら、これは濃縮された原液をゲル状になるまで煮詰めている、どろり濃厚、ゲルルンジュース！

そこには、ありとあらゆる欲望が書いてある。権力欲、支配欲、愛欲、性欲、意欲、我欲、禁欲、強欲、財欲、色欲、食欲、邪欲、情欲、大欲、知識欲、貪欲、肉欲……登場人物であるアリョーシャの、ドミートリーの、イワンの、そしてフョードルの持つ、気高いものから残酷なものまで、〝欲望のカーニバル〟といっていい。それぐらい濃厚だ。

さらに、登場人物みんな、これでもかというくらい、よくしゃべる。息継ぎする間もないくらい、緻密かつ延々と語りだす。登場したからには語り尽くさにゃならんとばかりに、感じたこと、批判、予想、先回りした反論、詭弁《きべん》、言い逃れ、威嚇を、他者だけでなく独り言も含め、徹底的に話すのだ。みんなの声・声・声のシャワーを浴びているうちに、それぞれのキャラが立ち、トピックが重なり、物語が転がっていく仕掛けになっている。お風呂で湯あたり・食べ物で食あたりするように、〝カラ兄〟で声あたりするかもしれない。それぐらい強烈だ。

そして、読み終わっても解放してくれない。「大審問官」の章で、イワンがアリョーシャに突きつける「この世に神がいるのなら、なぜ無垢な子どもがかくも残酷な運命に遭わなければならないのか」という問いに、長い間のたうち回ったものだ。読み終わってから一〇年悩んで一応の解は得た。それは、クシュナー『なぜ私だけが苦しむのか』の紹介につながる。だが、イワンの「神がいなければ、全てが許される」というセリフは、いまだに刺さったままだ。

信仰、生と聖と性と死、国家、貧困、虐待など、さまざまなテーマを孕み、手に汗握る推理小説とも読めるし、涙なしにはページを繰れない家族愛の小説とも読める。純粋無垢な恋愛小説の一面もあり、国家と英雄を極める思想小説の部分や、有神論 vs. 無神論のガチ対決の宗教小説の側面も持つ。いかようにも、何度でも、どこまでも読める。

濃厚かつ強烈。人生にわたって持続する影響を受けるだろう。濃度、強度、深度、どれをとっても最高の、小説のラスボスがこれだ。

よい本は、人生をよくする。他人は知らぬ。だが、わたしの人生は、これらの本に出会えたおかげで、良い・善い・好いものになった。

おわりに

「あとで読む」は、あとで読まない。
「あとで読む」は、あとで読まない。

ネットでちょっと気になる情報を目にしたとき、「あとで読む」とブックマークする。読んでみたい本をAmazonで見つけたら、とりあえずカートに放り込んでおく。後で時間があるときにじっくり読もう、ちゃんとチェックしようと考えてはいる。……しかし、これらが後で読まれた試しがない。わたしのブックマークフォルダやショッピングカートは、そんな「あとで読む」「あとで買う」で一杯になっている。そしていつしか忘れてしまい、気になる情報を見つけたら、性懲りもなくブックマークしたりカートに放り込むのだ。

こんなのに嫌気がさして、「あとで読む」という誘惑に駆られたとき、まず一ページでも一パラグラフでも読むようにしている。「あとで」ではなく「いま」実践する。そのうえで、続きを本当に読むのかどうか決めるのだ。これを実践してから、ブックマークは各段に減った。自分にとって本当に必要でもないものを、「話題だから」とか「あとで役に立ちそうだから」というだけでチェックする理由がなくなったのだ。

ただし、本だけは「いま読む」わけにはゆかぬ。ワンクリックで「いま買う」ことができる電子書籍は、お財布への脅威となっているから。だから、「あとで読む」本については、Amazonのカートではなく、図書館の予約カートに入れている。何日か、何週間か経過して、自分に順番が回ってきたとき、少なくとも自分の手元でその現物を確認できる。買う・買わない／紙か電子かは、そのときに考える。半強制的に自分に届く、そういう仕組みに組み込んでしまうんだ。

大事なのは、次のアクションを起こすこと。ブックマークやカートに入れて「あとで」にしても、後はない。後回しにしたものが再び自分の前に現れることは、ほぼない。だから、具体的に次の行動を起こすんだ。

リアルやネットを通じ、いろいろな人に、図書館のすばらしさを語り、本をお薦めしてきた。その後、フィードバックをもらうことがある。その中でも特にうれしいのは、「図書館のカードを作りました」である。わたしの話をきっかけに、職場や家の近所の図書館を探して、カードを作り、何冊か借りてみました……と聞くのが、望外の喜びだ。

この本の中で、いろいろなスゴ本をお薦めしてきた。いくつかは、あなたも読みたいと思ったかもしれない。けれど、「あとで読もう」はあとで読まない。だから、次の行動として、図書館で借りてみてほしい。カードがないなら作ろう。最近の図書館は、ネットで予約して、近所の図書館や分室で受け取れるサービスを提供するところが増えている。カードを作ったら、ネット予約ができるか確認してみよう。

本を読んでも、何も変わらない、何も行動しないのであれば、その本は大したことがない。この本で紹介された本を、一足飛びに「買う」「読む」までいかなくても、まずは借りてみよう。次の行動につながれば、これほどうれしいことはない。

本が届いたら、まず一ページでも一パラグラフでも読む。その先を読むか、返すかはあなた次第だ。そして、全部読んだとしても、イマイチかもしれない。「それがお薦めなら、こっちのほうなんてどうだろう?」と、別のお薦めが出てくるかもしれない。その時は、ぜひ、わたしに教えてほしい。

なぜなら、わたしが知らないスゴ本は、きっとあなたが読んでいるのだから。

【Twitter】@Dain_sugohon
【ブログ】http://dain.cocolog-nifty.com/myblog/

索引

Dain（ダイン）

古今東西のスゴ本（すごい本）を探しまくり、読みまくる書評ブログ「わたしが知らないスゴ本は、きっとあなたが読んでいる」の中の人。自分のアンテナだけを頼りにした閉鎖的な読書から、本を介して人とつながるスタイルへの変化と発見を、ブログに書き続けて10年以上になる。

「その本に何が書いてあるか」のような要約よりも、「それを読んで自分がどう動いたか」という具体的な感動・行動に焦点を当てて本を紹介し、愛情まみれの書評は、ときに売切れを続出させ、Amazonの紙価（古本取引価格）をべらぼうに高めたことも。たとえば、東大教師が新入生に薦める本のアンケートを過去15年3000冊を調べ上げ、そのNo.1が『カラマーゾフの兄弟』であると新潮文庫の帯文に書いたところ、学生・社会人が先を争って買い求め、累計170万部のロング&ベストセラーに至る火付け役に。あるいは、W.マクニールの『世界史』を「読むシヴィライゼーションだから徹夜を覚悟せよ」と煽ったら、Amazonのみならずリアル書店・古書店の在庫も払底させ、定価の10倍もの高値で取引されるようになった（今は増刷されているのでご安心を）。

スゴ本オフという読書会を主催。1冊の課題本を読んできて、それについて語るのではなく、テーマごとに好きな本を持ち寄って、まったり熱く紹介し、お薦めしあう。持ち寄る本のテーマは、美、冒険、お金、音楽、SF、ホラー、食とエロス、女と男、新潮文庫、学校など多岐にわたり、10年以上続けている。開催地はおもに東京だが、サンフランシスコや香港からネット経由でリモート参加していただいたり、大学の大教室を借りてやったり、高尾山でハイキングしながらのときもある。Facebookグループ「スゴ本オフ」のメンバーは1000人を超える。

ブログ　http://dain.cocolog-nifty.com/
Twitter　https://twitter.com/dain_sugohon
スゴ本オフ　https://www.facebook.com/groups/book.talk.cafe/

カバーデザイン　　渡邊民人（TYPEFACE）
本文デザイン　　清水真理子（TYPEFACE）
カバーイラスト　　あべたみお
編　　集　　傅智之

お問い合わせについて

本書に関するご質問は、FAX、書面、下記のWebサイトの質問用フォームでお願いいたします。電話での直接のお問い合わせにはお答えできません。あらかじめご了承ください。

ご質問の際には以下を明記してください。

・書籍名
・該当ページ
・返信先（メールアドレス）

ご質問の際に記載いただいた個人情報は質問の返答以外の目的には使用いたしません。

お送りいただいたご質問には、できる限り迅速にお答えするよう努力しておりますが、お時間をいただくこともございます。なお、ご質問は本書に記載されている内容に関するもののみとさせていただきます。

問い合わせ先
〒162-0846
東京都新宿区市谷左内町21-13
株式会社技術評論社　書籍編集部
「わたしが知らないスゴ本は、きっとあなたが読んでいる」係
FAX：03-3513-6183
Web：https://gihyo.jp/book/2020/978-4-297-11153-3

わたしが知《し》らないスゴ本《ほん》は、きっとあなたが読《よ》んでいる

2020年5月12日　初版　第1刷発行

著　者　Dain《ダイン》
発行者　片岡巌
発行所　株式会社技術評論社
東京都新宿区市谷左内町21-13
電話　03-3513-6150　販売促進部
03-3513-6166　書籍編集部
印刷・製本　昭和情報プロセス株式会社

定価はカバーに表示してあります。

製品の一部または全部を著作権法の定める範囲を超え、無断で複写、複製、転載、テープ化、ファイルに落とすことを禁じます。造本には細心の注意を払っておりますが、万一、乱丁（ページの乱れ）や落丁（ページの抜け）がございましたら、小社販売促進部までお送りください。送料小社負担にてお取り替えいたします。

©2020　Dain　ISBN978-4-297-11153-3　C2036　Printed in Japan

特別付録

禁断の劇薬小説

＋トラウマンガ

特別付録

禁断の劇薬小説

＋トラウマンガ

読書は毒書だ。
読前・読後で変わらないなら、読む意味がない。ヒマつぶしなら、ゲームなりネットなり、もっと有用なのがあるだろ？　わざわざ時間とアタマを使うくらいだから、響いたり刺さったりしないと。
どんな本を読むべきかについては、フランツ・カフカの言い分を全面的に支持する。これだ。

僕は、およそ僕自身を咬んだり刺したりするような本だけを読むべきではないかと思っている。

僕たちの読んでいる本が、頭蓋のてっぺんに拳の一撃を加えて僕たちを目覚めさせることができないとしたら、それではなんのために僕たちは本を読むのか？　君の書いているように、僕たちを幸福にするためか？　いやはや本がなかったら、僕たちはかえってそれこそ幸福になるのではないか、それに僕たちを幸福にするような本は、いざとなれば自分で書けるのではないか。

しかし僕たちが必要とするのは、僕たちをひどく痛めつける不幸のように、僕たちが自分より愛していた人の死のように、すべての人間から引き離されて森の中に追放されたときのように、そして自殺のように、僕たちに作用する本である。

本は、僕たちの内部の凍結した海を砕く斧でなければならない。そう僕は思う。

（『夢・アフォリズム・詩』フランツ・カフカ著、吉田仙太郎編訳／平凡社）

そうなんだ、脳天への一撃となる小説や、琴線が焼き切れるようなマンガ、あるいは世界観が絨毯爆撃されるようなノンフィクション、そんな経験でないと、毒書の意味がない。一読したら、二度と立ち直れないような作品が欲しいのに。

ここでは、そんな「斧」となる作品を選んだ。読んだことを後悔するような劇薬小説であり、一生のトラウマになるかもしれないトラウマンガ（トラウマ＋マンガ）である。読みたくない人のために、タイトルと著者のリストだけを先に置いておく。怖いものが見たい人は、その先をどうぞ。

便宜上、毒の目安をLEVELで示した。LEVEL 1は知る人ぞ知る毒本で、用法用量を守って正しく愛でてほしい。LEVEL 2からは、まともな人にとって危険な読書になるため、覚悟完了のうえで手にすること。そしてLEVEL 3、これは読んだら感染して、その後の人生にずっとまとわりつく呪いとなることを請け合う。

もう一度警告するけれど、これらは〝読む暴力〟だ。あなたにとって、本当に危険な読書になる可能性が高いので、まずは見ない（読まない）ことをお薦めしておく。この先を読んで「気分が悪くなった」という苦情をもってこられても困る。

そして、ここが重要なのだが、これからわたしが紹介するものがぬるいなら、もっとキツいのを教えてほしい。なぜなら、わたしが知らないスゴ本は、きっとあなたが読んでいるのだから。

LEVEL 1

・『告白』（町田康／中央公論新社）
・『イワン・イリイチの死』（トルストイ／光文社）
・『ファイト・クラブ』（チャック・パラニューク／早川書房）
・『ウルトラヘブン』（小池桂一／KADOKAWA）
・『ザ・ワールド・イズ・マイン』（新井秀樹／小学館）
・『ペインティッド・バード』（イェジー・コシンスキ／松籟社）
・『骨餓身峠死人葛』（野坂昭如／岩波書店）
・『人の殺され方』（ホミサイドラボ／DATAHOUSE BOOK）
・『異形の愛』（キャサリン・ダン／河出書房新社）
・『死にかた』（筒井康隆／KADOKAWA）角川ホラー文庫『鍵』所収
・『獣儀式』（友成純一／幻冬舎）

LEVEL 2

・『隣の家の少女』（ジャック・ケッチャム／扶桑社）
・『児童性愛者―ペドファイル』（ヤコブ・ビリング／解放出版社）
・『ブラッドハーレーの馬車』（沙村広明／太田出版）
・『四丁目の夕日』（山野一／扶桑社）
・『夜のみだらな鳥』（ホセ・ドノソ／水声社）
・『城の中のイギリス人』（マンディアルグ／白水社）
・『バージェスの乙女たち』（蜈蚣 Melibe／三和出版）

LEVEL 3

・『デス・パフォーマンス』（スチュアート・スウィージィー／第三書館）
・『死体のある光景　デス・シーン』（キャサリン・デューン／第三書館）
・『ジェローム神父』（マルキ・ド・サド／平凡社）
・『真・現代猟奇伝』（氏賀Y太／太田出版）
・『ネクロフィリア』（ガブリエル・ヴィットコップ／国書刊行会）
・『消された一家　―北九州・連続監禁殺人事件』（豊田正義／新潮社）

LEVEL 1

『告白』町田康（中央公論新社）

キ印シミュレーター。

予備知識ゼロで読んだ。真黒なラストへ全速力で向かっていることをビクビク感じながら、まさかこんなとんでもない「事件」とは露知らず。

テンポのいい河内弁でじゃかじゃか話が進む。この一定のリズムは音楽を聴いているようで心地よい。中毒性があり、ハマると本を閉じられなくなる。読み進むにつれ、朦朧とした不思議な感覚に包まれる。

「告白」の名のとおり一人称でずっと進むと思いきや、妙なトコで冷徹に三人称で書いたり、同じ一人称でも著者がしゃりしゃり出てきたり、だれ？だかわからないツッコミが入ったり。読み手の気持ちピッタリなので、とりあえず「わたしの代わりにツッコミ」だと思いつつ進む。だんだんドツボにはまる男を憎めないのと、まわりにわかってもらえない彼の苦悩に同調しながらも、感情がどんどん混ざっていくのがわかる。

カタストロフの直前、男が被る獅子舞の内側から見た世界が最も恐ろしい。全世界から疎外される男の苦悩は、脳内をエコーしまくるだけで、ちっとも外へ出てこない。出るとしても、切れ切れの思考の欠片だけで意味をなさない。獅子舞を被ったトンネル越しの世界、これこそ男の世界そのもの。河内弁なんざかなぐり捨てて、現在用語でもって全力で語られる。

男と読み手が一直線に貫かれる瞬間を見計らって、殺戮が始まる。河内十人斬のビート（ホントにこのCDがある）が腕を這い回る、知らないはずなのに踊れるぞジョジョォォオーーッ！　彼にしてみればとても明々白々。正義を成し善を遂行するために、完全無欠に必要な行動を順番に実行する。やっている行為の一つ一つは輝くほど明白なのだが、思考の断絶がフラッシュのように入り込む。ちょっと運の悪い男が、大量殺人者にいたるまでの思考をシミュレートしたんだから仕方ないか。

ところが、読み手であるわたしと極限までシンクロしちゃっているんで、執行シーンでは体を（心を？）もぎ離すのに苦労する。わたしの心に告白が、しっかりと喰い込んじゃっているから、今やめるとこの体は叫び出す。何て叫ぶって？　もちろん人間停止ッ！、人間停止ッ！！

人間をやめた男を描いているのだが、どこから狂っているのかがわからないのが素晴らしい。正気と狂気の境目は、グラデーションになっている。狂う人格を執拗に追った作品としては夢野久作の『ドグラ・マグラ』が有名だが、わたしは断然こっちを推すね。

『イワン・イリイチの死』(トルストイ/光文社)

人生が空っぽだったことに気づいた男の惨めな死にざまだ。舌なめずりしながら読むべし。

ほら、あれだ、「怒らない技術」としてのライフハック。ムカつく奴は三歳の幼児か、一〇〇歳の老人と考えろ、というやつ。その自己中心的な行動も、ワガママな発言も、哀れみと慈しみの生暖かい目で見ることができる(かもしれない)から。

その応用がこれだ。毒舌を上等としている礼儀知らずや、ケチをつけると自分が上がると思い込んでる輩を、「人生の最後になって、人生が空っぽだったことに気づいた」というシチュエーションに突き落とす。楽しいぞ、絶望の中で死んでいくしかなく、だれもその声を聞く機会すらないことを、痛いほど自覚させるのは。そのモチーフとして最適なのがこれ。「一人称で死んでいくことのシミュレーター」なのだ。

成功人生を送ってきたが、病を得て、どんどん篤くなっていく主人公。家族の冷淡な様子や、ひとりぼっちで惨めな思い、そして、自分の人生がまったくの無駄であったことを徹底的に思い知らされる。恐れ、拒絶、戦い、怒り、取引、抑うつ、そして受容といった典型的な(?)段階を経ながら、死と向かい合う心理的葛藤を容赦なく暴きたてる。「死とは他人にだけ起きる事件だ」とタカくくっていた順番がまわってきたとき、どういう態度をとるのか。

自分の人生を生きてこなかった彼が、死を自覚することで、空っぽの人生と無理やり向き合わされる。そして、もう、とりかえしはつかない。もちろん、自分と重ねると絶望感の予告編となって楽しいし、嫌なアイツにあてはめるとこのうえもなく自分がゲスな野郎に思えてくるのでさらに吉。

あなたは死ぬし、わたしも死ぬ。だから、これで死をなぞってみよう。

『ファイト・クラブ』（チャック・パラニューク／早川書房）

精神去勢された男どもに贈る爆弾。読め（命令形）。

生きてる実感が湧かないなら、自分が何なのか見失ったら、そしてあなたが男なら、強力に切実にこれを薦める。長いこと絶版状態だったのだが、ようやく新版が出た。やっと安心して言える、読め、とね。

わたしは、「よい子」から「よい大人」になるように育てられてきた。受験もスポーツも就職も、周囲の期待に応えることばかりに費やされてきた。両親や教師、ひいては上司の期待に応えるために、「わたし」そのものを費やしてきた。よい子、よい社会人、よい夫、よい父、理想のパラメーターとのＦＩＴ／ＧＡＰを埋めるための努力だけが、「努力」だと思い込んできた。そこには「わたし」なんてない。パラメーター化された外側だけしかない。この主人公「ぼく」がそうだ。生きている気がせず、不眠症の頭を抱え、ずっと宙吊り状態の人生に嫌気がさしている。そんなぼくと出会ったタイラーはこう言う、「おれを力いっぱい殴ってくれ」。そしてファイト・クラブで殴り合うことで、命の痛みを確かめる。最初から最後まで、名前を持たない「ぼく」は、読み手自身を重ね合わせ、注ぎ込むための器だ。そして、「ぼく」を殴るタイラーは、剥き出しの欲望そのものだ。これは「わたし」だ、精神的に去勢された「わたしの物語」なのだ。この器に注ぎ込まれたアドレナリンは、読み干すそばから体内で沸々と滾っていることに気づくだろう。

大事なことだからもう一度、読め（命令形）。人生の持ち時間がゼロになる前に。

『ウルトラヘブン』（小池桂一／KADOKAWA）

読むドラッグ、しかも「最上級のペーパー・ドラッグ」なり。謳い文句に偽りなし。酔って読むとダイレクトに作用してくるので、かなり危ない。アルコールは感情や感覚の増幅器にすぎないから、飲みながら読むとバッド・トリップになること請合う。呑んでジェットコースターに乗っちゃダメなのと同じだし、アルコール入りセックスが深いのといっしょ。

近未来——多種多様なドラッグの発明によって、好みの精神世界を体験できるようになったはいいが、違法ドラッグの危険性も桁外れになっている。「人間やめますか」どころじゃない、人間じゃないナニカにまでなろうとする。

見どころというか酔いどころは、究極のドラッグを求める主人公のトリップシーン。皮膚の表裏の区別がつかなくなり、体そのものが裏返しになる感覚や、メタ現実を時系列に、しかも何層にもわたって知覚するイメージ群が凄まじい。主人公だけでなく、読んでる自分まで微分されてる気分になってくる。

さらに、知覚とは脳により咀嚼されたデータにすぎないことが、よくわかる。あるシーンで、「情報未処理」の状態である赤ん坊そのままの世界を「視」る。遠近感デタラメで、全体は部分を構成しており、平衡感覚は完全に喪われている。一瞬一瞬が妙にクッキリとして、まるで高精密映像のパラパラマンガで現実が成り立っているような、そんな感覚を「理解」できる。

つまり、ホントはそこまで「解析」できるにもかかわらず、通常の脳だとそこまで追いつけないのだ。だから、無数の諸相の最大公約数的なところをパターン認識して誤魔化している——そんなことを、主人公といっしょになって「理解」するのだ。ここ、人によると嘔吐するかもしれぬ。アルコールなら二日酔いで済むが、これは思い出すだけで酔えるから。

使用上の注意をよく読み、用法・用量を守り、覚悟をキメてご使用ください。

『ザ・ワールド・イズ・マイン』（新井秀樹／小学館）

どんなに高尚な思想や理想を持っていようとも、われわれは歩く糞袋であり、消化器官に手足が生えた存在にすぎない——このシンプルな事実に目を向けるためには、時に強力な暴力を必要とする。

人身事故の現場を検索するといい（「グモ」とか「ゴア」といったキーワードを混ぜるといい）。血液は線路の茶褐色と同化するが、キムチをばらまいたような内臓がきれいだから。自分の体内にこんなに美しい朱が潜んでいるかと思うと、なんだか愛おしくなる。だが、その美しさを外に出すためには、強力な暴力を必要とする。

むき出しの暴力と向き合うとき、理性や倫理というものが何の役にも立たないことを、痛いほど感じさせる。だが、自分が向き合うときは、自身の生命は保証されない。だから、物語で代替する。

「命は平等に価値がない」と言い、無慈悲に殺人を繰り返しながら北上する二人の男と、突如現れ大量殺戮をくり返しながら南下する正体不明の巨獣。そして、この騒動に巻き込まれるさまざまな立場の人々の群像劇が描かれている。

追い詰められ、命を脅かされ、ギリギリの状態になる人が出てくる。そうなる前に語っていた「命の大切さ」や「正義」というものが、いかに社会という約束事に守られていたかが、よくわかる。だからといって、そうした理想は無価値などではない、と信じたい。しかし、そんな読み手の思いを踏みにじり、引き裂く。

おそらく、拒絶という仕方でしか、この作品に向き合えない人がいるだろう。それは、びっくりするほどノーマルな反応だ。わたしは、そのノーマルを大切にしたい。

だが、この劇薬リストを読んでいるのであれば、毒を喰らいたいというのであれば、ぜひ。

『ペインティッド・バード』（イェジー・コシンスキ／松籟社）

戦争が子どもに襲いかかり、子どもが怪物に変わっていく話。エグいのに目が離せない、手が離れない、強い吸引力をもつ小説だ。TIME誌の「英語で書かれた小説ベスト一〇〇」※に選ばれている。

「酒が人を駄目にするのではない、元々駄目なことを気づかせるだけ」という言葉がある。アルコールは本能をリミッターカットする。酒が個人に降りかかる狂気ならば、戦争は大衆を襲う狂気だ。一〇歳の男の子がサヴァイヴする疎開先の人々は皆、酔っぱらってるかのよ

※ All-TIME 100 Novels
https://entertainment.time.com/2005/10/16/all-time-100-novels/slide/all/

うに本能に忠実だ。むきだしの情欲や嗜虐性が、目を逸らさせないように突きつけられる。目撃者＝主人公なので、読むことは彼の苦痛を共有することになる。

体験と噂話と創作がないまぜになっており、露悪的な「グロテスク」さがカッコつきで迫る。日常から血みどろへ速やかにシフトする様子は、劇的というよりむしろ「劇薬的」。スプーンでくりぬかれた目玉が転がっていく場面は、『狂鬼降臨』（友成純一／出版芸術社）のあの「抉り出される目玉から見た世界が回転していく」トラウマシーンを想起させる。白痴の女の膣口に、力いっぱい蹴りこまれた瓶が割れるくぐもった音は、今でもハッキリ耳に残っている。読んだものが信じられない目を疑う描写に、口の中が酸っぱくなる。耳を塞ぎたくなる。二〇二〇年六月に公開される映画は、モノクロ作品となっている。これ、カラーでなくてよかった。たぶん、観ることができない凄惨なシーンがいくつもあるはずだから（タイトルは『異端の鳥』、R15指定）。

ペインティッド・バード（彩色された鳥）は、最初は遊びとして、次はメタファーとしてくり返される。生け捕りにした鳥を赤や緑色に塗って、群れへ返す。鮮やかに彩色された鳥は、仲間の庇護を求めていくが、群れの鳥たちは「異端の鳥」として攻撃する。その鳥は、なぜ仲間が襲ってくるかわからないまま引き裂かれ、墜落する。主人公は浅黒い肌、漆黒の瞳を持つ。金髪碧眼のドイツ兵がうようよいる戦地では、「反」ペインティッド・バードになる。

暴力に育てられた子どもは、暴力を拠りどころとして生きる。自分が壊れないために、自分を欺く。同時代の戦時下をしたたかに生き抜く子どもの話だと、アゴタ・クリストフ『悪童日記』（早川書房）を思い出す。これは、狂った現実を生き抜くために、受け手である自身を捻じ曲げる話。辛い過去や悲惨な出来事は、それを引き受けるキャラクターを生み出し、そいつに担わせる。

この、過去を偽物にしないために、自分を嘘化するやり口は、『悪童日記』だと、とてもクリアに見通せる。なぜなら、続刊の『ふたりの証拠』、『第三の嘘』（ともに早川書房）と追うごとに、過去を否定する欺瞞が、ドラマティックに覆されるから。『ペインティッド・バード』では、そんなあからさまな相対化はない。

だが、それぞれのエピソードごとに別々の「主人公」がいたのではないか、と読める。なぜなら、悲惨すぎるのだ。

苛烈な虐待を受け続けると、子どもは普通、死ぬ。氷点下の河に突き落とされ、浮かび上がるところを押し戻され、呼吸できない状態が続くと、子どもは普通、溺れ死ぬ。真冬の森に放置されると、子どもは普通、飢え死ぬか凍え死ぬ。だが、彼は生き延びる。次の章ではだれかに助けられるか、まるでそんなエピソードはなかったかのような顔で登場する。これは、さまざまな死に方をしていった子どもたちの顔を集めて、この「彼」ができあがったんじゃないかと。

「彼」は著者に通じる。あとがきで幾度も「これは小説だ」と念を押したって、どうしても出自から推察してしまう。この本を出したせいで、彼は祖国から拒絶される。「ナチスのせいにされていた虐殺は、じつは地元農民の仕業だった」ことを、全世界に暴いたからだ。さらに、冷戦のあおりを受けて、親ソ的プロパガンダと扱われたり、反東欧キャンペーンの急先鋒と見なされたり、あちこちからバッシングを受け、命まで狙われるようになる。

全米図書賞や合衆国ペンクラブ会長など、きらびやかな経歴をまとっている反面、物理的・精神的にも攻撃されるさまは、「ペインティッド・バード」そのもの。プロフィールの最後で著者の〝墜落〟を知って、うなだれる。

これほど著者とシンクロし、その人生をねじりとった小説はめずらしい。

『骨餓身峠死人葛』（野坂昭如／岩波書店）

タイトルは「ほねがみとうげほとけかずら」と読む。屍体に寄生して養分を吸い取る葛の話だ。わずか三〇分で読めてしまう短い小説にもかかわらず、これは一生涯忘れることができない。忘れたい、記憶から消し去りたい——この強迫観念は、既視感覚を伴いながらトラウマになる。

ページをめくるたびに、毒が入り込んでくることがわかる。耐えきれずに読むのをやめるが、文章に中毒性が高く、やめるのをやめて読みたくなる。知らぬまに読み終えたときには、猛毒が身体にまわっていることを実感する。何度読んでも、悪寒、気持ち悪さといった症状が出ることもある。男性の場合、女陰を直視できなくなる副作用あり。

読むたびに、なまぐさい臭いが漂ってくる。文体と描写と（脳に浮かぶ）ビジュアル映像が濃密に絡み合っていて、呼吸を忘れる。血しぶくシーンや、兄妹の近親相姦だけがなまぐさいのではない。男を求めて濡れて白く光っている女陰の臭いがハッキリと嗅ぎ取れるんだ。そして、黒々とした茂みの中に鼻を近づけると、びっしりと詰まって蠢いている蛆虫が見えてくる寸法だ。

カマキリやアンコウの雄の例を挙げるまでもなく、男はセックスのたびに喰われる。あくまで擬似なんだが、ぬらぬらひかっているのを見るとあながち比喩でもないなぁとしみじみ思うし、それこそ快楽に下半身がなくなったような感覚は喰われてしまったからなのかもしれぬ。そういう、女陰の本質的な恐ろしさが、原体験のように刻み込まれた。女性が読むと異なった読後感が得られるだろうが、そもそもこんな小説は読んじゃいけないと忠告しておく。

『人の殺され方』（ホミサイドラボ／DATAHOUSE BOOK）

メメント・モリを実践する。わたしは死ぬ、なぜなら、生きているから。どんな死に方になるのか楽しみだが、「こんな死に方は嫌だ」と心底・痛切に思うのがこれだ。

人は、列車に轢断されたり、ナイフでひと突きされたり、散弾銃で撃たれたり、首を吊ったり、溺れたりと、さまざまなことが原因で死ぬ。これらの死に様は、轢死、失血死、縊死、溺死と呼ばれる。それぞれの現場を写したビジュアルは強烈だ。酸っぱいものを飲みこみ飲みこみ読むうちに、死亡の究極の原因が見えてくる。それは「窒息」、すなわち細胞が新鮮な酸素をもらえなくなることだ。そのプロセスは多々あれど、結局、人は、窒息で死ぬ。

具体的に「見える」のもありがたい。「孤独死二週間目」「全身を強く打って」「頭を強く打って」「人身事故で」「線路内立ち入り」「メッタ刺しで」といったオブラートを剥がしてくれる。それぞれの事例の写真やイラストが添えられており、身体がどのように損傷したのか、どういう方向からエネルギーが加わったのかが、よく見える。最初は「なんだ、カラーじゃないのか」と不満たらたらだったが、読み進むごとに、ページを繰るのに勇気が必要になってくる。

たとえば、散弾銃の威力をあますところなく伝えている一枚がある。散弾銃を持った男が何度も発砲した後、銃口を口に含んで自殺したのだが、その写真が壮絶だ。頭部はそのままなのに、顔面だけが完全に吹き飛んでいる。説明は「その容貌はまるでグチャグチャに踏み潰したトマトにカツラをかぶせたようだ」とある。白黒の写真でホントによかった……。

あるいは、孤独死で数週間経過した写真。腐敗ガスにより全身が膨張し、パンパンにふくれあがった巨人のようだ。このとき、泡状になった内臓により横隔膜が持ち上がり、肺が圧迫された状態になっている。結果、眼が飛び出し、舌が膨れあがり、鼻と口から液体がにじみ出る。同時に糞尿も押し出され、体内の細菌や外来菌とともに腐乱パーティが始まる。白黒の写真でもインパクト大なり。

窒息、溺死、毒殺、刺殺、斬殺、焼死、感電死、銃殺、爆殺、交通事故……さまざまな絶命バリエーションを眺めながら、死を忘れるなかれ。

『異形の愛』（キャサリン・ダン／河出書房新社）

もしテーマを知ったら、触るのも嫌な小説になるかもしれない。

巡業サーカスの家族の物語だ。団長であるパパは、薔薇の品種改良に発想を得て、わが子の品種改良を試みる。すなわち、子どもが「そのままの姿」だけで一生食べていけるよう、意図的に畸形を目指す。具体的には、ママの排卵と妊娠期間中、コカイン、アンフェタミン、それに砒素をたっぷり摂り、殺虫剤のブレンドから放射線まで試す。

生まれてきたのは、腕も脚もないアザラシ少年（サリドマイド児）の兄、完璧なシャム双生児の姉、一見フツウだが特別な力を持つ弟、そして、アルビノの小人の「わたし」である。物語は「わたし」によって導かれ、過去と現在を行き来しながら、家族への愛が語られる。

見世物のキャラバンでは、フリークスこそが望まれる。フツウは入れない世界なのだ。ほかにも、家族の外から入り込んでくる変人が現れるが、五体不満足を目指す動機が無残としかいいようがない（袋男のエピソードは強烈である。注意して読まれたし）。

価値観は転倒しているにも関わらず、その愛は正当なものだ。歪んでいるのは、そう見ている読み手であるわたしであることに気づく。その身の捧げ方がいかに特別なものであっても、やっていることは狂気としかいいようのない行為であっても、名づけるとするならば〝愛〟としかいいようがない。この小説に結論というものがあるのなら、それはタイトルそのものだ。闇と穢れの中を読み進めると、愛が見つかるだろう。

『死にかた』（筒井康隆／ＫＡＤＯＫＡＷＡ）角川ホラー文庫『鍵』所収

読み手を突き落とそう、やっつけよう、黒い笑いでヒーヒー言わせようとするサービス精神あふれるのが、筒井康隆。そのなかでも、『死にかた』はストレートすぎるといっていい。

突然オフィスに鬼が現れ、人々を次々と殺していく。「鬼」って何？　なぜそんなことをするの？　という読者の疑問には一切関知しない。鬼を無視する人、責任転嫁する人、説得を試みる人、色仕掛けで篭絡しようとする人、逃げようとする人など、さまざまな人が、さまざまな殺され方で死んでゆく。

その死に方の一つ一つに、理不尽な状況に追いやられた人間の浅ましさや小賢しさを笑ってもいいし、なすすべもなくうろたえる人の運命をギャグのように消費してもいい。おもしろいのは、そんな様子を唖然と眺めていた主人公が最後の一人となり、鬼と向き合ったとき、どういう運命になるのか？　これは、ご自身の目で確かめて、後味の悪い思いをしてほしい。

さまざまな死に方があるが、死んでしまえば肉塊にすぎぬ。そこまであがくのが人間なのであり、いったんそれに気づいてしまったのなら、人生なんて死ぬまでのひと踊り。『死にかた』が収録されている『鍵』は、自選短編集であり、ほかの作品も傑作ばかりなので、まとめて読んで嫌な気分になるべし。

『獣儀式』（友成純一／幻冬舎）

『死にかた』をスケール＆グレードアップしたのがこれ。「鬼たちが冥土から溢れてこの世界に出現して以来、はや一ヶ月になる」から始まる、読む地獄。人間なんて、糞袋。まさに劇物。まさに毒書。バカバカしさを暴力エロスでねじ伏せる、奇書というより〝狂書〟。

こんなにエロくてグロくて血みどろで、腐肉とウジ虫たっぷりの、酸っぱい胃液と激しい勃起に悩まされたやつはない。いろいろ読んできたつもりだけれど、これほど鬼畜劣情な小説は、ない。スプラッター小説なら、クライヴ・バーカー『血の本』シリーズ（集英社）や、綾辻行人『殺人鬼』（ＫＡＤＯＫＡＷＡ）、あるいはリチャード・レイモン「野獣館」シリーズ（扶桑社）が有名だが、本書はそれらを悠々と超えている。

たとえば、地面から突き出た、とがった杭の上に、女さんが肛門から串刺しにされるの。もちろん女さんの体重じゃちゃんと入らないから、鬼が、彼女の両足をつかんで引き下ろす。女さんはすでに発狂しているので、「肛門ではなく膣口に刺して」と腰をグラインドさせるが叶わず、残念無念。

んで、うまい具合に、肛門→直腸→横隔膜→咽喉、と順々につき破って、最後は口から先端が出てくる。「ブッン、ブッン」は、横隔膜の破れる音なんだって（映画『食人族』のポスターを思い出してほしい）。『食人族』と違うのは、一本に一人ではなく、先端が出てきたら、その上に次の人を肛門から突き刺していく……を繰り返しているところ。

さらに、女さんの下には、彼氏さんがいる。つまり、彼氏さんを通り抜けた杭の上に彼女がまたがっている。だから、彼の死に際は壮烈な眺めだよ。なんせ自分の口から突き出た杭に彼女の肛門が迫ってくるわけなんだから。そして、彼女の内臓液を口いっぱい頬張りながら絶命していくわけだから。もちろん彼の「下の人」もいるにはいるが、ずいぶん前なので、ぐじゃぐじゃのデロデロに腐った人塊てんこもりになっている。すっごーい！

だけど、これが序の口な。乱歩、澁澤、サド、筒井と、ジョージ・ロメロとダリオ・アルジェントの作品をこねくり回し・突き混ぜて、出てきた赤黒い何かを煮込んだものを飲み込む感覚。読者を気分悪くさせようとするサービス精神旺盛で、オエッて気分を口一杯に味わえるぞ。強い磁力を持っており、読後、自分の倫理パラメーターが狂うことを請けあう。

LEVEL2

『隣の家の少女』（ジャック・ケッチャム／扶桑社）

自分の肉体を強烈に自覚する手っ取り早い方法は、ナイフで切り裂いてみることだ。傷つき、血があふれ、痛みを感じたところが「肉体」だ。同様に、心がどこにあるか知りたいなら、『隣の家の少女』を読めばいい。痛みとともに強烈な感情――吐き気や罪悪感、汚されたという感覚、ひょっとすると快楽――を生じたところが、あなたの「心」だ。それゆえ、この小説はナイフだ。これを読むことで、あなたの心に刃筋を突き立て、どこから痛みが生じているか（どこからが〝痛い〟か）がわかるようになっている。

あらすじは単純だ。主人公は思春期の少年。その隣家に、美しい姉妹が引っ越してくる。少年は姉のほうに淡い恋心を抱き始めるのだが、じつは彼女は虐待を受けていた……という話。少年は目撃者となるのだが、心が「まだ」子どもゆえに、傍観者でいるしかない。しかし、「もう」大人ゆえに、彼女が受ける仕打ちに反応する。

その反応は、罪悪感を伴う。「読むのが嫌になった」「恐ろしくなってページがめくれない」が〝正常な〟反応だろう。だが、背徳感を覚え始めたところが、彼の、そして読者の心のありかだ。そして、その感覚に苛まれながら、生きていかなければならなくなる。

読書が登場人物との体験を共有する行為なら、その「追体験」は原体験まで沁み渡る。地下室のシーンでは、読みながら嘔吐した。その一方で、わたしは激しく勃起していた。陰惨な光景を目の当たりにしながら、見ること以外何もできない〝少年〟と、まさにその描写を読みながらも、読むこと以外何もできない〝わたし〟がシンクロする。見る（読む）ことが暴力で、見る（読む）ことそのものがレイプだと実感できる。この作品をひと言で表すなら〝読むレイプ〟。

見ることにより、取り返しのつかない自分になる。文字どおり「もうあの日に戻れない」。しかし、すでに読んで（見て）しまった。それどころか、出会いそのものを忌むべき記憶として留めておかなければならない。わたしたちは、読むことでしか物語を追えない。作者はそれを承知のうえで、読むことを強要し、読む行為により取り返しのつかない体験を味わわせる。ここが毒であり、「最悪の読後感」である所以。

さらに、これは終わらない。酷い小説を読んで気分が悪くなった。でも、本を閉じたらおしまいで、現実に戻れる？　待てよ、現実のほうが酷いんじゃないのか？　そもそもこれ、実際に起きたバニシェフスキー事件を元に書かれたものだ。ゲームが陰惨化し、陵辱がどんどんヒートアップし、最後には……という実話は、恐ろしいことに、めずらしいものではない。

〝読むレイプ〟を、ご堪能あれ。

『児童性愛者――ペドファイル』（ヤコブ・ビリング／解放出版社）

「最悪の読後感になるのが『隣の家の少女』だ」とブログで書いたら、それを上回るのを教えてもらった。まさに、わたしが知らない劇薬本は、きっとあなたが読んでいたパターン。

エログロはなし。残虐シーンもなし。だが、読んでしまった後に気づく。これは悪夢の始まりであり、呪いとしかいいようがないことに。

「小さな子どもと仲よくなること」を生涯の目標にしている男たちがいる。柔らかくハリがある小さな体を自由にしたい欲望を抱いている。バレると糾弾されることを承知しているがゆえに、ひた隠しにし、表面上は普通の生活を送っている。男たちは、これは「嗜好」であり、大きなおっぱいを好むとか、アナルファックが好きだとかいうのと同列に考えている。したがって、男たちはアナルを好む女がいると考えるのと同様に、自分の嗜好を満足させてくれる子どもがいると本気で考えている。彼らは自分を「世間から偏見を受けている者」とみなし、「自分の嗜好を表現する権利」を主張している。

さらに、子どもとの性愛が悪いという社会の偏見を除くべきだとも主張している。それが、デンマークの児童性愛協会という団体だ。一九九九年、この児童愛好家団体は、結社の自由を盾に公然と活動をしており、児童性愛者（ペドファイル）に「変質者」とレッテルを貼る社会に抗議し、カウンセリングなどによる「治療」は無意味だと主張する。それは「嗜好」

なのだから。

著者は自ら児童性愛者になりすまし、その会合に潜入取材を始める。そこで明らかにされる実態は、極めて普通で異常だ。彼らの思考や行動を、嫌悪感でもって否定することはかんたんだ。目をふさいで耳を閉じればいいし、最初から読まなければいいのだ。

だが、読んでしまったならば戻れない。目を背け、耳をふさいでいたかった事実を注入された挙句、出発点に放り出される。何ひとつ変わっちゃいない。こんなに惨い性暴力禍を知った後、どうすることもできないことを思い知らされる。こんな事実なら、知らなければよかった……痛いぐらいに後悔している。

これが「物語」ならよかったのに。

『ブラッドハーレーの馬車』（沙村広明／太田出版）

『赤毛のアン』を陵辱する、読み手の心を引き裂く話。Wikipedia によると、「赤毛のアンのような作品を描きたい」という作者の希望により連載が開始されたそうだが……覚悟のうえで読んでほしい。

はじまりは、孤児院。身寄りのない少女たちの憧れは、ブラッドハーレー歌劇団。一年に一度、容姿に恵まれたものが選ばれ、資産家・ブラッドハーレー家の養女として迎えられる。

貴族としての生活や、歌劇団で華々しく活躍することを夢見る少女たち。

本気で読む気なら、予備知識はこのくらいで。帯の説明は地雷なので、外しておこう。沙村広明版『キャンディ・キャンディ』のつもりで扉を開いた。おかげで、効果は抜群だ。

第一章を読んだだけで、みるみる顔色が変わっていくのが自分でわかる。血の気が引いて、戻ってこない。体が冷たくなってくる。どうやったって「おもしろがって」読めないし、フィクションだよね、ネタなんだよねとつぶやきながら見る・観る・視る——目が張りついて離れない。陵辱の陰惨さだけでなく、よくぞこんな話をつくりおったとため息がとまらない。

『四丁目の夕日』（山野一／扶桑社）

似たタイトルのマンガや映画を思い出すかもしれないが、狙ってやっている。昭和の下町や人情味あふれる時代を懐かしむのは勝手だが、「昔はよかったが、今はダメだ」と断定するのは危険である。

「走る凶器」という言葉を思いだそう。ピーク時は年間一万六千人が交通事故で命を失い、「交通戦争」という名にふさわしい時代だった。車の残骸とアスファルトの黒い染みの写真が社会面を飾っていた。「登下校の集団に突っ込む」「轢いたことに気づかず走行」「反対車線に飛び出し正面衝突」は、今だと華々しく全国ニュースになるが、当時は日常茶飯事だったことを思いだそう。

「四大公害病」、覚えているよね。あのころは、土も水も空気も汚染されていた。どれも悪質で悲惨な「公的犯罪」だったが、当初は「ただちに影響はない」と切り捨てられていた。鮮明に覚えているのは、泡立つ多摩川のヘドロと畸形魚。今と比べると、同じ惑星とは思えないほどだ。

「通り魔」を思い出そう。包丁や金槌で、主婦や子どもを狙う「まじめでおとなしい人」を思いだそう。住宅街の路面に点々と滴る跡を舐めるような映像を飽きるほど見た。今のように、同じ事件をくり返し流すのではなく、違う殺人事件が連続して起きていた。ニュースが別の通り魔を呼び寄せていたのだ。「カッとなって人を刺す」が動機の常だった。

「昔はよかった」補正を外し、目を背けていたセキララ実態を無理矢理ガン見させるのが、『四丁目の夕日』だ。工場労働者の悲惨な現実と絶望の未来は、読めば読むほど辛くなる。絵に描いたような不幸だが、これが現実だった。読むことはお薦めできない劇薬だ。人によるとトラウマンガになるかもしれぬ。

『夜のみだらな鳥』（ホセ・ドノソ／水声社）

愛する人をモノにする、究極の方法をご存じだろうか。

それは、愛するものの手を、足を、潰して使えなくさせる。口も利けなくして、耳も目もふさいで使い物にならなくする。そうすれば、あなたなしではいられない身体になる。食べることや、身の回りの世話は、あなたに頼りっきりになる。何もできない芋虫のような存在は、だれも見向きもしなくなるから、完全に独占できる——『魔法少女まどか☆マギカ』で囁かれた誘惑である。

悪魔のようだが理《ことわり》はある。乱歩『芋虫』の奇怪な夫婦関係は、視力も含めた肉体を完全支配する欲望で読み解ける。彼女がしたことは、「夫という生きている肉を手に入れる」こと。早見純の『ラブレターフロム彼方』（太田出版）では、ただ一つの肉穴を除き、誘拐した少女の穴という穴を縫合する。光や音を奪って、ただ一つの穴で外界（すなわち俺様）を味わわせる。

感覚器官や身体の自由を殺すことは、世界そのものを奪い取ること。残された選択肢は、自分を潰した「あなた」だけ。愛するか、狂うか。まさに狂愛。

ドノソ『夜のみだらな鳥』では、インブンチェという伝説で、この狂愛が語られる。目、口、尻、陰部、鼻、耳、手、足、すべてが縫いふさがれ、縫いくくられた生物の名だ。インブンチェは伝説の妖怪だが、小説では人間の赤ん坊がそうなる。老婆たちは、おしめを替えたり服を着せたり面倒は見てやるのだが、大きくなっても何も教えない。話すことも、歩くことも。そうすれば、いつまでも老婆たちの手を借りなければならなくなるから。成長しても、決して部屋から出さない。いるってことさえ、世間に気づかせないまま、その手になり足になって、いつまでも世話をするのだ。

子どもの目をえぐり、声を吸い取る。手をもぎとる。この行為を通じて、老婆たちのくたびれきった器官を若返らせる。すでに生きた生の上に、さらに別の生を生きる。子どもから生を乗っ取り、この略奪行為により、老婆たちは蘇るのだ。自身が掌握できるよう、相手をスポイルする。

読中感覚は、まさにこのスポイルされたよう。ムディートという口も耳も不自由な一人の老人の独白によって形作られるのだが、半生の記録でも記憶でも妄想でもない独白が延々と続けられる。話が進めば理解が深まるだろうという読み手の期待を裏切りつづけ、物語は支離滅裂な闇へ飲み込まれていく。

帰ってこれなくなる悪夢。肉体・精神の双方に対してダウナー系ダメージを喰らわせてくれる。生きた迷宮をさまようような、だれかの悪夢を盗み見ているような毒書になる。これは、ふくろうさん（@0wl_man）が、「読んでる最中は、極彩色の悪夢を定期的に見続けた」と書いていて、怖いもの見たさで手に取ったやつ。これ以降、ふくろうさんのお薦めは、恐る恐る手を伸ばしている。

『城の中のイギリス人』（マンディアルグ／白水社）

エロとグロと悪意を煮詰めた、最高のポルノグラフィ。「できるだけ残酷で、破廉恥で、エロティックな物語を書きたい」というのが作者の意図なんだが、見事に成功している。たとえば、生きのいいタコがうじゃうじゃ蠢く水槽に少女（一三歳処女）を投げ込んで、体中に貼り付かせる。タコがうじゃうじゃ蠢く水槽に少女……タコとスミまみれの彼女（顔にもタコべったり）を犯す→鮮血とスミと白い肌のコントラスト。その後、ブルドックに獣姦。犬のペニスは根元が膨張するので、ムリに抜くと穴が裂けるんだが、ちゃんと再現してる。ぜんぶ終わったらカニの餌。あるいは、氷でできたペニス（長さ三九㎝、亀頭周囲二五㎝）を肛門にねじ込む。この描写がイイ、感動的ですらある。温かい悪臭を感じさせる、素晴らしいシーン。

> 肛門と割れ目の窪みに油を注いでから、私は潤滑油でしとどに濡れた人差指を近づけた。するとなんたる不思議であろう、今度は氷塊ではなく、人間の肉が近づいてきたことを察したのか、薔薇の花はただちに拡がり、口のように開き、指の圧力にたちまち屈したのである。いや、というよりもむしろ、私の指をくわえこんだのである。

食糞飲尿あたりまえ、悪趣味、倒錯、陵辱、苦痛、加虐性欲の極限。大切なものを、いちばん残忍なやり方で破壊する（ラストの〝実験〟はマジ吐いた）。性の饗宴というよりも、むしろ性の狂宴。正直、そこまでせにゃ屹立しないなんて、異常！　しかし、この「異常性欲」は、城の主にとってみれば最高の美辞。

鋭利なカミソリで皮脂まで切られ、果物のようにクルリと皮を剥かれた顔を眺めながら、女は濡れるし、男は勃つ。吐きながら屹立してることは否定しようがない。城の主のセリフが刺さる。

＝「エロスは黒い神なのです」＝

『バージェスの乙女たち』（蜈蚣《むかで》Melibe／三和出版）

ナボコフ『ロリータ』（新潮社）の「生きた肉鞘」を彷彿とさせる。あるいは、沼正三『家畜人ヤプー』（幻冬舎）でもいい。とある目的のために改造された少女たちを、「バージェスの改造乙女」と呼んでいる。いったい何をどのように改造したか？　これを知ったとき、怖気を震うとともに、生きた肉鞘とは彼女らのことだと腑に落ちた。

四肢切断やら内臓性交といったエグい系に慣れていても、この発想はなかった。ある意味ワンアイデアの一発モノとはいえ、そのアイデアがスゴすぎる。タイトルの「バージェス」

は、五億年前のカンブリア期におけるバージェス頁岩《けつがん》動物群に由来する。

既存の生物相の枠組みには収まりきれない、奇妙奇天烈動物のオンパレードなんだが、メタファーになってない。よくぞ考えついたといえば誉め言葉になるが、エロスのためなら「なんでもあり」で許される範囲を凌駕している（やりすぎ）。

汚物愛好と人体改造の極北に『家畜人ヤプー』があるならば、そのさらに北にあるのが本書なり。一切の予備知識なしに開いたとき、思わず目を背けましたもの。パートナーとのプレイに首輪を装備させる延長にあるかと思うと、自分で自分にゾッとなる。自分が何が好きかを知ってね。

LEVEL3

『デス・パフォーマンス』（スチュアート・スィージィー／第三書館）

命がけのオナニー・レポート。

「危険な自慰」や「身体改造」を追求した結果、死亡したり重い後遺症になった事例を、検証写真つきで再現している。もとはメディカルレポートや検死報告を元にしており、淡々とした筆致が異常性を際立たせている。

快楽を追求するあまり自慰死に至った話は、おぞましく、滑稽で、悲しい。たとえば、三二歳の男性。三児の父で、ベッドの上で死亡しているのを一一歳の娘が見つけた事例だ。発見時、ストッキングと女物のセーター、ブラジャーを身につけていたという。やわらかいベルトで両手を縛り、口の中には生理用ナプキンを含み、頭と口にはピンクのブラジャーが巻きつけられていた。丸出しになった陰嚢にはタバコの火が押しつけられ、腫れあがっていたとある。

ほかにも、ドアノブやクローゼットにロープを引っ掛けて「擬似首つり状態」で〝ハイ〟になりながら自慰をしているうちに、戻ってくるタイミングを逃し、文字どおり「逝ってしまった」事例がたくさん出てくる。

首つりオナニーだけでない。トラクターや掃除機を使った斬新な方法が提示され、その犠牲者が語られる。古典的なコンニャクや、カップヌードル、ポッキーならチャレンジしたことがあるが、可愛いものだ。これは限度を超えている。トラクターにロマンティックな感情を抱いた男が、女装して油圧シャベルに逆さ吊りになっている最中にバケット操作を誤り、圧死した事例。掃除機を使った自慰＋テーブルの足を抜き取って肛門に差し込み、全裸＋パンスト状態→うつぶせになって感電死しているところを妻に発見された事例。

何ヶ月もかけてゆっくりと自己去勢した男の話や、自宅でドリルで頭蓋貫通することでニルヴァーナを目指す女、自分で眼球を摘出してしまった少年の話を聞いていると、わたしの想像力もまだまだだな、と思えてくる。

『死体のある光景　デス・シーン』（キャサリン・デューン／第三書館）

カリフォルニアの殺人捜査刑事が個人観賞用に収集した膨大な「死体のある風景」のスクラップ。趣味とはいえ、モロ出し死体画像の鑑賞は、ずいぶん変わっている。

ページを繰って、こちら（カメラ）を向いてはいるものの、もう命がない顔を、まじまじと見る。

見られることを意識しなくなった体と、そこに刻まれた痕を見る。メッタ刺しにされた挙句、深深と抉られた売春婦の腹部と、剥き出しにされた陰部を見る。若く美しい女の裸が、森の中で宙吊りになっているのを見る。爆発した上半身と、意外にちゃんと付いている足を見る。はみ出した大腸を見る。はみ出た脳を見る。首吊り自殺現場を見る。ショットガンで文字どおり蜂の巣となった痕を見る。

カラーじゃなくて、よかった。

これだけ大量の異常死体を執拗に見つづけると、いつしか慣れてくるもの——というのは激しく間違っており、絶対に慣れることはないし、吐き気も収まらない。ただ、じつにさまざまな死に方で人は命を奪われるのだなーと感慨深い。まだ経験がないので、わたしは死を象徴的に語りたがるが、ここの死体はとても具体的。

圧死、焼死、爆死、轢死、縊死、壊死、煙死、横死、怪死、餓死、狂死、刑死、惨死、自死、焼死、情死、水死、衰死、即死、致死、墜死、溺死、凍死、毒死、爆死、斃死、変死、悶死、夭死、轢死、老死、転落死、激突死、ショック死、窒息死、失血死、安楽死、中毒死、傷害致死

まさに死のオンパレード、ないのは「過労死」ぐらいやね。被写体として、「本」という

オブジェクトに納められた死体を、生者という絶対的に優位な立場から見る。ちょっと吃驚したような顔を見る。本来隠されている（べき）ものが白々と暴かれている。腐った体は、腐った肉でしかない。

いずれわたしも死ぬ。こう撮られるようになるかはわからないけど。それでも、選べるものなら、もっと穏やかな死にしたいもの。いま自分が生きているありがたみを、死体を通じて思い知らされる一冊。

『ジェローム神父』（マルキ・ド・サド／平凡社）

サドといえば、『ソドムの百二十日』が有名だ。男色、獣姦、近親相姦。老人・屍体に、スカトロジー。読み手にとてつもない精神的ダメージを与え、まともに向かったら、強烈な兇刃に膾にされる。イメージを浮かべながら読むと、想像力が絶叫する読書になる。

〝読む拷問〟ともいうべき『ソドムの百二十日』は、質量ともに大容量だ。感情が擦り切れ、ヘトヘトに疲労困憊する読書になるだろう。もっと手軽に「危険」を味わいたい人には、代わりに『ジェローム神父』をお薦めする。澁澤龍彦＝マルキ・ド・サドと、幻想画家・会田誠の恐ろしいコラボレーション。ふつうの人は避けたい挿絵とストーリー。

たとえば、表紙。ポニーテールの少女（全裸）が、アッケラカンとした笑顔で見上げている。ただし両手足は切断されており、ぐるぐる包帯からにじむ血肉が生々しい。あるいは挿絵。少女の腹を指で押すと、割れ目からイクラがぽろぽろと出てくる〝とれたてイクラ丼〟には目を見張る。

もちろん、サド・テイストも凄まじい。冒頭、恋人どうしの若い男女を人気のないところへ連れ出し、まず男を射殺。そして女を姦するのだが、ただじゃすまないのがサド節。小枝やトゲのある蔓で女の柔らかい場所を刺したり痛めつける。男の死体を切り裂いて、そこから心臓を抜き取り、娘の顔を汚す。あまつさえ心臓の幾片かを無理やり娘の口の中に押し込んで、噛んでみろと命令する……

「彼女がこの世のもっとも残酷な瞬間を経験するであろうとき、おれはこの世のもっとも甘美な瞬間を味わうのだ」と嘯きつつ、胸といわず下腹部といわずメッタ刺しにする。自分がイク瞬間に、悶死する女の肉体の収縮が、えもいわれぬ恍惚感をひきおこすそうな。

可憐な少女をたぶらかし、文字どおり「獲物」として扱うジェローム神父。彼が「おれが地球上の全人類を、もっぱらおれの快楽に奉仕すべき存在としてしか認めていないことは申すまでもあるまい」と言い切るとき、戦慄するよりも感心するだろう。

『真・現代猟奇伝』（氏賀《うじが》Y太／太田出版）

読・む・な。

完全な毒書となることを約束する。マンガだから「毒入マンガ」。まず、これ、読んだことがあるというだけで性格を疑う。ましてや「大好きだー」なんていうやつぁ、イカれているよ、わたしは大好きだけど。

恐ろしいのはこれ、実際にあった事件をモデルにしているところ。「女子高生コンクリート詰め殺人事件」「混血少年連続殺人事件」と「名古屋妊婦切り裂き殺人事件」など、ある世代以上なら聞いたことがあるだろう。おぞましい現場を、見てきたように描いているが、調べれば調べるほど、脚色していないことがわかる（ググるな危険）。

おかげで、内臓ファックやら顔面崩壊といったワザを知ることになった。腹を裂いてヤるなんて、おかしいよ。吊り、焼鏝、股裂、食糞、腹腔ファック、串刺、正中切開、脳姦、解体刑……あらゆるキチガイが詰まっている逸品。

女子高生コンクリート詰め殺人事件は、ページをめくるのが恐くてたまらなくなった。描写や展開が恐いのではなく、ページをめくろうとする自分の壊れっぷりに慄いたのだ。「おかしい」自分を充分に意識して、読んだ。食人社会ネタはブラックユーモアだと誤解して、ゲタゲタ笑った自分が恐ろしい。壊れやすいのは人体ではない、わたしだ。

読めば「おかしく」なれるマンガなり。

『ネクロフィリア』（ガブリエル・ヴィットコップ／国書刊行会）

道徳も反道徳も、単なる程度問題じゃね？　善なんて量的に見て外野が判定するものじゃないか——なんて陳腐な結論に至る。だからといって書いてあることを実行しようなんて気は起きないけれど、それでも自分のリミッターカットができて満足しちゃう読書になる。

ここで描かれるのは、「愛」。ただし、屍《しかばね》を愛する男の話。彼は屍体にしか性的興奮を覚えず、葬儀に列席しては墓地に通い、屍体を掘り出してきては愛するのだ……その形がわからなくなるまで。日記体で淡々と描かれる〝非〟日常は、すべて屍体の話題ばかり。どうやって愛して、どんな匂いを放ちつつ、どのように崩れていくかが、観察日記のように綴られている。描写のひとつひとつは強い喚起力に満ちており、慣れない読み手に吐き気を催させるかもしれない。

異常なのは主人公で、読み手は「正常」であると安心していると危ない。屍体愛好者は心の断絶を選び取ってしまっており、その情欲は説明できないところへ超越している。いきおい読み手は、日記——彼の独壇場だ——に寄り添いながら進めていくほかない。相手が抵抗力を持たないオブジェであるだけで、サディズムや暴力主義とは離れた、ただ対象へのひたむきな姿がそこにある。あきらかに腐っている少年の体とともに熱い湯船で戯れる様子なんて強烈だ。

少年の身体は刻一刻とやわらかくなり、腹は緑色になって崩れ、匂いのきつい腸内ガスでパンパンに膨れ、そのガスが湯船の中で巨大な泡となって弾ける。なお悪いことに、顔が崩れ、元々の少年とは似て似つかぬ風貌になってしまった。私のかわいいアンリとは、もうとても思えない。

ポイントは、どんなに耐え難い臭気を発していても、必ず「匂い」としているところ。著者と訳者と主人公の心意気を感じるね。描写のコントラストも素敵。主人公が死者だけでなく、生者とも性交しそうになるシーンがある。(生きている)中年女の股ぐらからしたたり落ちる白濁液と、死姦しようとした少女がゴボゴボと吐き出す黒い液体は、フラッシュバックのように記憶に残るに違いない。

『消された一家 ―― 北九州・連続監禁殺人事件』(豊田正義/新潮社)

最高に胸クソ悪い体験を味わえる。これ以上気分が悪くなりようのないぐらい嘔吐感を味わう。おまけにこの酸味、読んだ後いつまでも引きずっていられる。

こんな人間が「存在する」ことはよく理解できた。この人間を悪魔だの人でなしだの呼ぶのはたやすい。しかし、彼を悪魔とみなすことで思考を止めたら負けかな、と思いながら読み続けた。父親の解体の場面で、身体が読むのを拒絶した。しかし、なぜそんな事件が起きたのか、どうすれば回避できたのか、知りたくて最後まで読んだ。今から考えると、そこで読むのを止めておけばよかったのに、と思っている。

それが、『消された一家——北九州・連続監禁殺人事件』だ。

最悪の読後感を味わえるのは、最後まで読んでも、「なぜそんな事件が起きたのか」はぜんぜんわからないから。無抵抗の子どもの首にどういう風にコードを巻いて、どんな姿勢で絞めたか、といった行動は逐一知らされる。「どのように」は徹底的にわかるのだが、「なぜ」なのかは想像すらできない。

これを著者の筆力不足に帰するのは、あまりに気の毒。一人称で書けないルポルタージュの限界なのか。むしろ、安直に理由を押しつけて事足れり、としない矜持のほうを支持したい。「事実は小説よりも奇なり」とは、たしかにそのとおり。しかし、事実を理解することができない。虚構でもいいからこの出来事を理解したいと願うのならば、小説にするしかないのか。

最もいやらしいのは、この天才殺人鬼が「指示」に徹するところ。一家をマンションに監禁し、「殺す者」と「殺される者」を指示するのだ。彼らは抵抗も逃亡もせず、互いを殺し合う。遺体はバラバラに解体され、周到な準備の末、少しずつ捨てられ、ついに一人を残し、家族は消滅した。七人が抹殺された〝史上最悪〟の密室事件は、「なぜ」という疑問を拒絶する。

事実は小説よりもおぞましい。なぜなら、「なぜ」を拒絶するから。物語にさせないから。

おわりに

これらの本はわたしの脳天への一撃となったが、あなたへの一撃となっただろうか。

「都合が悪いのは現実だけで充分、なぜ酷い話を好んで読むのか」という意見もある。だが、現実がまだマシであることを痛感し、そんな酷い話でなくてよかったと胸をなでおろすには、やっぱり毒書が必要だ。人生は不条理であり、不都合にまみれ、時に暴力的である。それゆえに、こうした劇薬小説やトラウマンガは、あらゆる人生にとって必須と考える。

もちろん、見たくない人は無用の「避けるべき本」（避け本）リストとして活用すればいい。ただ、人生にノーミスクリアはありえない。致命傷を負ったとき、それが致命傷なのかを確認するために、元気なうちに読んでおくという活用法もあることを、知っておいてほしい。

最後にもう一度。わたしが紹介したものがぬるいなら、もっとキッツいのを教えてほしい。なぜなら、わたしが知らないスゴ本は、きっとあなたが読んでいるのだから。

索引